Inhalt

Einleitung

Mit dem Konzept dieser Darstellung der deutschen Lyrik des Zeitraums von 1720 bis 1805 verbindet sich nicht die Absicht, den zahlreichen Sammlungen von Gedichtinterpretationen eine weitere hinzuzufügen. Vielmehr sollen Gedichtanalysen und Lyrikgeschichte in wechselseitiger Erhellung miteinander verbunden werden. An fünfzehn ausgesuchten Textbeispielen sollen auf exemplarische Weise mit unterschiedlichen methodischen Ansätzen die Grundstrukturen und Entwicklungslinien der poetischen Dichtung des Jahrhunderts sichtbar gemacht werden.

Den Ausgangspunkt bilden die einzelnen Gedichte selbst, und daher liegt das Schwergewicht der gesamten Darstellung auf der eingehenden Textinterpretation. Jedoch sind die Texte so ausgewählt, daß sich zwanglos Verknüpfungen zwischen ihnen herstellen lassen – sei es als Kontrast (z. B. Klopstocks „Dem Unendlichen" und Gellerts „Preis des Schöpfers"), sei es als Parallele (Schillers „Nänie" und Goethes „Dauer im Wechsel"). Auf diese Weise können thematische und formgeschichtliche Zusammenhänge, Abhängigkeiten, Gegenbewegungen usw. zutage treten, die bei der Aneinanderreihung isolierter Einzelinterpretationen oft verborgen bleiben.

Die Auswahl der behandelten Texte erfolgt unter vorwiegend inhaltlichen Aspekten, mit einer im weitesten Sinne geistesgeschichtlichen Akzentuierung. Methodologische Festlegungen sind aber grundsätzlich vermieden, und die Interpretationsverfahren den Erfordernissen der jeweiligen Textbeispiele angepaßt. Man könnte sich sehr wohl auch ein Korpus anderer Gedichte vorstellen, und obwohl dies zu Verschiebungen in Einzelfragen führen dürfte, blieben die Resultate in den wesentlichen Punkten unverändert bestehen. Dies hängt unter anderem mit dem repräsentativen Charakter der Gedichte zusammen. Unsere Auswahl folgt nämlich einem ‚klassischen' Kanon, der von der Literarhistorie und Literaturkritik angeboten wird. Ein solcher Kanon ist natürlich nicht unumstritten, aber er bietet eine allgemeine Basis, die der subjektiven Textauswahl letztlich überlegen ist. Infolgedessen wird der Leser also vorwiegend bekannten und berühmten Gedichten begegnen.

Wenngleich bei den vorgelegten Interpretationen inhaltliche Fragen eine Vorrangstellung einnehmen, so finden selbstverständlich auch die ästhetisch-formalen Aspekte ihre Berücksichtigung (Rhetorik, Bildgebrauch, Symbolik, Metrum und Rhythmus, Klangstrukturen, Strophen- und Gedichtformen etc.). Dies geschieht allerdings immer im Zusammenhang mit der thematischen Betrachtung, denn nur dann besitzt Formanalyse einen texterschließenden Sinn. Zudem dienen diese stilistischen Beobachtungen auch der literarhistorischen Zuordnung der Werke (z. B. Freie Rhythmen in der Sturm-und-Drang-Lyrik, antike Verse in der Klassik); so reichen sie, wie die inhaltlichen Problematiken, in die literargeschichtliche Dimension hinein. Das eigentliche Ziel der Darstellung läßt sich, wie erkennbar geworden sein dürfte, in zweifacher Hinsicht formulieren: Einerseits geht es um Interpretation und Verständnis einzelner, historisch bedeutsamer Gedichte in einem mehr individualistischen Sinne; zum anderen sollen diese Gedichte als wichtige Stationen des lyrikgeschichtlichen Prozesses betrachtet werden, der sich nur im allgemeineren Kontext wirklich erschließt.

Epochengeschichtlicher Abriß

Die gesamte Zeitspanne von 1720–1805 stellt keine homogene Einheit dar, sondern zerfällt in das Miteinander und Nacheinander verschiedener Phasen, für die die Literaturgeschichte ihre heuristischen Epochenbegriffe entwickelt hat: Aufklärung im engeren Sinne, Anakreontik (Rokoko), Empfindsamkeit, Sturm und Drang und Klassik. Jede dieser Epochen bringt ein Spektrum ihr eigentümlicher lyrischer Werke hervor, die sich von dem anderer Epochen, aber auch innerhalb der Epoche unterscheiden und doch auch zusammenhängen. Der Sinn literaturgeschichtlicher Textinterpretation besteht dann darin, die Eigenart des Einzelgedichts in Verbindung mit den epochentypischen und epochenübergreifenden Aspekten herauszuarbeiten.
Selbstverständlich beginnt dieser lyrikgeschichtliche Prozeß nicht erst mit der Aufklärung. Sie hat ihre Vorstufen unter anderem im Barock; die Barocklyrik beeinflußt die Anakreontik und zeigt Wirkungen noch im Werk Schillers. So sind Grenzziehungen stets problematisch. Aber mit der Aufklärung des 18. Jahrhunderts setzt in Deutschland etwas Neues ein, und zwar nicht nur für die Dichtung. Dazu ist eine terminologische Vorbemerkung notwendig, denn der Begriff ‚Aufklärung' wird in unterschiedlicher Bedeutung verwendet. Im allgemeinsten Sinne bezeichnet ‚Aufklärung' alle vernunftorientierten, kritischen Geistesbewegungen, die sich wissenschaftlicher Methoden bedienen, um Vorurteile, überkommene Weltbilder und Autoritäten (z. B. religiöse und politische Herrschaft) in Frage zu stellen. Positiv formuliert verlangt Aufklärung: Toleranz, persönliche Freiheit und Gleichstellung aller Menschen, Diesseitsorientierung, Humanität (vgl. J. Schmidt, 1989, S. 3 f.). Beispielhaft treten solche Strömungen hervor in der ‚Griechischen Aufklärung' (Perikles – 5. Jh. v. Chr.) und in der Renaissance (Mitte 16. Jh.). Aufklärung im engeren, auf die Lyrik des 18. Jahrhun-

derts bezogenen Sinne verbindet diese genannten Motive mit einem neuen, gegen den rhetorischen Schwulst des Barock gerichteten Stilideal. So kann man mit Recht von einer aufklärerischen Erneuerung der deutschen Dichtung sprechen.

Wir beschließen unsere Darstellung in diesem Band mit Schillers Tod (1805). Für einen Einschnitt an dieser Stelle gibt es gute Gründe. Die deutsche Klassik, die mit Goethes Italienreise (1786–1788) beginnt, erreicht ihren eigentlichen Höhepunkt während der persönlichen Freundschaft und künstlerischen Zusammenarbeit zwischen Goethe und Schiller (ab 1794). Danach vollzieht sich ein Wandel auch in Goethes literarischen Positionen. Es entwickelt sich ein lyrischer Altersstil, nicht abrupt sondern organisch, der unter anderem zum Zyklus des „Westöstlichen Divan" führt und der eine innere Ablösung von der Klassik im strengen Sinne mit sich bringt.

Wenn wir im nachfolgenden historischen Abriß die Erscheinungsformen der Lyrik aus der Zeit von 1720–1805 zusammenfassend charakterisieren, so geschieht dies nicht nur, aber weitgehend in Anlehnung an die ausgewählten Textbeispiele. Die Dichtung der Aufklärung, für die stellvertretend Brockes (1680–1747) und Haller (1708–1777) stehen, ist vorwiegend belehrende und erbauende Poesie; sie unterstützt als ‚Schule der Weisheit' die geistig-moralischen Zielsetzungen der Epoche. Daher herrscht in ihr thematisch wie stilistisch das Prinzip ‚Vernünftigkeit'. Den Ausgangspunkt für das Erkennen der Weltverhältnisse bildet die empirische Naturbetrachtung, zumal bei Brockes (vorausblickend mag man hier an den frühklassischen Goethe denken). Sie führt das Subjekt zu naturgesetzlichen Einsichten und letztlich zum Verständnis der göttlichen Schöpfungsordnung. Häufig münden Brockes' Gedichte dann in einen Lobpreis Gottes ein, aber ihre theologische Einstellung ist spezifisch diesseitig und vernunftbetont. Gott erscheint innerhalb der Natur; er ist wahrnehmbar durch die Sinne und den Verstand. Er bedarf keiner Vermittlung durch kirchliche Unterweisung oder religiöse Introspektion. Dies In-der-Welt-Sein Gottes und die Verwandtschaft zwischen göttlichem und menschlichem Geist bilden für Brockes eine Quelle höchster Freude. Im Gegensatz zum barocken Verständnis werden Weltlauf und Menschenschicksal unter der Devise der universalen Harmonie von der Aufklärung überaus positiv gedeutet.

Aufklärung

Die Vernunft, die den Menschen zur Vollkommenheit führen soll, muß auch unser praktisches Handeln bestimmen. Denn allgemeine Glückseligkeit als das große aufklärerische Ziel kann sich nur im Rahmen vernunftgeleiteter Praxis verwirklichen. Am Beispiel von Hallers „Gedanken bei einer Begebenheit" wird deutlich, warum das Subjekt sein Leben unter das Ordnungsprinzip der Mäßigung stellen soll. Gefühle und Leidenschaften treten in dieser philosophisch ausgerichteten Lyrik ganz zurück. Dem korrespondiert ein klar gegliederter, unaufgeregter Sprachstil, der dem aufzuklärenden Lesepublikum das Verstehen nicht zu sehr erschwert – im Unterschied etwa zu den Hymnen des jungen Klopstock.

Anakreontik

Neben dieser didaktischen Poesie entwickelt sich nahezu gleichzeitig die anakreontische Lyrik in Deutschland auf ihren Höhepunkt hin. Ihre Vorgeschichte ist lang und reicht in die griechisch-lateinische Antike zurück. Die Anakreontik verfolgt mit ihren spielerischen Motiven (Liebe, Wein, Geselligkeit) und ihrer Freude an ästhetisch-witzigen Sprachkunststücken keine erzieherischen Aufklärungsabsichten. Im Gegenteil setzt sie sich durch die Harmlosigkeit ihrer Themen und den Unernst der Darstellungsweise scharf von ihr ab. Sie will unterhalten und intellektuelles Amüsement bereiten, indem sie dem Leser einen uneingeschränkten Lebensgenuß in kunstvoller Fiktion vorgaukelt. Damit verbunden sind eine „Neigung zu ländlicher Idyllik", das „Wegsehen von realistischen Details" und der Verzicht auf gesellschaftliche Wirksamkeit (H. Zeman, 1972, S. 179). Gerade dies gehört aber zum Programmkern der aufklärerischen Dichtung. So haben wir – wie oft in der Literaturgeschichte – mit der Gleichzeitigkeit des Ungleichzeitigen zu rechnen. Andrerseits ist die Anakreontik ohne die Aufklärung wiederum nicht denkbar. Ihre Diesseitsbejahung, die Ablehnung religiös begründeter Askese, der Ton gelassener Heiterkeit (auch ihr ist wirkliche Leidenschaft fremd), das liberale Ethos verleihen ihr sehr wohl emanzipatorische Züge. Sie begünstigt insgesamt die Säkularisationsziele der Aufklärung. Gleims Gedicht „Bacchus und Cythere", eines der stilistisch gelungensten, spiegelt die Heiterkeit der anakreontischen Epoche wider. Aber wie alle stilgeschichtlichen Phasen ist auch die Anakreontik vielschichtig und keine statische Größe. Sie wandelt sich unter dem Einfluß der Empfindsamkeit, so daß eine „seltsame Mischung aus rationaler Grundhaltung und empfindsamem Gefühlskult entsteht" (H. Zeman, 1972, S. 182). Als kompliziert stellt sich das Nebeneinander der literarischen Epochen dar, und dasselbe gilt für ihr Nacheinander. Daraus ergeben sich, von unserem historischen Ausgangspunkt her betrachtet, zahlreiche Fragen. Inwieweit sind die der Aufklärung folgenden Phasen von ihr geprägt? Wie weit sind sie gar von ihr abhängig oder aber gegen sie gerichtet? Ist bei aller Unterscheidung im einzelnen nicht doch ein übergreifender Zusammenhang innerhalb des Gesamtzeitraums bis 1830 zu beobachten, der vom Phänomen ‚Aufklärung' hergestellt wird? Gerhard Kaiser (1976, S. 12) kennzeichnet die Situation so:

„Die Aufklärung kann man als epochale Grundschicht bezeichnen, die sich tief in die Romantik hineinzieht und in Ausläufern noch den Vormärz erreicht, aber seit dem Sturm und Drang im Bild der Literatur nicht mehr dominiert."

Empfindsamkeit

Dazwischen ist nämlich als andere Grundströmung die Empfindsamkeit wirksam geworden. An den Gedichten Klopstocks (1724–1803) „Dem Unendlichen" und „Die frühen Gräber" läßt sich der Unterschied wahrnehmen, der zwischen dem rationalen Aufklärungsstil und der empfindsamen Gefühlskultur besteht, die ihren literarischen Höhepunkt zwischen 1750 und 1770 erreicht. Das lyrische Ich in den Texten von Brockes und Haller dient vornehmlich als Medium des Erkennens – bei Klopstock wird es zum Ausdrucksträger von Gefühlen bis hin zur emphatischen Begeisterung. Auch wenn sie nicht aus einer subjektiven Erlebnisschicht aufsteigen wie später bei Goethe, sondern einer vorherrschenden Gefühlskonvention anempfindend Ausdruck geben, so wollen sie doch eher das „Herz" als den „Kopf" ansprechen. „Rührung" gilt dieser Poesie als das erklärte Wirkungsziel. Vergleicht man den braven, lehrhaften Stil des Gellertschen Kirchenlieds („Preis des Schöpfers") mit der expressiven Sprachdynamik Klopstocks, so wird man sich der einschneidenden Veränderungen gegenüber der Aufklärung bewußt. Auf der einen Seite das wohlbegründete Lob Gottes (Gellert), das zur Tradition der bürgerlichen Aufklärungspoesie gehört; auf der anderen Seite der Gottespreis zum höchsten Jubelgesang gesteigert, ohne didaktische Nebenzwecke. Vom rationalen Erkennen der göttlichen Majestät hebt sich das gefühlsmäßige Ergreifen deutlich ab. Dieser Unterschied findet seinen Ausdruck auch in Klopstocks ‚revolutionärer' Lyriksprache (reimlose Oden, Freie Rhythmen). Man kann die Betonung des Emotionalen in der Empfindsamkeit auch als eine ergänzende Erweiterung der Verstandeskultur auffassen. Die seelischen Bereiche werden von der Aufklärungslyrik nur wenig beachtet. Hallers reflektierendes Ich in „Gedanken bei einer Begebenheit" rät dem vom Unglück betroffenen Menschen zu vernünftiger Gelassenheit; von den möglichen Empfindungen teilt das Gedicht nichts mit. Klopstocks Elegie „Die frühen Gräber" spricht vor allem über die Gefühlssphäre des trauernden Ich.

Das 18. Jahrhundert hat die Empfindsamkeit nicht unbedingt als Gegensatz zur Vernunftaufklärung verstanden. Immerhin gehört die differenzierte Entfaltung der Gefühle auch zum Emanzipationsstreben des Individuums und ist somit aufklärerisch. Damals gängige Begriffe wie ‚moralisches Gefühl', ‚Wahrheitsgefühl' oder ‚Selbstgefühl' kennzeichnen die Verträglichkeit beider Sphären. Ein Antagonismus entsteht erst durch die einseitige Absolutsetzung der Vernunft und die Unterdrückung der Gemütskräfte. Diese Tendenz wohnt der Aufklärung selbst inne, weil sie dem Verstandesvermögen von vorneherein einen weit höheren Rang zubilligt als den emotionalen Lebensäußerungen. Das Glück der Menschheit ist demzufolge allein den geistig-zivilisatorischen Fortschritten zu verdanken. Wir werden sehen, daß sich schon in Hallers Gedicht „Die Alpen" (1729) empfindsam getönte Kritik leise dagegen zu Wort meldet. Vor allem aber polemisieren Rousseau, Hamann, Herder, Schiller (vgl. „Die Götter Griechenlands") gegen die autoritäre Herrschaft der rationalen Vernunft. Sie setzen ihr die Werte des Gefühls und der Natürlichkeit entgegen.

Sturm und Drang

Auf der andern Seite tendiert die empfindsame Lyrik zu Gefühlsüberschwang und Schwärmerei. Die bevorzugten Motive der Einsamkeit und des Todes (Friedhofspoesie), der Liebe und Freundschaft als Kult, des naturnahen Lebens (Idyllik) sind stark emotional besetzt; melancholische Stimmungen geben dieser Lyrik ihre Grundfärbung. Wir begegnen den Phänomenen in Klopstocks „Die frühen Gräber" und auch in Höltys (1748–1776) Ode „Das Landleben". Insgesamt wirkt die Empfindsamkeit als Grundströmung bis in die Romantik hinein. Klopstock übt einen weitreichenden Einfluß aus, mit seiner empfindsamen Elegik ebenso wie mit seinen kraftvoll-dynamischen Hymnen; im Sturm und Drang, bei Goethe, Hölderlin, Novalis finden sich die Spuren. Auch wenn man die gefühlsgeleitete Lyrik der Empfindsamkeit und die vernunftgeleitete der Aufklärung als miteinander korrespondierende Teilbereiche eines Ganzen betrachtet, kommt die ihnen gemeinsame Haltung (Emanzipation des Individuums) in vollkommen unterschiedlicher Weise dichterisch zum Ausdruck. Themen und Motive, Sprechweise, literarische Vorbilder, Wirkungsabsichten haben sich so gewandelt, daß vor allem die divergierenden Grundlinien unübersehbar hervortreten. Die Literaturgeschichte hat sie in verschärfter Form als Gegensatz von Rationalismus und Irrationalismus betrachtet und die Epochen nach diesem Zweierschema beurteilt. So benutzt H. A. Korff im „Geist der Goethezeit" (Bd. I, S. 166–172) die Opposition von rationalem und irrationalem Dichtungsstil, um mit ihrer Hilfe die Lyrik des Sturm und Drang von jener der Aufklärung zu unterscheiden. Wobei er das „Vorkommen von rationalen Zügen in der Sturm-und-Drang-Periode" nicht leugnet. Tatsächlich vollzieht sich hier nun eine Veränderung, die als Gegenbewegung zur Aufklärung begriffen werden kann. Allerdings setzt auch der Sturm und Drang die Aufklärungsphase unabdingbar voraus. Neuere Forschung plädiert daher für eine engere historische Zusammenschau beider Epochen, wobei der Sturm und Drang als radikale Fortführung und Umschlag der

Aufklärung erscheinen mag. Doch verwischen sich dann die Unterscheidungsmerkmale bis zur Bedeutungslosigkeit (vgl. Huyssen, 1983, S. 177–179). Aufschlußreicher als die Theoriediskussionen sind die Textbefunde selbst. Höltys Gedicht steht stellvertretend für die Literatur des Göttinger Hainbunds als einer Sonderentwicklung des Sturm und Drang. Empfindsame Züge, Naturfrömmigkeit, idyllische Szenerie, melancholische Todesgedanken, Einsamkeit des Ich mischen sich mit deutlich formulierter Kritik an der städtischen Kultur: einfaches Landbürgertum setzt sich selbstbewußt gegen das Stadtbürgertum ab. Rückbeziehungen zu Klopstock und Vorweise auf die Romantik kennzeichnen die Zwischenstellung dieser Lyrik.

Ein anderes, nicht auf Rührung abgestimmtes Klima herrscht in den gesellschaftskritischen, agitatorischen Gedichten von Bürger, Schubart, zum Teil auch bei Voss und Claudius. Volkstümliche Formen, einfache, aggressive Sprache, realistische Motive, scharfe soziale Anklage und vor allem, wie in „Der Bauer" von G. A. Bürger (1747–1794), Parteinahme zugunsten der rechtlosen Schichten – das sind Charakteristika einer Dichtungsweise, wie sie die Aufklärung nicht kennt und wie sie später vom klassischen Schiller vehement abgelehnt wird. Das revoltierende Aufbegehren gegen die Ungleichheit und nichtlegitimen Herrschaftsformen, ein Moment, das besonders in den Dramen der Stürmer und Dränger durchschlägt, kann sich wohl auf Gedankengut der Aufklärung berufen, findet dort aber keine literarische Entsprechung. Wo die Erfahrung sozialen Unrechts dennoch anklingt (etwa bei Haller), ‚protestiert' das lyrische Subjekt eher durch vernünftig begründeten Rückzug aus der Öffentlichkeit. Zentrale Begriffe für das literarische Selbstverständnis des Sturm und Drang sind: Natürlichkeit, Herz und Gefühl, Individualität und Genie. Damit verbindet sich die Ablehnung der geltenden moralischen und ästhetischen Normen; das Einzelsubjekt wird zum autonomen Gesetzgeber. Auf der anderen Seite dominieren nun Themen und Darstellungsweisen, die den natürlichen Bedürfnissen des Individuums gemäß sind. In Goethes Beitrag zur Sturm-und-Drang-Lyrik läßt sich dies auf vielfältigste Weise wahrnehmen, weshalb er mit mehreren Texten vertreten sein wird.

Goethes ‚Erlebnislyrik'

Mit Goethe setzt das ein, was die Lyrikgeschichte als ‚Erlebnisdichtung' bezeichnet und was das Lyrikverständnis bis heute einseitig beherrscht. Echte Lyrik sei „subjektiv, innerlich", nichtreflexiv, entstanden auf dem Boden von ‚Eingebung' und ‚Stimmung' (so u. a. E. Staiger, Grundbegriffe der Poetik). Goethe und die Romantiker liefern dafür das Paradigma. An Textbeispielen der ‚Sesenheimer Lieder' (1771) läßt sich dieser Gedichttypus verdeutlichen. Er ist, literaturgeschichtlich betrachtet, ganz unaufklärerisch, eher von der Empfindsamkeit beeinflußt, aber mit eigenem Ton. Hier scheint wirklich der erlebende Dichter aus subjektiver Gestimmtheit unmittelbar zu sprechen. Dabei wird – spezifisch für Goethe – die Natur zum Spiegelbild des innerseelischen Geschehens bis hin zur Verschmelzung beider Bereiche. „Ganymed" liefert ein extremes Musterbeispiel für diesen irrationalen Lyrikstil. Hier kommt außerdem ein Motiv zur Geltung, das die gesamte Epoche beschäftigt: die Göttlichkeit des Menschen. Bei Brockes klingt es an, es durchzieht die Dichtung Schillers, Hölderlin und die Romantiker stehen in ihrem Bann. Die „Ganymed"-Hymne realisiert es poetisch durch Sinnbilder der innigen Wechselliebe zwischen Gott, Natur und Ich („Umfangend umfangen"). Aber Goethes Denken verläuft in Polaritäten. Mit der „Prometheus"-Figur liefert er ein radikales Gegenmodell zu Ganymed. Das reflektierend sich von Gott absetzende Ich behauptet voll Selbstbewußtsein (ein Künstler-Genie) seine Gleichrangigkeit mit dem Schöpfer. Das ist schon ein ungeheurer Vorgang: eine Zuspitzung der Religionskritik der Aufklärung ebenso wie die Demonstration des unbegrenzten Ich-Gefühls der Genieperiode. Indem Prometheus als radikal diesseitig fixiertes Subjekt auftritt, gibt er sich als Verwandter der Aufklärung zu erkennen. Ganymed möchte im Jenseits der Transzendenz verschwinden; in der Absolutheit seiner Gefühle gleicht er dem Werther, den Korff (Goethezeit III, S. 20 f.) als den „Urtypus des Romantikers" bezeichnet. So laufen von hier aus Verbindungslinien weiter zur Romantik.

Frühklassische Phase

Goethe selbst hält an den extremen Positionen nicht lange fest, wie er überhaupt seine Sturm-und-Drang-Phase nach ihrer Überwindung entschieden ablehnt. Mit der Übersiedelung nach Weimar (1775) setzt die Ablösung ein. Bändigung der ausufernden Gefühle, Streben nach Klarheit und Maß, straffe Formgebung stehen für ein neues Programm. Gerhard Kaiser (1976; S. 13) nimmt für diesen Zeitpunkt den Einsatz der Klassik an. Sie vollzieht sich bei Goethe als sehr bewußte Gegenbewegung gegen die leidenschaftlich überhitzte Dichtungsweise des Stürmers und Drängers. An dem Gedicht „Grenzen der Menschheit", das wir als Antithese zu „Prometheus"/„Ganymed" interpretieren, lassen sich die Unterschiede deutlich ablesen. Die Zurücknahme des Gottgleichheitsanspruchs und die Einordnung des Menschen an einen ihm angemessenen Ort in der Welt kennzeichnen Positionen, die der Aufklärung wieder näher kommen. Das Motiv der zeitlichen Begrenztheit dient Goethe zur Wesensbestimmung des Menschen, wobei er – ein Grundzug der Klassik – nicht mehr vom Individuum, sondern von der Menschheit überhaupt spricht. Das Motiv erscheint sehr häufig in Goethes Gedichten und auch bei Schiller („Die Größe der Welt"). Auf andere Weise, in Stil und Thematik, erteilen die ‚Nachtlieder des Wandrers' der unbesonnenen Leidenschaft der Jugend eine Absage, als Bitte nämlich um inneren Frieden, als ein Stillwerden im Einklang mit der Natur. Auf den ersten Blick vollzieht sich in diesen Texten ein Rückzug ins Private, in die Innerlichkeit, als deren Sinnbild die vom menschlichen Treiben abgesonderte Natur dient. Bezüge zu Gedankenmotiven der Hallerschen Lyrik klingen an. Wie für den schweizerischen Aufklärer, so wird für den frühklassischen Goethe die Ethik des Epikur richtungweisend. Aber auch empfindsame Reminiszenzen tauchen auf: die Sehnsucht nach einsamer Ruhe, Todesgedanken. An diesen beiden Liedern werden wir zudem ausführlicher als sonst die sprachkünstlerische Leistung Goethes beschreiben.

Für den inneren Zusammenhang und die zeitliche Entwicklung des Sturm und Drang zur Klassik ist bemerkenswert, daß bei Schiller die Übergangsphase erst zehn Jahre später (um 1788) einsetzt. Während Goethe im ersten Weimarer Jahrzehnt bis zum Beginn der italienischen Reise (1786) für sich eine klassische Literaturauffassung entwickelt, ist Schiller noch mit der Genie-Lyrik und den Jugenddramen beschäftigt. Mit einem längeren Aufenthalt in Weimar (1787/88) und der Berufung nach Jena (1789) setzt dann auch bei ihm das Bestreben nach ‚Klassizität' ein.

Klassik

Die wichtigste geistige Voraussetzung für das Entstehen der klassischen deutschen Dichtung bilden das Studium und die Aneignung der lateinisch-griechischen Antike, bei Goethe vor allem durch die lebendige Anschauung in Italien intensiviert. Eine fast religiöse Rückbindung an griechische Weltdeutung und Kunstanschauung – gekoppelt mit Vorbehalten gegenüber dem Christentum – drückt sich in den Themen, in der Atmosphäre und in den Formprinzipien (Übernahme antiker Verse und Strophen) der Lyrik Goethes und Schillers aus. Während sich Empfindsamkeit und Sturm und Drang eher an angelsächsischen Vorbildern orientieren (aber auch an Pindar und Horaz), steht in der Klassik das Muster der Griechen, zum Teil in italienischer Vermittlung, an allererster Stelle. Goethes „Römische Elegien" sind dafür ein frühes, aufschlußreiches Zeugnis. Es spiegelt sich in ihnen ein neues Verhältnis zur Kunst und zum Menschen. Körperlichkeit und Sinnenfreude gepaart mit ästhetisch-geistiger Überhöhung des Natürlichen führen zu einem harmonischen Ausgleich der einander widerstreitenden Bedürfnisse des Menschen. Im Mittelpunkt des Klassik-Konzepts steht dieses ganz-

heitliche Menschenbild, in dem die Bereiche der Vernunft, der Gefühle und der Sinne ihr jeweiliges Recht behaupten. Die Antike liefert nach dem Verständnis der Klassiker das Vorbild für diese wahrhaft humane Auffassung.
Der Moderne, so führt Schiller den Gedanken in „Die Götter Griechenlands" (1788) aus, ging durch den Einfluß von Wissenschaft und Religion das Ideal der umfassenden Harmonie verloren. An zahlreichen Exempeln aus der antiken Mythologie demonstriert Schiller die vormalige Einheit von Gott, Natur und Mensch und damit die Schönheit der antiken Weltverhältnisse, die jetzt nur noch in der Kunst lebendig geblieben sind. Die Lyrik wird damit zum Preislied auf das Vergangene und zur Klage über die Gegenwart. Beides kündet von der Sehnsucht nach einem nichtentfremdeten Leben, in dem aus der Vereinigung des Schönen mit dem Wahren zwanglos das Gute hervorgehen sollte. Das ist der Entwurf eines utopischen Ideals, das zwar entfernt Züge der Aufklärung trägt, aber diese – als eine bloß theoretische Kultur – doch weit übersteigt. Dieter Borchmeyer legt sehr anschaulich dar, daß Schiller als Kritiker der Aufklärung gerade nicht an eine „Absage" denkt, sondern daß er für eine Aufklärung plädiert, die „nicht nur Licht, sondern auch Wärme spendet" (1989, S. 376). Schillers intensive Auseinandersetzung mit Kant, die einen wichtigen Beitrag zur Herausbildung der klassischen Literatur bildet, ist eine engagierte Auseinandersetzung mit jener einseitigen Vernunftaufklärung, die das Schöne unterdrückt.
Aufklärerische Momente kehren auch wieder im klassischen Verständnis von den Funktionen der Dichtung. Sie soll nicht mehr vorwiegend Selbstausdruck des Individuums sein wie in der Empfindsamkeit oder im Sturm und Drang; sie soll vielmehr erzieherische, bewußtseinsverändernde Aufgaben übernehmen, und sie soll durch harmonische Schönheit faszinieren. Das Problem dieses Entwurfs besteht aber darin, daß die Begegnung mit der Kunst ein weitgehend ästhetischer Vorgang bleibt. Wie der Mensch von der Erfahrung des Schönen im Gedicht zum realen moralischen Handeln gelange, bleibt rätselhaft. Ganz nebenbei bekommt die Dichtung selbst eine alles überragende Bedeutung. Schillers „Nänie" (1800) gibt dafür ein unvergleichliches Beispiel. Die Poesie vollbringt hier das Äußerste, indem sie die Vergänglichkeit aufhebt: aber eben doch ‚nur' dadurch, daß sie die schöne Wirklichkeit ins Kunstwerk hereinholt und zur unsterblichen Idee verwandelt. Ein großer Teil der klassischen Lyrik wird dergestalt zur Ideen- oder Gedankenlyrik.
Wir nehmen das große Thema der Vergänglichkeit noch einmal auf mit Goethes Gedicht „Dauer im Wechsel" (1803). Auch hier herrscht das reflexive Moment vor, so daß man von einem

Gedankengedicht sprechen kann. Die Kategorie der Zeitlichkeit (Wechsel, Vergehen, Tod) bestimmt das Dasein aller Erscheinungen. Im Gegensatz zu Schiller nimmt das lyrische Subjekt von „Dauer im Wechsel“ die Vergänglichkeit an der erlebten Natur und am ‚realen‘ Menschen wahr und stellt dem die Kunst als ein Dauerndes gegenüber. Trotz des anderen Ansatzes als bei Schillers „Nänie“, in der die allgemeine Idee der Sterblichkeit vorausgeht, bleibt das Resultat – eine zentrale Idee der Klassik – dasselbe: die Kunst ist der Vergänglichkeit enthoben. Sie kann also zeitlose Geltung beanspruchen. Wir werden eine vergleichbare Überzeugung später bei Hölderlin vorfinden. Die Voraussetzung für diese These besteht unter anderem darin, daß die Dichtung nicht zu sehr an historisch wechselnde Inhalte gebunden ist. Dann verlöre sie die allgemeinen Wahrheiten („Gehalt“ und „Form“) aus dem Blick, denen sie ihr Überdauern verdankt.

Klassik-Kritik

Soziologische Literaturkritik registriert in diesem Zusammenhang eine bedenkliche Wirklichkeitsferne der klassischen Lyrik. Schon Heine hatte den Vertretern der „Kunstperiode“, wie er die Klassiker und Romantiker zusammenfassend benennt, einseitigen Ästhetizismus und rein philosophische Interessen vorgeworfen. Es ging ihnen um den „Schein des Lebens, die Kunst, nicht um das Leben selbst“ (An Varnhagen, 4. 2. 1830). W. Promies vermißt „die konkrete Auseinandersetzung mit der Realität“, und er bedauert die „Absonderung der Kunstdichtung von den ästhetischen Bedürfnissen der Gesamtgesellschaft“ (Hansers Sozialgeschichte Bd. 3.2, S. 603 f.). Terence J. Reed (1988, S. 368 f.) besteht darauf, daß die Grundthesen der klassischen Ästhetik Zentralbegriffe der Aufklärung (z. B. Mündigkeit des Individuums) auch mit praktischer Intention fortsetzen; der Vorwurf der Weltflucht sei insgesamt eine Verfälschung.

Man kann die Diskussion allein von der Lyrik her und auf der Basis weniger Gedichte nicht seriös führen. Wir werden bei der Behandlung von „Wandrers Nachtlied“ auf einige Fragen dieses schwierigen Komplexes eingehen. Grundsätzlich zu erwägen ist aber in diesem Zusammenhang die Überlegung Th. W. Adornos, der die Gedichte als „geschichtsphilosophische Sonnenuhren“ bezeichnet (1961, S. 92). Auf indirekte Weise wie die Uhr zeigen lyrische Texte den Stand der geschichtlichen Lage an – nicht, indem sie über historische Ereignisse reden (oft tun sie das Gegenteil und schweigen darüber), sondern so, daß sie es einem erlebenden oder reflektierenden lyrischen Subjekt überlassen, die Befindlichkeit des Menschen in der Welt und der Gesellschaft aus der ästhetischen Distanz des Kunstwerks zu beleuchten und zu deuten. Adorno bemerkt dazu in seiner „Rede über Lyrik und Gesellschaft“ (S. 82 f.):

> Man pflegt zu sagen, ein vollkommenes lyrisches Gedicht müsse Totalität oder Universalität besitzen, müsse in seiner Begrenzung das Ganze, in seiner Endlichkeit das Unendliche geben. Soll das mehr sein als ein Gemeinplatz aus jener Ästhetik, die da als Allerweltsmittel den Begriff des Symbolischen zur Hand hat, dann zeigt es an, daß in jedem lyrischen Gedicht das geschichtliche Verhältnis des Subjekts zur Objektivität, des einzelnen zur Gesellschaft im Medium des subjektiven, auf sich zurückgeworfenen Geistes seinen Niederschlag muß gefunden haben. Er wird um so vollkommener sein, je weniger das Gebilde das Verhältnis von Ich und Gesellschaft thematisch macht, je unwillkürlicher es vielmehr im Gebilde von sich aus sich kristallisiert.

So können wir in der aufgeschlossenen Begegnung mit den großen lyrischen Texten Wesentliches über die ‚innere Geschichte' des Menschen erfahren – über die eigene und die der Gesellschaft. Und ebenso erhalten wir gerade durch die Lyrik wie durch keine andere der Gattungen eine Vorstellung von der unerhörten Ausdrucks- und Vermittlungskraft der Sprache. Darüber hinaus sollte der Leser das ästhetische Vergnügen, das die Gedichte immer auch bereiten wollen, nicht zu gering achten.

Hinweise zum praktischen Gebrauch

Für die praktische Nutzung des Bandes ist zu bemerken, daß aufgrund der relativ eigenständigen Interpretationen jeweils mit den einzelnen Kapiteln für sich gearbeitet werden kann. Der lyrikgeschichtliche Kontext der Gesamtdarstellung dient zur Erweiterung der Interpretationsaspekte und zur historischen Einordnung der Einzeltexte. Die behandelten Gedichte und eingefügte literaturtheoretische Texte werden möglichst nach leicht zugänglichen Anthologien zitiert, zum Beispiel: Editionen für den Unterricht, Ernst Klett Verlag Stuttgart. – Das große deutsche Gedichtbuch. Hg. v. K. O. Conrady. Athenäum-Verlag Königstein/Ts. 1985. – Die deutsche Literatur. Texte und Zeugnisse. C. H. Beck München.

Am Schluß eines jeden Kapitels finden sich einige Literaturempfehlungen. Sie enthalten einerseits Hinweise auf andere Gedichte, die aus thematisch-stilistischen oder epochengeschichtlichen Gründen als ergänzende oder alternative Texte zu den interpretierten Beispielgedichten dienen können. Zum anderen wird auf poetologische oder lyriktheoretische Schriften und (gelegentlich) auf nützliche Sekundärliteratur verwiesen. Auch hierbei beziehen wir uns vorrangig auf die gängigen Textsammlungen und Werkausgaben.

I. Lyrik der frühen Aufklärung (1720–1750)

1. Einsicht in die göttliche Vernunftordnung der Welt – Brockes' „Die Traubenhyazinthe"

Die Entwicklung der Lyrik in der ersten Hälfte des 18. Jahrhunderts zeigt eine bemerkenswerte Vielfalt und Produktivität gegenüber den anderen Literaturgattungen. Trotz einzelner Anklänge an barocke Motivik und Stilzüge vertritt diese Dichtung ganz den Geist der Aufklärung. Das lyrische Subjekt begegnet der Welt mit Offenheit und neuem Selbstbewußtsein, und die Welt ihrerseits bekommt einen positiven Gesamtsinn, der in deutlichem Gegensatz zur Weltverneinung des Barock steht.

Aufklärungsphilosophie und Lyrik

Die harmonisch-sinnvolle Bestimmung alles Lebens und aller Erscheinungen (Teleologie) wird von einer durch den Schöpfergott gestifteten Ordnung garantiert. Diese Daseinsbestimmung kommt zu ihrem Ziel nicht erst in einem himmlischen Jenseits, sondern sie verwirklicht sich bereits im irdischen Hiersein. Der Mensch als ausgezeichnetes Wesen kann den vernünftigen Weltzusammenhang mit Hilfe seiner Verstandeskräfte erkennen. Vor allem in der naturwissenschaftlichen Ausrichtung des Denkens wie es von Descartes, Spinoza, Newton u. a. angebahnt wird, erblickt die frühe Aufklärung den höchsten Triumph des menschlichen Vernunftvermögens. Mit der Verbindung von Mathematik und Philosophie erreicht die deutsche Aufklärung im Werk von Leibniz ihren ersten Höhepunkt.

So ist also die Aufklärung eine primär philosophische Bewegung, und obwohl die Dichter keine Philosophen sind, wirkt doch die Philosophie im ganzen 18. Jahrhundert stark in die Dichtung hinein. Auch die lyrische Gattung bleibt davon nicht unberührt. Das betrifft die thematische Seite: Fragen der Erkenntnis und des Weltverständnisses treten vermehrt in Erscheinung. Das wirkt sich auch auf die sprachlichen Strukturen und ihre rhetorisch-logische Textur aus. Demzufolge finden wir in vielen Gedichten Gedankenbruchstücke aus philosophischen Systemen, deren Wahrnehmung das Textverständnis fördern kann. Gleichermaßen lassen sich die vom Aufklärungsdenken bevorzugten naturphilosophischen Tendenzen auch in der Poesie wiederfinden.

Christliche Lehre und Aufklärung

Mit der Vernunftaufklärung stellt sich im frühen 18. Jahrhundert ein schwerwiegendes Problem dadurch ein, daß das Leben der Menschen weitgehend von religiös-christlichen Überzeugungen bestimmt ist. Es entsteht so ein Konflikt zwischen dogmatischen

Glaubensanforderungen und rationalen Erkenntnisvorgängen, der zum Ausgleich gebracht werden muß. Für die beiden maßgebenden deutschen Aufklärer Leibniz und Kant bleibt zwar die Existenz des christlichen Gottes unbestritten, aber das Gottesverständnis verschiebt sich in eine rationale Richtung (Gott als höchste Vernunft); und auch das Verhältnis zwischen Gott, Mensch und Schöpfung bekommt eine stärker vernunftbetonte Sichtweise: die Natur als Erscheinungsform der höheren Ordnung. So wirkt das aufgeklärte Denken in die Theologie und die christliche Weltdeutung in der Weise hinein, daß die Gottesvorstellungen eine deutliche ‚Verweltlichung' erfahren. Das spiegelt sich auch innerhalb der Aufklärungslyrik – vor allem bei Brockes –, in der religiöse Unterströmungen mit natur- und vernunftphilosophischen Tendenzen gemischt sind.
Ebenso wichtig wie ihre neuartigen Inhalte und Motive gegenüber dem Barock sind die Formwandlungen dieser Lyrik hin zu einer geschmeidigeren Sprache und zu musikalischeren Versformen. Zumal an den Gedichten von Brockes, dem bedeutendsten Lyriker der frühen Aufklärung, wurde schon von den Zeitgenossen die hohe Musikalität gerühmt. Von anderem, ‚schwerblütigeren' Temperament sind die Texte Hallers geprägt, und wieder anders erscheinen die Lieder Gellerts, auf die wir im Zusammenhang mit Klopstock näher eingehen. Dazu kommt noch die gleichzeitige anakreontische Dichtung, die einen eigenen Traditionsstrang innerhalb der Aufklärungsliteratur darstellt. So bilden sich trotz aller Gemeinsamkeit in der aufklärerischen Grundhaltung sehr unterschiedliche Typen von Lyrik heraus. Ihre thematischen und formalen Eigenarten sowie ihre durchaus verschiedenen Wirkungsabsichten werden bei der konkreten Textbetrachtung der nachfolgenden Gedichtbeispiele deutlich werden.

Die Traubenhyazinthe

Angenehmes Frühlingskindchen,
Kleines Traubenhyazinthchen,
Deiner Farb und Bildung Zier
Zeiget mit Verwundrung mir
Von der bildenden Natur
Eine neue Schönheitsspur.
An des Stengels blauer Spitzen
Sieht man, wenn man billig sieht,
Deiner sonderbaren Blüt
Kleine blaue Kugeln sitzen,
Dran, so lange sich ihr Blatt
Noch nicht aufgeschlossen hat,
Wie ein Purpurstern sie schmücket,
Man nicht sonder Lust erblicket.

Aber wie von ungefähr
Meine Blicke hin und her
Auf die offnen Blumen liefen,
Konnt ich in den blauen Tiefen
Wie aus himmelblauen Höhen
Silberweiße Sternchen sehen,
Die in einer blauen Nacht,
So sie rings bedeckt, im Dunkeln
Mit dadurch erhöhter Pracht
Noch um desto heller funkeln.
Ihr so zierliches Gepränge,
Ihre Nettigkeit und Menge,
Die die blauen Tiefen füllt,
Schiene mir des Himmels Bild,
Welches meine Seele rührte
Und durch dieser Sternen Schein,
Die so zierlich, rein und klein,
Mich zum Herrn der Sterne führte,
Dessen unumschränkte Macht
Aller Himmel tiefe Meere,
Aller Welt- und Sonnen Heere
Durch ein Wort hervorgebracht;
Dem es ja so leicht, die Pracht
In den himmlischen Gefilden
Als die Sternchen hier zu bilden.
Durch dein sternenförmig Wesen
Gibst du mir, beliebte Blume,
Ein' Erinnerung zu lesen,
Daß wir seiner nicht vergessen,
Sondern in den schönen Werken
Seine Gegenwart bemerken,
Seine weise Macht ermessen
Und sie wie in jenen Höhen
So auf Erden auch zu sehen.
(Erschienen 1727)

Worterklärungen: billig: wie es sich gehört, sonder: ohne

„Physikalisch-Moralische Gedichte"

Dieses Gedicht stammt von dem hamburgischen Juristen und zeitweiligen Senator und Amtmann Brockes. Es befindet sich in dessen berühmter Sammlung „Irdisches Vergnügen in Gott, bestehend in Physikalisch= und Moralischen Gedichten" (1721/1748). Das ist ein merkwürdig befremdender Titel, und er bedarf der Erläuterung. „Physikalisch" bedeutet in diesem Zusammenhang, daß es sich um Gedichte handelt, deren Gegenstände und Themen aus der Natur stammen. Insofern steht der Begriff eher in der Nähe von „physisch", obwohl Konnotationen im Sinne von „naturkundlich" wohl mitzudenken sind. „Moralisch" bezieht sich auf die geistig-sittlichen Lebenshaltungen des Menschen, seine Tugenden, aber auch seine religiösen Einstellungen. Das Wort besitzt im damaligen Literaturbetrieb eine große Verbreitung. So gehören „Moralische Wochenschriften“ zu den beliebtesten Publikationen des frühen 18. Jahrhunderts. Ihre erzieherische Absicht besteht in der weit gestreuten Vermittlung von praktischer, aufgeklärter Morallehre aus weltlicher Sicht, unabhängig von kirchlichen Auffassungen. Solchen didaktischen Nutzen verfolgt auch Brockes' Programm der „moralischen“ Poesie – wie überhaupt in der Frühaufklärung die Literatur oft als eine Sonderform der Sittenlehre erscheint, oft aber auch darüber hinausgehende Intentionen verfolgt.

Interpretation des Gedichts

Funktion des lyrischen Ich

Der besondere Reiz des vorliegenden Gedichts besteht – ganz im Sinne des Sammeltitels – in der kunstvollen Verknüpfung von äußeren Naturerscheinungen mit dem Bereich des Geistlich-Sittlichen, der ja anderen Gesetzen gehorcht als die Natur. Die Rede ist von einer kleinen Frühlingsblume, deren Winzigkeit durch die Verwendung des Diminutivs (Hyazinthchen) noch verstärkt wird. Auch stellt der Text sogleich eine anrührende Vertraulichkeit her, indem das lyrische Ich die Blume durch die direkte Anrede als „Kindchen“ (mit emotionaler Wirkung) zum Kommunikationspartner macht. Ja mehr noch: Das Gedicht-Subjekt gesteht der unscheinbaren Pflanze die aktive Rolle der Belehrenden zu, insofern sie nämlich seine Neugier, das Erkenntnisverlangen erst in Gang setzt. Das lyrische Subjekt, vom Anblick der Blume ‚provoziert‘, folgt der verlockenden „Schönheitsspur“ (Vers 6) mit einer ungewöhnlichen Intensität des Anschauens. In den Versen 8–20 finden wir vier Verbformen und ein Substantiv aus dem Wortfeld ‚sehen/blicken‘. Zusätzlich erscheint das „sehen“ an exponiertester Stelle zweimal im Endreim und signalisiert als letztes Wort des Gedichts die zentrale Bedeutung des visuellen Handelns. Was der augenfreudige Beobachter in ausführlichen, wirklichkeitsgetreuen Details beschreibt, die vielen Einzelheiten der Blume, das ähnelt fast dem Bericht eines Botanikers. Die Formen (Vers 3 nennt es „Bildung“) und Farben werden auch dem Leser lebhaft anschaulich vor Augen gestellt. Es dominiert naturgemäß die Himmelsfarbe ‚blau‘, und als Formelemente werden ‚Kugel‘ (Vers 10) und ‚Stern‘ (Verse 13, 20, 30, 39 u. 40) besonders hervorgehoben. Was aber diese poetische Schilderung von der eines wissenschaftlichen Biologen völlig unterscheidet, sind die Wirkungen des Anblicks auf das Betrachter-Ich. Es ist vor allem die angeschaute Schönheit (Vers 6), die das Ich mit Freude erfüllt („nicht sonder Lust“, Vers 14) oder seine „Seele rührt“ (Vers 29). Hier handelt es sich um ästhetisch-psychologische Beschreibungskategorien und

nicht um botanische. Sie weisen uns ausdrücklich auf das „Irdische Vergnügen" hin, das die innige Zuwendung zur Natur für uns bereithält.
Andererseits spricht das lyrische Ich nicht nur ein privates, bloß subjektives Naturerlebnis eines besonders gestimmten Menschen aus, wie das öfter in romantischen Gedichten anzutreffen ist. Jeder Leser kann vielmehr die Beobachtungen selbst nachvollziehen und sich von der wunderbaren Gestaltschönheit der Traubenhyazinthe in allen Details überzeugen und sich davon faszinieren lassen. Es sind keinerlei metaphysische Geheimnisse im Spiel, welche die Gefühlssphäre des lyrischen Subjekts zum Schwingen brächten. Auch bleiben seine emotionalen Äußerungen wohldosiert, und sie wirken aufgrund der komplizierten und doch klar strukturierten Syntax der langen Sätze sehr beherrscht. Der Sprachduktus von Brockes' Gedicht ist sachlich und weist – im Gegensatz zur Lyrik Klopstocks oder des jungen Goethe – keinerlei Überschwang auf. So bleibt der Bereich der Empfindungen des lyrischen Ich ganz eingebunden in die vernunftbetonte Sprache, mit der es seine Naturbeobachtungen schildert.

Die Gleichnisstruktur des Gedichts

Vom liebevoll-sorgsamen Anblick der Traubenhyazinthe aus entwickelt das Gedicht dann Assoziationen, welche die wahrgenommene Anmut des kleinen Pflänzchens in kosmische Dimensionen übertragen. Das gelingt Brockes auf leichte und höchst kunstvolle Weise. Die Kugelform der blauen Blüten ist auf ihrem inneren Grund mit kleinen weißen Sternchen besetzt. Dadurch stellt sich zwanglos die Parallelvorstellung von der blauen Himmelskugel mit dem Millionenheer der Sterne ein (Vers 28–32). Die Traubenhyazinthe wird schon aufgrund ihrer äußeren Erscheinungsform – und darin liegt der besondere Glücksgriff des Dichters mit dieser Blume – zum Gleichnis für das gesamte Universum. Der poetische Reiz dieses sinnbildlichen Vergleichs erhöht sich noch durch den ungeheuren Unterschied der Größendimensionen: das winzige Blümchen im Kontrast zum unendlichen Kosmos und doch ihm gleichgestellt.
Der Anblick der Blume und der Anblick des sternbedeckten Himmels, beides liegt im Bereich der wahrnehmbaren Erfahrungen. Wir nennen ihn: empirische Wirklichkeit. Diese spielt in der Aufklärungsphilosophie als Grundlage für alle Erkenntnis überhaupt die entscheidende Rolle. Ohne empirische Erfahrung gibt es kein zuverlässiges Wissen von der Welt. Brockes war mit dieser wichtigen Theorie des Empirismus, die von England aus (John Locke) in die deutsche Aufklärung hineinwirkte, bestens vertraut. Viele seiner Gedichte beziehen wie „Die Traubenhyazinthe" ihren ‚Stoff' aus der Welt der empirischen Gegebenheiten und besitzen in diesem Sinne die erwähnte „physikalische" Grundlage.

Analyse des poetischen Raums

Zur Wahrnehmung der natürlichen Wirklichkeit gehört als wichtigste Größe der Raum; in räumlichen Strukturen bieten sich uns die Gegenstände der Welt dar. Entsprechend kommt auch in unserem Brockes-Gedicht dem ‚poetischen' Raum eine höchst wichtige Bedeutung zu. Der Blick des betrachtenden Ich ist anfangs ganz auf die Blume gerichtet. In der inneren Vorstellung aber wandert der ‚geistige' Blick gleichsam zum Himmel hinauf und wieder zurück und mehrfach hin und her. Dadurch entsteht in der Gedichtwelt eine gewaltige vertikale Raumachse. Die Schlußverse weisen ausdrücklich auf die beiden zusammenhängenden Enden dieser Achse hin: „in jenen Höhen/So auf Erden". Durch einen geschickten Metapherngebrauch lenkt Brockes den Blick nun noch weiter über die Grenzen der sichtbaren Welt hinaus. Mit der bildhaften Formel „Aller Himmel tiefe Meere" (Vers 34) erweckt er beim Leser Vorstellungen von der Durchdringbarkeit der Grenzen in beiden Richtungen. Obwohl eigentlich vom Himmel die Rede ist, der hier nur gleichnishaft als Meer bezeichnet wird, stellt sich in der Leserphantasie doch der Anblick eines wirklichen Meeres mit seiner unergründlichen Tiefe ein. Dadurch wird der Blick von oben fast magisch nach unten weiter in die undurchdringlichen Wassertiefen weitergeleitet. Damit überschreitet das Gedicht, jedenfalls für die Erkenntnismöglichkeiten der Brockes-Zeit, die Grenze des empirisch Wahrnehmbaren.

Das gilt mehr noch für das Folgende. Genaugenommen spricht das Gedicht ja nicht vom Meer, sondern vom Himmel, wörtlich sogar von den „Himmeln". Mit dem pluralischen Gebrauch bedient sich der Dichter antiker und mittelalterlicher Vorstellungen von zehn übereinander liegenden Himmeln (andere sprechen von ‚sieben', was sich in unserer Redewendung vom „siebten Himmel" erhalten hat). Im obersten dieser Himmel soll sich die Wohnung Gottes befinden. Die Himmel-Meer-Metaphorik suggeriert also den Eindruck, daß der Himmel ebenfalls ungeheure Tiefenschichten besitzt, die dem menschlichen Auge eigentlich verschlossen bleiben. Trotzdem wird auch hier in einer Art imaginärer Verlängerung der Blick in die unendlichen Höhen weitergeführt und letztlich auf Gott hingelenkt, ohne allerdings – was dem Empirismus widerspräche – in diesem überirdischen Bereich konkrete Erkenntnisse zu gewinnen. In jedem Fall aber bekommt Höhe über ihre physikalische Raumbedeutung hinaus symbolisch-religiösen Sinn.

Der gewaltigen vertikalen Raumdimension korrespondiert die unübersehbare horizontale Ausdehnung des Universums mit seinen „Heeren" von Sonnen und Welten (Vers 35). Raum begegnet uns also in dem Brockes-Gedicht in Gestalt dieses Makrokosmos, aber ebenso im Mikrokosmos der winzigen Blütenglokken der Hyazinthe. Sie unterscheiden sich zwar in ihren quantitativen Größenordnungen, werden aber, indem das eine sich im andern spiegelt, als völlig gleichwertig verstanden.

Brockes' theologische Natur- und Weltdeutung

Mit zwei Argumenten rechtfertigt das lyrische Ich diese kühne Parallelsetzung. Das erste ist die beiden gemeinsame Schönheit. Brockes benutzt dafür auch verwandte Begriffe wie „Zier" (Vers 3) oder „Pracht" (Vers 33 u. 37). Alles zusammenfassend spricht er von den „schönen Werken" (Vers 45). Es ist diese Eigenschaft, die alle Wesen und Dinge miteinander verbindet. Das zweite Argument liegt im Schöpfungsgedanken. Das lyrische Ich wird vom Anblick der schönen Welt bruchlos zu ihrem Urheber geleitet: dem „Herrn der Sterne" (Vers 32), und zwar ganz unauffällig in einer syntaktisch beiläufigen Reihung von Haupt- und Nebensätzen. Wir werden an den biblischen Schöpfungsbericht erinnert, demzufolge Gott „Durch ein Wort" („Gott sprach... und es wurde") den gesamten Kosmos erschuf. Der Grundgedanke des Gedichts lautet von hier aus: Wie Himmel und Erde, Sterne und Meere, Tiere und Menschen, so ist auch die Traubenhyazinthe ein Werk Gottes. Durch ihren gemeinsamen Ursprung besitzen alle dieselbe göttliche Würde.

Damit hat das Gedicht (von Vers 32 an) ausdrücklich die empirische Ebene verlassen und eine theologische Wende genommen, die sich in den symbolischen Vorausdeutungen („die Höhen") schon erahnen ließ. Jetzt steht im Zentrum der Schilderung nicht mehr die reale Welt, sondern, diese übersteigend (transzendierend), Gott mit den Prädikaten der „Allmacht" und „Weisheit" (Vers 33 u. 47). Es kennzeichnet aber das besondere Vermittlungsverhältnis zwischen natürlicher und göttlicher Welt, daß in dem Gedicht Schöpfer und Schöpfung aufeinander bezogen bleiben, ja geradezu aufeinander angewiesen sind. Gott offenbart sich den Menschen durch seine Werke, also vor allem in der von ihm geschaffenen Natur. Wir hören vom lyrischen Ich, daß die Blume ihm „eine Erinnerung zu lesen" gibt, ihn also daran ermahnt, über der gelungenen Schöpfung Gott nicht zu vergessen (Verse 43–44). Selbstverständlich ist diese Mahnung gleichermaßen an uns Leser gerichtet.

Mit der Formulierung „zu lesen" benutzt Brockes eine Metapher, die eine bedeutende Tradition besitzt. Die Welt (Natur) wird als ein Buch verstanden, in deren Geheimnisse der Mensch lesend eindringen kann. Wir werden auf die Metaphorik von der „Lesbarkeit der Welt" (unter diesem Titel hat Hans Blumenberg ein Buch zu dem Thema geschrieben) noch öfter zurückkommen. Bei Goethe ist die Vorstellung vom Lesen im Buche der Natur häufig anzutreffen. Und bei den Romantikern begegnet uns die Natur als redender Kosmos, deren Sprachzeichen es zu entziffern gilt, etwa im Werk von Novalis und Eichendorff. Die grundlegende Idee, die Brockes in der „Traubenhyazinthe“ andeutet, besteht in folgendem: Als Ort, an dem sich Gott den Menschen offenbart, galt in der christlichen Tradition das heilige Buch der Bibel. Das Verständnis dieser Schrift mußte den Gläubigen vom lesekundigen Priester oder Theologen nahegebracht werden. Die Kirche war der Raum der Vermittlung des Wissens von Gott. Nun aber wird die sinnlich erfahrbare Natur zum Bereich, in dem Gott sich jedem Menschen zu erkennen gibt, wenn er seine Sinne und seinen Verstand, die jeder gleichermaßen besitzt, nur recht gebraucht. In einem anderen Gedicht von Brockes mit dem Titel „Fertigkeit zu lesen in dem Buche der Natur“ lauten die beiden Schlußverse:

> Beschäfftigt euch, und lernt aufmercksam,
> GOTT zu Ehren
> Empfinden, schmecken, sehn und hören!

Weltbejahung und Erkenntnisoptimismus der Aufklärung

Diese Aufforderung an den Menschen, seine Sinne zu schulen und zu verfeinern, entspricht ganz der Voraussetzung, von der Brockes' Empirismus ausgeht. Da Gott sich nur in seiner Schöpfung zeigt und wir diese allein mit Hilfe unserer Sinne wahrnehmen können, müssen wir sie wie eine Sprache entwickeln, die uns zum Lesen befähigt. Die Sinne sind das Geschenk Gottes an den Menschen, das die wechselseitige Kommunikation zwischen Schöpfer und Geschöpf ermöglicht. Während die sinnenfeindliche orthodoxe Kirchenlehre, wie sie sich in der Barocklyrik ausgewirkt hat, für den Dialog mit Gott den Rückzug aus der Welt und die meditative Versenkung ins Innere fordert, setzt Brockes' aufgeklärte Dichtung dem die Öffnung zur Welt hin entgegen, um Gott zu begegnen. Damit ist auch Gottes Dasein aus dem himmlischen Jenseits in den weltlich-irdischen Bereich verlegt, und man kann mit einigem Recht von einer Verweltlichung des Gottesbegriffs sprechen. Umgekehrt legen Gedichte wie „Die Traubenhyazinthe“ aber ebenso den Gedanken einer ‚Vergöttlichung der Welt‘ nahe. Die aufmerksame Betrachtung des Irdischen führt den Menschen zur staunenden Verwunderung über die schöne, vollkommene Harmonie des Universums. Diese kann nur durch einen weisen göttlichen Urheber in die Welt gekommen sein. Folglich wird der Mensch durch die intensive Zuwendung zur Natur letztlich an das Ziel gelangen, das Brockes in seinem Gedicht über das „Buch der Natur“ im Auge hat, nämlich „der Gottheit Wesen“ und „Des Welt=Buchs Inhalt, Kern und Zweck“ zu verstehen. Das stimmt sinngemäß überein mit der Formulierung, die in der „Traubenhyazinthe" gewählt ist: daß wir „seine weise Macht ermessen" (Vers 46). Der Mensch kommt also den Rätseln der Schöpfung mehr und mehr auf die Spur. Er wird fähig, die Gedanken und Taten Gottes zu begreifen, und er wird selbst dadurch immer gottähnlicher. Darin bekundet sich ein großer Erkenntnisoptimismus, der für die Aufklärung charakteristisch ist.

Hinzu kommt in Brockes' Lyrik eine durchgehend positive Weltauffassung, die uns abhanden gekommen ist. Die Schöpfungen des Universums sind voller Schönheit und Weisheit, sie sind *vollkommen.* Das ist auch gegenüber der vorangehenden Barockdichtung neu. Wenn dort von der „Pracht" gesprochen wird, dann folgt sogleich ein Hinweis auf ihre Vergänglichkeit. Wenn die barocke Lyrik blühende Blumen besingt, lenkt sie den Gedanken unweigerlich auf ihr baldiges Verwelken. Die Dichtung der Aufklärung steht dagegen ganz im Zeichen der von Leibniz (1646–1716) vertretenen Lehre von „der besten aller möglichen Welten", die Gott geschaffen habe. Es herrscht in ihr ein Höchstmaß an Harmonie, die das Zusammenspiel zwischen allen Wesen (Monaden) regelt.

Durch die Breitenwirkung dieser Philosophie entsteht auch innerhalb der Dichtung des 18. Jahrhunderts ein Klima höchst optimistischer Weltbetrachtung. Sie beruht nicht primär auf einer besonderen Frömmigkeit, obwohl sie natürlich mit dem biblischen Glauben an die Güte Gottes übereinstimmt. Sie hat ihren Hauptgrund in der Überzeugung, daß die Welt und ihre Einrichtungen ein Höchstmaß an Vernünftigkeit und Ordnung (Weisheit) aufweisen. Das ist das höchste Prädikat, das die Aufklärung zu vergeben hat. In einem Gedicht über die Sektion einer menschlichen Leiche rühmt Brockes – trotz des schrecklichen Anblicks eines zergliederten Toten – den Schöpfer, der so „wunderbar des Körpers Wunderbau" gefüget hat. Dem Barockdichter Gryphius lieferte dies eher Anlaß zur Klage über den Verfall des menschlichen Körpers. Bei Brockes hingegen stellt sich eine intellektuelle Begeisterung ein über die vollkommene Anordnung der Glieder und Organe. Sind es in der „Traubenhyazinthe" die ästhetische Schönheit der Blume oder die Pracht des Sternenhimmels, so ist es hier die von Gott gestiftete hohe Zweckmäßigkeit, mit der das Einzelne zum Ganzen zusammenstimmt und die dem lyrischen Ich Freude bereitet. Es spiegelt sich in diesem Gefühl das Glück der Entdeckung jener verborgenen Pläne Gottes. Die hochgradige Ordnung innerhalb des Gedichts von der „Traubenhyazinthe", vor allem im Metrisch-Rhythmischen und in der Syntax, kann als ein bewußter ästhetischer Reflex des Dichters auf diesen universalen Ordnungsgedanken aufgefaßt werden.

Thematische Aktualität des Gedichts

Für den heutigen Leser besitzt die Thematik des Brockes-Gedichts höchste Aktualität. Zwar hat sich im allgemeinen Bewußtsein die Einstellung gegenüber der Natur gewandelt. An die Stelle der staunenden Bewunderung ist das Verbrauchen und Zerstören der Natur getreten. Aber zunehmend wird diese Haltung als unangemessen empfunden, und wir können uns von Brockes darüber aufklären lassen, daß es andere Formen des Naturverständnisses geben kann. Ob dabei der religiöse Kern des Gedichts noch Gültigkeit beanspruchen kann, muß jeder Leser für sich entscheiden. Er stellt natürlich die eigentliche ‚Moral' dar, die das ‚moralische' Gedicht als Lehre erteilen will: in der Natur den Geist Gottes wahrzunehmen und sie als seine Schöpfung zu ehren. Aber schon seit der Aufklärung läßt sich eine Tendenz beobachten, die Natur selbst an die Stelle Gottes zu setzen, ihr die produktive Schöpferkraft zuzuerkennen. Brockes steht mit seiner Lyrik hier noch in der alten theologischen Tradition, aber er weist andererseits auch auf die modernen Entwicklungen voraus. In der „Traubenhyazinthe" klingt das andeutungsweise an in den Versen „Zeiget... von der bildenden Natur/Eine neue Schönheitsspur". „Bildend" heißt ja: hervorbringend, gestaltend. Damit versteht das Gedicht die Natur zwar vor allem als geschaffene – das geht aus dem Hinweis auf den Schöpfungsbericht hervor – aber doch auch als selbst schaffende Natur mit ihr innewohnender Kraft. Dieser vom Religiösen abgelöste Aspekt der Naturauffassung hat sich zunehmend bis heute durchgesetzt. Dennoch ist auch das Verwundern über die faszinierenden Ordnungsprinzipien und Strukturen innerhalb des Seienden noch anzutreffen. Physiker wie Planck und Heisenberg haben angesichts der Erkenntnisse über den Aufbau der Materie immer wieder ihr Staunen zum Ausdruck gebracht.

Motivgleiche oder motivverwandte Texte

B. H. Brockes: Kirschblüte bei der Nacht. In: Conrady, S. 159. – Ders.: Fertigkeit zu lesen in dem Buch der Natur – Gedanken bey der Section eines Körpers. In: Texte und Zeugnisse, Bd. IV,1. Hg. v. W. Killy. München 1983, S. 372 u. 374.

Sekundärliteratur

Chr. Fr. Weichmann: Brockes' Schreibart (1721). In: Texte und Zeugnisse, Bd. IV,1, S. 380–382.

2. Erziehung des Menschen zum vernunftgeleiteten Leben – Hallers „Gedanken bei einer Begebenheit“

Das philosophische Lehrgedicht

Das Vernunftvermögen gilt in der frühen Aufklärung als besondere Auszeichnung des Menschen. Es erlaubt ihm – zusammen mit der Sinneswahrnehmung –, Erkenntnisse über die Welt, ihre göttliche Herkunft und sogar über Gott selbst zu erlangen. Es verpflichtet ihn aber zugleich auch, seinen Verstand zur Gestaltung eines vernünftig geordneten Lebens zu gebrauchen. Denn nicht nur theoretisches Wissen soll der aufgeklärte Mensch erwerben, er soll vor allem aufgrund dieses Wissens seine Lebenspraxis entsprechend einrichten. Von diesem ethischen ‚Auftrag‘ handelt das folgende Gedicht des schweizerischen Arztes und Naturforschers Albrecht von Haller (1708–1777).

Gedanken bei einer Begebenheit

Vergnüge dich, mein Sinn, und laß dein Schicksal walten
Es weiß, worauf du warten sollst:
Das wahre Glück hat doch verschiedene Gestalten
Und kleidet sich nicht nur in Gold.

Dein Geist würkt ja noch frei in ungekränkten Gliedern,
Du hast noch Haus und Vaterland:
Worüber klagst du denn? Nur Stolz schämt sich im Niedern
Und Übermut im Mittelstand.

Was hülfe dich zuletzt der Umgang jener Weisen,
Die unerblaßt zum Tode gehn:
Sollst du Beständigkeit in fremdem Beispiel preisen,
In deinem dir entgegen stehn?

Nein, bettle, wer da will, des Glückes eitle Gaben,
Im Wunsche groß, klein im Genuß;
Von mir soll das Geschick nur diese Bitte haben:
Gleich fern von Not und Überfluß.
(Ersch. 1732/34)

Textgliederung und Strophenbau

Es handelt sich, wie man bei der Lektüre sogleich erkennt, um ein philosophisch belehrendes Gedicht, in dem ein reflektierendes Ich über seine Lebenshaltung nachdenkt. Die Gliederung in vier Strophen entspricht dem Argumentationsverlauf, den der Text schrittweise entwickelt. In sich sind die einzelnen Strophen durch die Versanordnung zweigeteilt in der Weise, daß sich eine sechshebig jambische (Alexandriner) und eine vierhebig jambische Zeile zusammenschließen und in der Strophenmitte einen formalen Einschnitt bewirken, dem ein gedanklicher korrespondiert. Dreimal setzt der Dichter am Schluß der zweiten Zeile jeder Strophe einen Doppelpunkt; in der vierten Strophe wäre dies nach „Genuß" gleichfalls möglich, wird aber wohl wegen des nachfolgenden Doppelpunkts in der vorletzten Zeile vermieden. Diese Doppelpunkte besitzen die Funktion, den Vordersatz mit dem sich anschließenden Satz sinnlogisch zu verknüpfen, sei es als Parallele oder Gegensatz zwischen zwei Positionen, sei es als Behauptung und Begründung, sei es als Frage und Antwort usw. Insofern führt die strukturelle Zweiteilung der Strophen keineswegs zu ihrem Auseinanderfallen, sondern sie hebt die jeweils voneinander getrennten Gedanken in ihrer Zusammengehörigkeit hervor. Daneben bewirkt auch das Kreuzreimschema (abab) eine formale Verstärkung des Zusammenhalts der Gesamtstrophe.

Die vier Strophen des Gedichts sind nun nicht einfach fortlaufend aneinandergereiht, sondern sie bilden eine Rahmenstruktur. Dem aufmerksamen Leser wird nicht entgangen sein, daß in der ersten und vierten Strophe einige sinngleiche Begriffe vorkommen: „Schicksal" (Vers 1) kehrt wieder als „Geschick" (Vers 15), das Wort „Glück" findet sich in beiden Strophen (Vers 3 u. 13), die „eitlen Gaben" (Vers 13) beziehen sich unmittelbar auf das „Gold" (Vers 4), das in der ersten Strophe als eine mögliche Form des Glücks erwähnt wird. Eine Rahmenform stellt sich meist als spiegelsymmetrische Anordnung von Anfang und Ende des Textes dar. Das bestätigt sich auch an diesem kunstvoll gebauten Gedicht. In der ersten Strophe wird das „Schicksal" in den Versen 1/2 thematisiert, die Glücksgaben in den Versen 3/4, in der letzten Strophe ist genau umgekehrt zuerst von den „eitlen Gaben" und am Schluß vom Schicksal die Rede. Mit dem Motiv des Schicksals wird das Gedicht eröffnet und auch beendet; das ist zusammen mit dem Motiv des Glücks sein zentrales Thema, über das uns das lyrische Ich seine Gedanken mitteilt.

Dialogstruktur der Rede

Dabei verdient auch die *Art* seiner Rede unsere besondere Aufmerksamkeit. Es handelt sich formal um einen Dialog des lyrischen Ich mit sich selbst, also um ein Selbstgespräch, bei dem das Ich sich in zwei Subjekte aufspaltet: ein redendes und ein angeredetes, ein belehrendes und ein belehrtes Subjekt. Welchen Sinn besitzt diese Verdoppelung des Ich? Sie tritt meist in Situationen auf, in denen der Mensch von Ungewißheit, Zweifel, schwankenden Haltungen erfüllt ist. Dann bildet sich eine kritisch-vernünftige Instanz heraus, die eine analysierende und abwägend-urteilende Rolle im Diskurs übernimmt. Das ist offenbar die Lage, in der sich das lyrische Ich unseres Textes befindet.

Thematische Analyse

Wir betrachten unter diesem Gesichtspunkt den Titel des Gedichts und vor allem das Wort „Begebenheit". Dem ‚Deutschen Wörterbuch' (J. u. W. Grimm) zufolge bezeichnet „Begebenheit" im 18. Jahrhundert ein trauriges oder aufwühlend erschütterndes Ereignis. Daraus wird klar, warum Hallers Gedicht das Schicksal in den Mittelpunkt rückt: Es ist ein nicht näher erläuterter Schicksalsschlag, von dem das lyrische Ich betroffen ist. Die Reaktion darauf besteht zunächst in einer heiter gelassenen Hinnahme des Geschehens. Das Schicksal verfügt über ein Wissen („Es weiß ...") von der Zukunft und dem Glück, die dem lyrischen Subjekt zugemessen sind. „Vergnügt" – in einer Art positiver Resignation – soll es sich darein fügen. Im zweiten Teil der ersten Strophe wandelt sich der subjektive Sprachgestus vom Dialogischen in die Formulierung einer allgemeingültigen Weisheit: Der Mensch hält normalerweise den Reichtum („Gold") für das größte Glücksgeschenk, doch es gibt andere, wichtigere Erscheinungsformen des Glücks. Der erste Teil der Strophe 2 zählt vier davon auf: die unbehinderte, volle Geistestätigkeit, also geistige Gesundheit an erster Stelle(!), der sich die körperliche anschließt („ungekränkte" = nicht kranke Glieder), ein eigenes Heim, das Vaterland. Die sich daraus ergebende Schlußfolgerung der reflektierenden Ich-Instanz lautet: Da das Subjekt im Besitz dieser Güter ist, bestehe keinerlei Grund zur Unzufriedenheit. Wieder folgt dann eine moralische Sentenz, die allgemeine Geltung beansprucht (Vers 7/8). Der Grund für die Klage des lyrischen Ich besteht wahrscheinlich in einer wirtschaftlichen Notlage. Der ausdrückliche Hinweis auf das „Gold" deutet dies bereits an.

Bestätigt wird der Zusammenhang durch die Argumentation der zweiten Strophe, daß man sich seiner Armut oder der nur mittelmäßigen Verhältnisse nicht zu schämen braucht. Wer dies dennoch tut, macht sich der Laster des Stolzes und Hochmuts (das ist hier die Bedeutung von „Übermut") schuldig, insofern er nämlich die Formen des dürftigen Lebens verachtet.

Philosophische Vorbilder: Stoa und Epikur

In der dritten Strophe erfolgt ein beträchtlicher Gedankensprung, den der Leser selbst überbrücken muß. In der ersten rhetorischen Frage erinnert die Ich-Instanz das lyrische Subjekt an die philosophischen Schriften („der Umgang jener Weisen"), die vom Menschen Beherrschtheit und Gemütsruhe noch in der Todesstunde fordern („die unerblaßt zu Tode gehn"). Es ist die griechisch-römische Philosophie der Stoiker (Zenon, Seneca, Marc Aurel u. a.) und des Epikur, auf die Haller sich hier beruft. Ihre Lehre von der inneren Unerschütterlichkeit („Beständigkeit", Vers 11) in allen Lebensereignissen wird als höchste ethische Weisheit und als nachahmenswertes Vorbild für das eigene Dasein vor Augen gestellt. Wenn also wahrhaft kluge Männer selbst angesichts des Todes eine besonnene Gelassenheit bewahren, dann darf vom lyrischen Subjekt bei einem weniger bedrohlichen Geschehnis dasselbe wohl auch erwartet werden. Das ist die Antwort, welche die Strophe 3 auf die Klage der zweiten Strophe bereithält.

Die letzte Strophe schließt mit ihrem emphatisch ausgerufenen „Nein" formal bruchlos an die vorangehenden Fragen an. Sie gibt in Gestalt eines abschließenden Resümees ein umfassendes Urteil über die Problemlage ab. Der appellative Sprachduktus der ersten Strophe in den Aufforderungen „Vergnüge dich ... laß dein Schicksal walten" wird mit bewußter Entschlossenheit wieder aufgenommen: „Nein, bettle, wer da will." Auch die rhetorische Ich-Verdoppelung mit den Du-Anreden ist nun verschwunden. Die beiden ‚Ich' fallen, wenn man das so veranschaulichen darf, wieder in einem mit sich selbst einigen Subjekt zusammen, das nun zu einem festen Standpunkt über sein Lebensziel gelangt ist: Verzicht auf das Ringen um die äußeren Glücksgüter. Die Jagd nach ihnen führt die Menschen von einem Wunsch zum nächsten (daher „Im Wunsche groß"), aber das reale Leben gewährt nur wenig Erfüllung („klein im Genuß"). Dieser unbefriedigende Gegensatz versetzt die törichten Gemüter in ständige Unruhe, erzeugt unaufhörliches Unglücksbewußtsein. Haller hat den inhaltlichen Kontrast durch einen chiastischen Satzbau (Vers 14) und das direkte Aufeinanderprallen von „groß, klein", das im Rhythmus eine kräftige Zäsur verlangt, formal äußerst kunstvoll hervorgehoben. Der Gedanke, den diese erste Strophenhälfte formuliert, gehört ebenfalls ganz in die philosophische Ethik der Stoa. Demzufolge ist das Streben nach Reichtum und Erfolg mit wahrer Seelenruhe unvereinbar.

Ethik des Aristoteles

Im weiteren setzt sich das lyrische Ich von dieser negativen Position des in die Irre führenden Lebens energisch ab. Es spricht sich für einen idealen Lebenszustand aus, der „Gleich fern von Not und Überfluß" sein soll. Wir finden dafür bereits im Schlußvers der zweiten Strophe ein andeutendes Stichwort: „Mittelstand". Was ist damit gemeint? Indem Haller die Frage nach dem Glück des Menschen durch Rückgriff auf die griechische Stoa erörtert, gelangt er letztlich zu der bedeutendsten Autorität für diese Problematik, nämlich zu Aristoteles. Dieser entwickelt eine Ethik, die von der Grundüberlegung ausgeht, daß alles bestehende Sein, alle wertvollen Gefühle, alles vernünftige Handeln durch ein Zuviel oder ein Zuwenig zerstört werden. Verhindern läßt sich das nur dadurch, daß man einer Mitte folgt, die das Übermaß ebenso vermeidet wie die Unzulänglichkeit. Eine solche mittlere Grundhaltung verdient dann, wie es bei Aristoteles heißt, „in allen Lagen unser Lob". Sie ist nur mit großer Anstrengung zu erreichen und ein Ausdruck der sittlichen Tüchtigkeit. Dieses ethische Prinzip der Mitte findet sich in der Glückseligkeitsphilosophie des Epikur abgewandelt wieder. Beständiges Glück erringt der Mensch nur, indem er ein vernünftiges Maß in allen Dingen einhält.

Didaktisch-appellative Textfunktion

Hallers Gedicht übernimmt von solchen antiken Überlegungen seinen entscheidenden ethischen Grundgedanken. Die Instanz für das maßvolle, d. h. dem Menschen angemessene Handeln ist ganz im Sinne der Aufklärung die Vernunft selbst. Sie tritt im dialogischen Rollenspiel des Gedichts als jenes überlegene Ich hervor, das dem Du Fragen stellt, Ratschläge gibt und Lehren erteilt. Die Belehrungen des Ich durch die Vernunft sind in Wirklichkeit natürlich für den Leser bestimmt. An ihn wendet sich der Gedicht-Sprecher. Entsprechend liegt in der Du-Anrede die Aufforderung, sich mit dem lyrischen Subjekt zu identifizieren, dessen Probleme und Lösungen auf sich zu beziehen. Vor allem soll der Leser einstimmen in das entschlossene „Nein“ der Schlußstrophe, und das „Von mir“ des Gedicht-Ichs soll er gleichermaßen selbst ausrufen. In diesem Sinne ist Hallers Text nicht nur rational aufklärend, sondern durch die geschickte Form des Dialogs und der Rhetorik von Wirkungs- und Überzeugungsabsichten getragen. So fordert uns das Gedicht insgeheim zur Beschäftigung mit der antiken Ethik auf, indem es unsere Neugier auf jene weisen Lehren vom wahren Glück des Lebens weckt. Es lenkt den Leser durch seine Frageformen dahin, daß er am Ende auch vor die Entscheidung gestellt ist, ob er zu jenen gehören will, die um „des Glückes eitle Gaben“ betteln. Das Vernunft-Ich appelliert so an seine Einsichtsfähigkeit und den kritischen Gebrauch seiner Vernunft.

Skeptische Tendenzen bei Haller

Obwohl Hallers „Gedanken bei einer Begebenheit“ ebenso der Idee der Aufklärung durch Vernunft verpflichtet ist wie Brockes' „Traubenhyazinthe“, lassen sich doch grundsätzliche Unterschiede hinsichtlich ihres Weltbildes erkennen. Das liegt keineswegs an der Verschiedenheit der Thematik beider Gedichte, sondern im Kern des Denkens. Der optimistische Glaube an das wohlgeordnete, harmonische Universum der Brockes-Gedichte wird von Haller nicht mehr vorbehaltlos geteilt. Seine skeptische Auffassung vom menschlichen Glück geht von einer Welt aus, in der keineswegs alles zum besten bestellt ist, sondern in der „Not und Überfluß“ sehr ungleich verteilt sind. Folgerichtig wird daher in Hallers Gedichten die Realität der sozialen Verhältnisse, die natürlich auch Brockes bewußt war, deutlicher zur Sprache gebracht. Wir wollen dies an den Schlußversen seines berühmtesten Werks, „Die Alpen“ von 1729 erläutern. Die für unseren Zusammenhang wichtigsten Zeilen lauten:

Ethisch-sozialkritische Motive in „Die Alpen“

Verblendte Sterbliche! die, bis zum nahen Grabe,
Geiz, Ehr und Wollust stäts an eitlen Hamen hält,
Die ihr der kurzen Zeit genau gezählte Gabe
Mit immer neuer Sorg und Müh vergällt,
Die ihr das stille Glück des Mittelstands verschmähet
[...]
O glaubts, kein Stern macht froh, kein Schmuck von Perlen reich!
Seht ein verachtet Volk zur Müh und Armuth lachen,
Die mäßige Natur allein kann glücklich machen.

Die leitenden Gedanken dieses Textes sind uns bereits vertraut. Wie im vorangegangenen Gedicht kritisiert Haller vor allem das Streben nach den äußeren Gütern dieser Welt. Mit einer im 18. Jahrhundert häufig benutzten formelhaften Wortverbindung („Geiz, Ehr und Wollust“) nennt er die zentralen Negativbegriffe. Genaugenommen jagen die Menschen diesen Scheinwerten gar nicht aktiv nach, sondern sie sind bereits zu ihren Sklaven geworden. Selbst im Angesicht des Todes (dem „nahen Grabe“) – das ist eine feste Konstellation bei Haller – werden sie noch von den Äußerlichkeiten in Bann („Hamen“ = Fesseln, Haken) gehalten. „Verblendet“, also blind nennt sie der Dichter, weil das Licht der Vernunft nicht auf ihrem Wege leuchtet. Wieviel Zeit und Energie verschwenden diese Menschen nicht auf den Erwerb von Ruhm („Stern“ bedeutet hier Orden) und Besitz („Schmuck von Perlen“), Güter, die in der Gesellschaft auffällig vorzeigbar sein müssen und darin ihren Sinn besitzen. Das Gedicht bezeichnet diesen Aufwand als „leere Müh“ – im Gegensatz zu der „Müh“ des einfachen Volkes –, weil sie keine wirklich innere Freude hervorbringt, sondern nur deren veräußerlichte Form.

Wie in zahllosen Gedichten der Aufklärung – erinnert sei nur an Brockes' Programm des ‚Irdischen Vergnügens in Gott' – steht auch bei Haller der Wunsch nach Glück und Freude im Mittelpunkt, ein Gedanke, der übrigens noch ein halbes Jahrhundert später in Schillers Ode „An die Freude“ sprachmächtigen Ausdruck findet. Die zitierten Verse aus den „Alpen“ enthalten allein vier Begriffe mit semantischen Konnotationen zu „Freude“: „Glück, glücklich, froh, lachen“. Wir ersehen daraus den hohen Stellenwert dieses Motivs, fast möchte man meinen: aufgestiegen aus einem von viel Unglück überschatteten Leben, wie es Haller beschieden war.

Die Frage nun, worin das wahre Glück des Menschen bestehe, wurde im Kontext der „Gedanken bei einer Begebenheit“ schon beantwortet. Das dortige Urteil findet hier seine Bestätigung in zwei Formulierungen: „das stille Glück des Mittelstands“ und

„Die mäßige Natur allein kann glücklich machen“. Wieder also werden wir an die ethischen Prinzipien des mittleren Zustands und des vernünftigen Maßes erinnert. Phantasien und Leidenschaften („Wollust“) werden abgewiesen. Doch es kommt hier noch etwas hinzu. Der Begriff „Mittelstand“ deutet auf einer zweiten Sinnebene auf die soziale Schichtung der Gesellschaft, also auf den mittleren Stand der Bürgerlichen etwa, dem Haller angehört. Bei ihnen kann, im Gegensatz zum höfischen Adel, noch „stilles Glück“ angetroffen werden. Stärker in den Blickpunkt rückt das Gedicht aber die Bauern und Hirten der Alpen, die „ein verachtet Volk“ genannt werden. „Verachtet“ von denen, die sich in ihrer höfischen bzw. städtischen Zivilisation vom natürlichen Dasein entfernt und hochmütig darüber erhoben haben. Jene einfachen Leute sind fröhlich in all ihrer „Müh und Armuth“, während die andern trotz Müßiggang und Reichtum keine Zufriedenheit finden, weil Glück *„allein“* von einem Leben im Einklang mit der Natur ausgehen kann. Sie gibt dem Menschen, im Unterschied zu den verfeinerten Kulturzuständen, das rechte Maß für ein harmonisches Dasein. Dieser Gegensatz zwischen städtischer Lebenskultur (im negativen Sinne) und ländlich einfacher Existenz (im Sinne eines idealen Zustands) ist – mitten in der Aufklärung – ein ungewöhnliches Motiv. Es gewinnt eigentlich erst mit der radikalen Zivilisationskritik und der Verherrlichung des naturgemäßen Lebens durch Rousseau (etwa ab 1750) breitere Wirkung in der deutschen Literatur (vgl. Kap. III 1).

Resignative und utopische Züge

Hallers Vorstellung vom bescheidenen Leben in der Natur als Voraussetzung für das wahre Glück liegt sicher eine tiefe Weisheit zugrunde. Ebenso übt das Ethos des Verzichts, auch noch in unserer Gesellschaft, eine beträchtliche Faszination aus. Der griechische Kyniker Diogenes in seiner Tonne dürfte als das wirkungsstärkste Sinnbild dafür gelten. Daß solche Ideen die Grundlage für einen individuellen (privaten) Glückszustand bilden können, ist durchaus einsichtig, ob sie aber als gesellschaftliche Prinzipien Gültigkeit haben können, bleibt zweifelhaft. Es drückt sich in ihnen ja auch eine Resignation aus, ein Sich-Abfinden mit sozialen Zuständen, die so nicht sein sollten. Hallers Bild vom verachteten, trotz Armut fröhlichen Volk erscheint eher als eine philosophische Idealisierung, als Utopie, die ein Übermaß an ethischer Vernünftigkeit bei allen Menschen voraussetzt. Wir werden demgegenüber in der Lyrik des Sturm und Drang beobachten, wie die sozialen Aspekte dieser Thematik mit einer sehr viel konkreteren und stärker revolutionären Einstellung behandelt werden. G. A. Bürgers verachteter „Bauer“ etwa zeigt sich in seiner mißlichen Lebenslage keineswegs heiter gelassen (vgl. Kap. III 2). Aber es gehört zu den großen humanistischen Grundideen der Aufklärung, daß mit Hilfe der moralisch-vernünftigen Erziehung des einzelnen am Ende ein friedlich geordneter Glückszustand für die gesamte Menschheit herbeigeführt werden könne. Im Dienste dieses Programms steht also auch die Dichtung jener Zeit. Deshalb müssen wir die Lyrik der Frühaufklärung vor allem von ihren Wirkungsabsichten her verstehen. Dazu gehört die Überzeugung, daß die Poesie ihrem Wesen nach vergnüglich-unterhaltend und nützlich-belehrend zugleich sei. Diese These der Aufklärungspoetik kann sich auf Horaz berufen, der die Funktion der Dichtung mit den Begriffen „dulce et utile" (süß u. nützlich) bzw. „prodesse et delectare" (nützen u. erfreuen) umschreibt („Ars Poetica"). Sowohl Gottsched (1730) als auch Breitinger (1740) gehen in ihren Poetiken von diesem Doppelcharakter der Dichtung aus. Sie begründen mit ihm die besondere Eignung der Poesie für die moralische Belehrung der Menschen. So erläutert Breitinger („Critische Dichtkunst"), daß die Versuche der Wissenschaften und Philosophie, „durch die Erleuchtung des Verstandes das Herz zu reinigen" und „den Willen des Menschen zum guten zu lenken und seine Wohlfahrt und Glückseligkeit dadurch zu befördern" erfolglos geblieben sind. Hier muß nun nach seiner Auffassung die besondere Rolle der Dichtung einsetzen, die Breitinger folgendermaßen beschreibt:

Poetik der Aufklärung – J. J. Breitinger (1701–1776)

> Da die Wahrheit, die von den Weltweisen mittelst tiefen Nachsinnens erkannt worden, für die groben Sinnen der meisten Menschen ungeschmackt ist, und keinen Eindruck auf sie machet, müssen sie solche nach dem Geschmacke der mehrern zubereiten, auf daß sie allgemein werde; und da ihren Lehren der Eingang in das menschliche Herz, der durch die mühsame Überzeugung des Verstandes erhalten wird, meistenteils verschlossen ist, müssen sie bedacht sein, sich der Herzen durch einen neuen Weg mittelst einer unschuldigen List zu bemächtigen. [...] In keiner andern Absicht sind auch die Künste, die sämtlich in einer geschickten Nachahmung der Natur bestehen, zum allgemeinen Nutzen und Ergetzen der Menschen erfunden worden. [...] Auf diesen Grund sah man sich einen neuen Eingang in das Herz des Menschen geöffnet, und man lernete gleich aus der Erfahrung, daß die Vorstellung abgezogener Wahrheiten unter sinnlichen Bildern und Gleichnissen, durch ähnliche Beispiele, durch die Fabel und Dichtung, mit einem empfindlichen Ergetzen auf das menschliche Gemüte eindringet, und dasselbe mit solcher Gewalt rühret, daß es ihr nicht leicht widerstehen mag. [...] Daher ist es sich nicht zu verwundern, daß die Rede- und die Dichtkunst zu allen Zeiten vor [für] allgemeine Dolmetscherinnen der Weis-

> heit und vor Lehrerinnen der Tugend angesehen und geehret worden, weil sie die klugen und heilsamen Lehren des Verstandes auf eine so angenehme und der menschlichen Natur so anständige Weise dem Gemüte der Menschen einspielen, und sich desselben bemeistern können.

Schillers „Ästhetische Erziehung“

Ein halbes Jahrhundert später hat Schiller in den Briefen über die „Ästhetische Erziehung des Menschen“ (1794/95) diese zentralen didaktischen Gedanken der Aufklärungspoetik aufgenommen und in philosophischer Durchdringung weitergeführt. Wie die Aufklärer, so versteht Schiller die Literatur vor allem von ihren Wirkungsfunktionen her, und zwar als Zusammenspiel von ästhetischem Vergnügen und moralischer Erziehung. Daneben ist er auch durch die Gattung des philosophischen Gedichts mit der Lyrik der Aufklärung enger verbunden. Er hat die Werke Hallers geschätzt und sich mit dessen Dichtungsart auseinandergesetzt. In der Abhandlung „Über naive und sentimentalische Dichtung“ stellt er jedoch fest, daß Hallers Poesie oft zu unanschaulich und reflektorisch bleibe. Damit benennt er eine Hauptschwierigkeit der didaktischen Lyrik insgesamt, die von der starken Betonung ihrer Erkenntnis- und Erziehungsfunktionen herrührt. Auch in den von uns vorgestellten Textbeispielen tritt dieses Übergewicht des „utile“ deutlich hervor. Allerdings haben sich beide Autoren bemüht, die bloße Gedankenvermittlung durch poetisch wirksame Mittel aufzulockern und zu beleben: Brockes durch eine bildkräftige, malerische Gestaltungsweise, Haller mit Hilfe rhetorisch-dialogischer Strukturelemente.

Motivgleiche oder motivverwandte Texte

A. v. Haller: Gedanken über Vernunft, Aberglauben und Unglauben. In: A. v. H. Die Alpen und andere Gedichte. Hg. v. A. Elschenbroich (Reclams Universal-Bibliothek 8963). Stuttgart 1965, S. 23 ff.

Poetologische und lyriktheoretische Texte

J. J. Breitinger: Critische Dichtkunst (Auszüge). In: Klett-Editionen Aufklärung – Sturm und Drang, S. 9–12. – J. Chr. Gottsched: Versuch einer Critischen Dichtkunst vor die Deutschen (Auszug). Ebd., S. 8–9. F. Schiller: Über naive und sentimentalische Dichtung (Bemerkungen über A. v. Haller). In: Sämtliche Werke, Bd. 5. München 1960, S. 731–32.

3. Diesseitsfreude und ästhetisches Spiel in der Anakreontik – Gleims „Bacchus und Cythere“

Vorbilder und Entwicklung der deutschen Anakreontik

Im Zuge der Aufklärungsliteratur entwickelt sich neben der lehrhaften Dichtung ein Lyriktypus, den die Literaturgeschichte unter dem Begriff der Anakreontik zusammenfaßt. Es handelt sich hierbei um Texte, die an eine antike Tradition von Wein- und Liebesliedern anknüpfen, als deren Urheber Anakreon gilt (572–488 v. Chr.) und die eine bedeutende römische Ausprägung vor allem durch Catull (84–54 v. Chr.) und Horaz (65–8 v. Chr.) erfahren. Über die französische Rezeption der antiken Anakreontiker dringt diese Dichtungsart auch in die deutsche Literatur ein und entfaltet sich vor allem in der Zeit zwischen 1740 und 1770 zu einer beliebten poetischen Erscheinungsform, wobei gewisse Vorstufen in der galanten Dichtung des Barock (Hofmannswaldau) schon auftreten.

Zunächst dient die produktive Auseinandersetzung mit den antiken Gedicht- und Versformen den deutschen Lyrikern als eine Art Stilübung – wie überhaupt die deutsche Poesie des 18. Jahrhunderts wesentlich an antik-romanischen Vorbildern orientiert ist. Wir finden Übersetzungen und Nachahmungen anakreontischer Texte u. a. von Opitz, Zesen, Gottsched, Gleim, Hagedorn, Götz, Uz bis hin zu Lessing, Goethe und Mörike. Den Ausgangspunkt bildet also eine philologische Bemühung mit akademischem Charakter, womit auch die wachsende Beliebtheit der deutschen anakreontischen Lieder in der studentischen Jugend zusammenhängt (Zentren sind Leipzig, Halle, Halberstadt). Vielfältige Beziehungen lassen sich hierbei zu den geselligen Studentenliedern nachweisen. Weitere Verbreitung findet diese Literatur vor allem in gebildeten, bürgerlich-protestantischen Kreisen des deutschen Nordens. Man kann sie am ehesten auffassen als „ein Durchgangsstadium der deutschen Literatur, die sie mit einer Fülle neuer Ausdrucksmöglichkeiten bereichert“ und zugleich in ihrer thematischen Diesseitsorientierung als „Ausdruck einer Säkularisationsstufe im deutschen Geistesleben“ (Zeman, 1972, S. 178). Sie steht, wie an den Textbeispielen zu erkennen ist, in deutlichem Gegensatz zur ernsten, philosophischen Lyrik der Zeit und der Literaturauffassung der Schweizer (Bodmer, Breitinger), so daß sie dort auf heftige Ablehnung stößt.

Diese Entstehungs- und Rezeptionsbedingungen sind zu berücksichtigen, wenn man die anakreontischen Gedichte in ihrer Bedeutung verstehen will. Ein unmittelbarer Zugang zu den Texten, die uns noch fremder geworden sind als die erbaulichen

Gedichte von Brockes oder die didaktische Poesie Hallers, dürfte sich nur selten eröffnen.

Gleims ‚Scherzhafte Lieder‘

Zu den wichtigsten Sammlungen anakreontischer Texte in deutscher Sprache gehört der ‚Versuch in Scherzhaften Liedern‘ (1744/45) von Johann Wilhelm Ludwig Gleim (1719–1803). Zum erstenmal treten hier die tradierten Motive und die Odenformen recht selbständig in meist reimlosen Versen auf. Man hat Gleim mit einigem Recht den „deutschen Anakreon“ genannt. Aus seiner Sammlung stammt auch das nachfolgende Gedicht:

Bacchus und Cythere

Soll ich trinken oder küssen?
Hier winkt Bacchus, dort Cythere.
Beide winken, beide lächeln,
Bacchus mit gesetzten Mienen
Und Cythere mit verliebten.
Bacchus zeigt mir seine Reben;
Seht, sie sinken, schwer von Trauben!
Aber seht nur, dort im Schatten,
Dort im Schatten, unter Reben,
Liegt ein Mädchen lang gestrecket!
Seht, es schläft, es lächelt schlafend,
Und es lächelte Cythere
Nicht so reizend, als sie winkte.
O wie süß mag es nicht schlummern!
O wie reizend liegt das Mädchen!
Um den weißen regen Busen
Hangen schwarze reife Trauben,
Und es glänzen um die Locken,
Um die rabenschwarzen Locken
Goldne Blumen in den Schatten.
Weingott, winke nur nicht länger;
Denn ich muß erst bei dem Mädchen
Unter deinen Trauben schlummern.
(Ersch. 1744/45)

Inhaltlicher Texteindruck

Die Gedichtlektüre wird beim heutigen Leser wahrscheinlich vor allem den Eindruck einer inhaltlichen Belanglosigkeit hervorrufen. Schon die Einleitungsfrage des lyrischen Ich, ob der Weingenuß oder die Liebe den Vorzug verdienen, wirft ein ‚Problem‘ auf, das zu ernstlicher Auseinandersetzung keinen Anlaß gibt – und sicher auch nicht geben will. Es handelt sich um einen Scherz, wie der Titel der Sammlung es ankündet, um ein Scheinproblem, das nach scherzhafter Behandlung verlangt. Entsprechend heiter wirkt die gesamte Atmosphäre in der Welt dieses Gedichts. In den mehrfach wiederholten, dominierenden

Verben „winken, lächeln, schlafen, schlummern" drückt sich die Harmlosigkeit der Handlungen, oder besser: Zustände der Gedichtfiguren aus. Epitheta wie „reizend, süß" verstärken den harmonischen Eindruck.

Bildhafte Komposition

Das Geschehen entfaltet sich vor dem Auge des Lesers und des lyrischen Ich wie ein idyllisches Gemälde. Das Verbum „zeigt" (Vers 6) und die dreifache Aufforderung „Seht" (Vers 7, 8 u. 9) signalisieren die statische Bild-Zuschauer-Konstellation des Vorgangs. Man kennt dergleichen aus der Rokoko-Malerei, dem sich unser Gleim-Gedicht verwandt zeigt. Das Arrangement mythologischer Figuren (am häufigsten sind Venus und Amor), das Motiv des heimlichen Beobachters am Bildrand und das Thema des bewachten Schlafs gehören zum beliebten Inventar der Bilder. Auch bildet stets ein idealisierter Landschaftsraum mit Bach oder Teich, Laubenhain und Schattenplätzen die Kulisse für das Geschehen.

Diese malerische Gestaltungsweise der Poesie erinnert an die Horazische Formel „ut pictura poesis" (Dichtung sei wie die Malerei), mit der die Dichter aufgefordert werden, ihren Texten bildhafte Anschaulichkeit und Plastizität zu verleihen. Gleim, als Anakreontiker zugleich ‚Schüler' des Horaz, kommt dieser Anweisung nach, und so werden auch wir Leser in der Rezeption zu ‚Bildbetrachtern'. Zusammen mit der antithetischen Ausgangsposition vollzieht das Gedicht eine kompositorische Gliederung des Bildraumes: hier der Weingott, dort die Liebesgöttin. Getrennt durch ihre Standorte und Absichten, wirken sie zwar konkurrierend, aber mit identischer Gestik (winkend) auf das Ich ein. Der Text drückt das Gemeinsame der Verlockungen durch die syntaktische Parallelstruktur (Vers 3–5) und mit einer anaphorischen Wortfigur („Beide... beide...") aus. Zur Bacchus-Welt gehören die traubenbeladenen Reben. Diese werden uns in sprachlich gewichtiger Form vor Augen geführt (Vers 7): Die dreifache s-Alliteration bewirkt einen starken klanglichen Nachdruck, und die beiden Pausierungen des Verses, durch Kommata markiert, verlangsamen deutlich das Tempo der abfallend („sinken") betonten Zeile. Dem steht der Eros-Bereich der Venus in Gestalt eines schönen Mädchens gegenüber. Gleim bedient sich zu ihrer Präsentation derselben Sprachmittel wie zuvor. Er nimmt das „seht" in verstärkter Form auf („Aber seht nur") und lenkt unseren Blick auf die Gestalt. Auch die stokkende rhythmische Struktur von Vers 7 wird in Vers 11 genau wiederholt. Stimmlose s- und Zischlaute bewirken lautmalerische Effekte, als wolle der Sprecher zum Stillsein auffordern, damit die Schläferin nicht geweckt werde. Klangspiele und Lautmalereien durchziehen ebenso wie kunstvolle Wortwiederholungen den gesamten Text und entfalten vor allem bei der Rezitation einen hohen Reiz.

Der wichtigste Kunstgriff des Dichters besteht aber in der kompositorischen Bildfügung. Von den einander gegenüberstehenden Göttergestalten aus werden die Blicke des Betrachters auf einen Zentralpunkt geführt, an dem sich das Mädchen schlummernd „unter Reben“(!) befindet. Die zu Anfang getrennten Sphären rücken nun eng zusammen. Zwar wendet sich das lyrische Ich in den Versen 10–15 ganz der Betrachtung der Schönen zu, aber es kommt gleichzeitig zu einer Verschmelzung der Bildelemente und ihrer allegorischen Bedeutungsebene. „Um den weißen Busen“ (Sinnbild der Erotik) hängen „schwarze Trauben“ (Sinnbild des Weingenusses). Die Trauben, die beiläufig eine assoziierte Anspielung auf die weiblichen Brüste darstellen, werden durch ihre Ähnlichkeit fast identisch mit den schwarzen Mädchenlocken. Diese sind es ja eigentlich, die um den weißen Busen fallen. Die Haare wiederum sind mit einem Kranz „goldner Blumen“ geschmückt, ebenso wie wir uns die dunklen Trauben mit leuchtendem Weinlaub vorstellen dürfen. Der Sinn dieses verschlungenen Arrangements ist leicht zu durchschauen: Liebe und Wein gehören als Freudenquell des Lebens unmittelbar zusammen. Das Entweder-Oder der Antithese im Textbeginn wird durch das allegorische Bilderspiel mit einem Sowohl-als-Auch beantwortet. Wenn aber das lyrische Ich vor die Wahl gestellt ist, kann es über die Priorität der Liebe keinen Zweifel geben; das „erst“ in der vorletzten Zeile besitzt einen temporalen und einen qualitativen Sinn. Jedoch bleibt beim Glückserlebnis des Eros auch das Geschenk des Bacchus sozusagen in greifbarer Nähe („unter deinen Trauben schlummern“), und das „erst“ der Liebe impliziert ein unausgesprochenes „danach“ des Weins. Im übrigen charakterisiert das letzte Gedichtwort „schlummern“ die spielerische Harmlosigkeit des Liebesbegehrens fern aller dramatischen Leidenschaftlichkeit. Es hat den Anschein, als liege der Zielpunkt des Gedichts weniger im Erreichen des Liebesgenusses als vielmehr in der kunstvoll-witzigen Auflösung der Ausgangsalternative (Vers 1), die zusammen mit der Schlußantwort (Vers 22/23) dem Gedicht eine gelungene Abrundung verleiht.

Spielerische Momente

Insgesamt bildet die durchgefeilte ästhetische Gestaltung mit dem wirkungsvollen Textaufbau und dem ‚genialen‘ Gebrauch poetisch-rhetorischer Mittel einen zentralen Aspekt des Gedichts. Vor allem der Rhythmus, d. h. Wiederholung und Variationen der rhythmischen Grundeinheiten (Kola), ist von konstitutiver Bedeutung. Für eine Analyse dieses Phänomens hat Wolfgang Kayser ein paar wichtige Hinweise gegeben (Ge-

Stilmittel und ästhetische Qualität

schichte d. dt. Verses, S. 46 f.). Der strophenlose Textverlauf und der vierhebige Trochäus mit regelmäßig weiblichem Ausgang (unbetonte Endsilbe) folgen dem antiken Vorbild der anakreontischen Ode. Das gilt ebenso für den Verzicht auf die Endreimbindung der Verse. Gleim hat ihr Fehlen durch andere klangliche Mittel vollkommen aufgewogen. Wortwiederholungsfiguren (Anapher, Epiphora), Assonanzen, Alliterationen, Antithesen, Parallelismen, Korrespondenzen aller Art dienen dem Autor zur Steigerung der poetischen Formqualität. Zweifellos handelt es sich bei „Bacchus und Cythere" um ein ästhetisch herausragendes Beispiel anakreontischer Lyrik.

Einwände gegen die Anakreontik

Es erheben sich jedoch schon früh Einwände gegen diese Art von Dichtung insgesamt mit ihrem eingeschränkten Motivkreis (Liebe und Wein, Geselligkeit, Schäferidyllik usw.), gegen die „Gedankenleere" und den Unernst (Kant hält die Anakreontik für nahezu „läppisch"), gegen die ‚Unechtheit' der Empfindungen, den Mangel an Wirklichkeitsbezügen, die graziöse Stilisierung der Natur, die angebliche Unmoral der Themen. Alle diese Vorwürfe gehen aber von Forderungen aus, die die anakreontische Lyrik gar nicht erfüllen will. Weder will sie wahre Gefühlserlebnisse des Autors vermitteln, noch geht es ihr um die Darstellung historisch-sozialer Wirklichkeit. Ihre literarische Konzeption ist keinesfalls realistisch. Sie sieht ihre Aufgabe auch nicht in der Erbauung oder moralischen Besserung des Menschen. Was man der Anakreontik also vorwerfen kann, ist, daß sie dies alles nicht will und doch wollen sollte. Eine solche Rezeptionshaltung wird allerdings nicht zu einem angemessenen Urteil gelangen.

Wirkungsabsichten der anakreontischen Lyrik

Um uns einem solchen zu nähern, greifen wir die Funktionsbestimmung der Literatur durch Horaz noch einmal auf. Dem „prodesse", wie es uns etwa in Hallers Lehrgedichten begegnet, steht das „delectare" gegenüber. R. Wellek und A. Warren haben die Nützlichkeitsforderung an die Poesie so präzisiert, daß sie „keinen Zeitverlust" und „keine Form des Zeitvertreibs" darstelle, sondern etwas sei, „das ernsthafte Aufmerksamkeit beansprucht" (Theorie der Literatur, S. 23). Im Gegensatz dazu steht das Spielerisch-Unterhaltende als vergnüglicher Zeitvertreib, das auf keine „Pflichten" abzielt, sondern sich selbst genügt. Absichtslose Freude, Heiterkeit, Lachen wollen diese „Scherzhaften Lieder" beim Leser bewirken und damit also ganz andere Bedürfnisse erfüllen.

Immer wieder betonen die anakreontischen Autoren in ihren poetologischen Gedichten die Anspruchslosigkeit ihrer Texte. So lautet die erste Strophe von Friedrich v. Hagedorns (1708–1754) „An die Dichtkunst":

Gespielin meiner Nebenstunden,
Bei der ein Teil der Zeit verschwunden,
Die mir, nicht andern, zugehört:
O Dichtkunst, die das Leben lindert!
Wie manchen Gram hast du vermindert,
Wie manche Fröhlichkeit vermehrt!

Und in den Schlußversen heißt es:

Den itzt an Liedern reichen Zeiten
Empfehl ich diese Kleinigkeiten:
Sie wollen nicht unsterblich sein.
(Ersch. 1729)

Die grundsätzliche Literaturauffassung sowohl der Produktions- wie der Rezeptionsseite kommt hier sehr klar zum Ausdruck: Dichtung ist ein Spiel außerhalb der beruflichen Pflichtarbeit, also deren Unfreiheit entzogen und entgegengesetzt. Sie besitzt eine therapeutische Wirkung, indem sie den realen Lebensdruck leichter zu ertragen hilft und Freude bereitet. Ihr Anspruch läßt sich mit dem ‚hoher‘ Dichtung nicht vergleichen, und deshalb rechnet sie nicht mit einem langen Überleben in der literarischen Rezeptionsgeschichte. In ganz ähnlichem Sinne charakterisiert auch Johann Nikolaus Götz (1721–1781) seine dichterischen Produkte in dem hübschen Gedicht „An seine Reime“ (ca. 1763/65):

Klein von Geist als wie von Leib,
Unschuldvoller Zeitvertreib,
[...]
Nur an Amors Seit' erdacht,
Nur in Fröhlichkeit gemacht.

Hier werden gleichfalls unangemessene Forderungen an das lyrische Gedicht von vorneherein abgewiesen. Nicht Apollo, der hohe Dichterfürst, sondern der lose Knabe Amor übernimmt die Patenschaft für diese Verse, die als harmloses Spiel, vor allem mit dem Thema ‚Liebe‘ aufgefaßt werden sollen. Es klingt mit dem Aspekt des Spielerischen ein Gedanke an, der in Schillers „Ästhetischen Briefen“ zum Brennpunkt der Humanitätsidee werden wird. Der Mensch gewinnt im ästhetischen Spiel eine Freiheit, die ihn zu sich selbst zurückbringt und ihm die Fülle all seiner Seinsmöglichkeiten ansichtig macht, von deren Existenz er im alltäglichen Betrieb nichts mehr weiß. In einem solchen Zustand, in den der spielende Mensch nur durch die Begegnung mit dem Schönen gelangt, wird eine Ahnung vom wahren

Humanen faßbar (vgl. Schillers 15. Brief über die „Ästhetische Erziehung").

Zentralmotiv der Anakreontik: die Freude

Ein unablässig wiederkehrendes Leitmotiv in der anakreontischen Dichtung, das mit dem Spiel-Charakter der Literatur eng zusammenhängt, ist die Freude. Daß es sich dabei nicht um einen durch simple Glückserlebnisse bewirkten Zustand handelt, sondern um ein geradezu göttliches Empfindungsvermögen, bezeugt Friedrich v. Hagedorns Gedicht „An die Freude", in dem es unter anderem heißt: „Freude, Göttin edler Herzen! – Muntre Schwester süßer Liebe! Himmelskind! Kraft der Seelen! – Du erheiterst, holde Freude, Die Vernunft!" (Conrady, S. 165)

Allein das Vokabular dieser Zeilen verdeutlicht den hohen Rang, den die Freude auf der Skala der Werte einnimmt. Sie ist ein Geschenk des Himmels an die Menschen und nicht mehr, wie in der Antike, ein alleiniges Vorrecht der Götter. Allerdings wissen wohl nur „edle Herzen" dies wirklich zu schätzen. Bemerkenswert ist auch, daß die Freude sogar die Vernunft, die wichtigste menschliche Fähigkeit in den Augen der Aufklärer, mit höherem Glanz zu bereichern vermag. Solche Freude in den Herzen der Menschen zu erwecken, darin besteht nach anakreontischem Verständnis die eigentliche Aufgabe des Dichters. Das kann auf ganz unterschiedliche Weise erreicht werden. Zum einen bereitet die Dichtung im Rezeptionsakt ein ästhetisch-geistiges Vergnügen durch die Freude am kunstvoll organisierten Text selbst. Andererseits stellen natürlich die Themen und Inhalte eine wichtige Quelle des Vergnügens an diesen Gedichten dar. Damit aber bekommen sie – wie belanglos die Motive im einzelnen sein mögen – eine Funktion, die doch über den bloßen Scherz hinausreicht. Sie läßt sich nur aus dem kultur- und geistesgeschichtlichen Kontext erschließen und führt letzten Endes zurück auf die Lehre des Epikur (341–270 v. Chr.) und ihrer römischen Vermittlung v. a. durch Lukrez und Horaz.

Einfluß der Lehre des Epikur

Die Lehre dieses großen antiken Aufklärers besteht im wesentlichen aus vier Gedankenkreisen: 1) Befreiung des Menschen von der religiös begründeten Furcht vor Göttern und Dämonen, die in das Leben eingreifen; Ablehnung der Idee der unsterblichen Seele. 2) Glückseligkeit als Ziel und Motiv des Lebens (Eudämonismus); damit verbunden die Bejahung der sinnlichen Genüsse und Ablehnung der Askese. 3) Vorrang der Vernunft vor allen anderen Vermögen; sie ist das höchste Gut. 4) Wahres Glück (= innere Ruhe) findet der Mensch nur in einem einfachen Leben in der Zurückgezogenheit zusammen mit geselligen Freunden.

Man kann sich leicht vorstellen, daß diese Philosophie des Diesseits von den antiken Religionen und vom Christentum erbittert bekämpft und durch verzerrte Auslegung diffamiert wurde. In der Aufklärung des 18. Jahrhunderts vollzieht sich eine Neubewertung des Epikur. Über das Motiv des wahren Glücks, das ein einfaches, zurückgezogenes Leben gewährt, haben wir bereits bei Haller gesprochen. Daneben wird vor allem die Emanzipation von der Theologie, die Rehabilitierung der Sinnlichkeit und die Diesseitsfreude in das Denken der Zeit aufgenommen und auch poetisch verarbeitet.

Gleim und viele Anakreontiker erklären sich entschieden gegen die einseitige, religiöse Jenseitsschwärmerei des Pietismus und gegen die Abwertung der sinnlichen Glücksmöglichkeiten. Daher gehört die (ebenfalls einseitige) Themenentfaltung des irdischen Lebensgenusses zum Ideenprogramm der Anakreontik. Sie richtet sich gegen alle Weltverneinungsliteratur (Vanitas-Dichtung), wie sie im Barock vorherrscht, aber auch gegen die überstark vernunftbetonte Lehrdichtung der rationalistischen Aufklärung. Sie ist also eigentlich „von allem Anfang an progressiv und polemisch" (Zeman, 1972, S. 156).

Idyllische Momente und ihre Bedeutung

Oft kritisiert wird die Ansiedlung der Figuren und Aktionen in einer abgeschiedenen, realitätsfernen Idyllenwelt (‚locus amoenus'). Doch auch dieser Vorgang besitzt einen tieferen Sinn, der noch über die von Epikur behauptete Glücksmöglichkeit des Menschen durch den Rückzug aus der Welt hinausreicht, obwohl er natürlich damit zusammenhängt. Eine sozialpsychologische Deutung des fiktiven Idyllenraums der Poesie gibt Walther Killy im folgenden Gedankengang:

> Die Schäferwelt hat sich vollkommen von der Realität abgelöst und ist rückwärtsgewandte Utopie, ein heidnisches Paradies, welches abspiegelt, wie es hätte sein können, aber nie mehr sein kann: Leben ohne Schuld und Bedürfnis, ohne Staat und ohne Tempel, ohne Leiden und Gewalt, aber voller unschuldiger Lust. (Elemente der Lyrik, S. 138).

Die Freude, die von diesen Dichtungen ausgeht, entspringt natürlich nur den fiktiven Vorstellungen innerhalb der poetischen Welt. Es drücken sich in ihr nicht Empfindungen aus, deren Erfüllung man vom realen Leben erwarten kann. Autor und Leser des 18. Jahrhunderts sind sich darüber einig, und es hätte die Dichter sehr erstaunt, wenn man von Gedichten wie „Bacchus und Cythere" Rückschlüsse auf ihr eigenes Leben gezogen hätte. Vielmehr sprechen sie in ihren Texten bewußt von einem Glück, das in der Welt nicht zu haben ist, sondern nur in der Poesie Leben gewinnt. Indem aber die Autoren die Glückserlebnisse ihrer Gedichtfiguren als geistvoll-witziges Spiel

inszenieren, wird von vornherein die Gefahr gebannt, daß der Leser die literarische Erfindung mit der Lebenswirklichkeit verwechselt.
Es wird häufig behauptet, daß die heiter-friedliche Welt der anakreontischen Lyrik ein Reflex auf den Aufklärungsoptimismus der Leibnizschen Lehre von der ‚besten aller möglichen Welten', darstelle. Das mag zutreffen, aber man muß dabei bedenken, daß es den ‚locus amoenus' bereits in den griechisch-römischen Dichtungen der Antike gibt. Er wurde also keineswegs von der deutschen Anakreontik erfunden, sondern als ein fester Bestandteil der poetischen Tradition (Topos) übernommen. Die Vorbedingung für eine solche Übernahme hängt allerdings eng mit der positiven Weltsicht der Aufklärung zusammen, wie wir sie auch in den Gedichten von Brockes beobachtet haben.

Motivgleiche oder motivverwandte Texte
F. v. Hagedorn: An die Dichtkunst. In: Conrady, S. 164. – Ders.: An die Freude. Ebd., S. 165. – Chr. Fr. Weisse: Der Inhalt meiner Lieder. Ebd., S. 176. – J. N. Götz: An seine Reime. In: Gedichte von Johann Nicolaus Götz (Deutsche Litteraturdenkmale des 18. und 19. Jahrhunderts). Stuttgart 1893, S. 85.

Poetologische und lyriktheoretische Texte
F. Schiller: Über die ästhetische Erziehung des Menschen (15. Brief).

II. Lyrik der Hochaufklärung und Empfindsamkeit (1750–1770)

1. Dichtung zur Ehre Gottes – Klopstocks „Dem Unendlichen" und Gellerts „Preis des Schöpfers"

Klopstock und die Erneuerung der Lyriksprache

Mit dem Erscheinen der Dichtungen von Friedrich Gottlieb Klopstock (1724–1803) um die Mitte des 18. Jahrhunderts vollzieht sich ein tiefgreifender Umbruch in der deutschen Lyrik. Neben die vernunftaufklärerischen Lehrgedichte und die gesellige Scherzpoesie tritt eine Lyrik des Gefühlsausdrucks, wie sie bis dahin in Deutschland unbekannt war. Klopstock steht zwar in enger freundschaftlicher Verbindung mit Anakreontikern wie Gleim und Hagedorn, er unterhält Beziehungen zu Haller und den schweizerischen Aufklärern (Bodmer, Breitinger), aber seine religiöse Epik („Der Messias"), seine Oden und Hymnen durchbrechen alle herrschenden literarischen Traditionen. Sie sprechen eine völlig neue Sprache, die auf den Sturm und Drang vorausweist und bedeutenden Einfluß auf den jungen Goethe, auf Hölderlin und die romantische Lyrik ausübt.

Klopstocks Denken speist sich aus zwei Quellen: 1) den Prinzipien der Aufklärung (er ist Leibniz-Anhänger), die besonders in seiner Sympathie für die liberal-revolutionären Ideen zum Ausdruck kommen (Bauernbefreiung, amerikanische Unabhängigkeitsbewegung, Französische Revolution); dies findet seinen Niederschlag in politischen Gedichten („Die Etats Generaux", „Kennet Euch selbst"); 2) dem religiösen Pietismus seiner Erziehung, die ihn zum Theologiestudium führt und mit der Ablehnung rationalistischer Freigeisterei einhergeht. Der Pietismus seinerseits ist eine protestantische Gegenbewegung gegen die dogmatische Orthodoxie der lutherischen Kirche. Er wird getragen von religiösem Individualismus (persönliche Gotteserfahrung) und gläubiger Gefühlsinnerlichkeit. Trotz aller schwärmerischen Frömmigkeit enthält diese Strömung doch auch aufklärerische Momente, nämlich die Aufklärung des Subjekts über sein autonomes Recht auf das Gefühlsleben. Zunehmend löst sich diese neue Emotionalität vom Bereich des Religiösen ab und bildet – zusammen mit anderen Einflüssen – eine säkularisierte Gefühlskultur: die Empfindsamkeit.

Klopstocks Lyrik stellt den Beginn und zugleich einen Höhepunkt der empfindsamen deutschen Poesie dar. Die christliche Glaubenserfahrung bleibt die vorherrschende Thematik neben Motiven wie Freundschaft, Liebe, Tod, Vaterland. Am ehesten kann man das bahnbrechend Neue von Klopstocks Texten dann verstehen, wenn man sie vor dem Hintergrund der voraufgehenden oder gleichzeitigen Dichtungen liest. Aus der Perspektive später erreichter Höhepunkte der Lyrik (Goethe, Hölderlin, Novalis etc.) wird uns sein Werk eher überholt erscheinen. Insgesamt hat es mit einer lebendigen, in die Breite wirkenden Rezeption dieser Lyrik von Anfang an Probleme gegeben, so daß die allgemeine Resonanz immer weit hinter der literarhistorischen Bedeutung der Klopstockschen Poesie zurückgeblieben ist. Wir werden seine Hymne „Dem Unendlichen" mit dem berühmten, motivverwandten Lied „Preis des Schöpfers" von Christian Fürchtegott Gellert (1715–1769) gemeinsam betrachten, wobei wir uns im Falle des Gellert-Liedes auf drei Strophen beschränken.

Vergleichende Textbetrachtung

Dem Unendlichen

Wie erhebt sich das Herz, wenn es dich,
Unendlicher, denkt! wie sinkt es,
Wenns auf sich herunterschaut!
Elend schauts wehklagend dann, und Nacht und Tod!

Allein du rufst mich aus meiner Nacht, der im Elend, der im Tod hilft!
Dann denk ich es ganz, daß du ewig mich schufst,
Herrlicher! den kein Preis unten am Grab', oben am Thron,
Herr, Herr, Gott! den dankend entflammt kein Jubel genug besingt.

Weht, Bäume des Lebens, ins Harfengetön!
Rausche mit ihnen ins Harfengetön, kristallner Strom!
Ihr lispelt, und rauscht, und, Harfen, ihr tönt
Nie es ganz! Gott ist es, den ihr preist!

Donnert, Welten, in feierlichem Gang, in der Posaunen Chor!
Du Orion, Waage, du auch!
Tönt all' ihr Sonnen auf der Straße voll Glanz,
In der Posaunen Chor!

Ihr Welten, donnert
Und du, der Posaunen Chor, hallest
Nie es ganz, Gott; nie es ganz, Gott,
Gott, Gott ist es, den ihr preist!
(Entst. 1764)

Preis des Schöpfers

Wenn ich, o Schöpfer deine Macht,
Die Weisheit deiner Wege,
Die Liebe, die für alle wacht,
Anbetend überlege,
So weiß ich, von Bewundrung voll,
Nicht wie ich dich erheben soll,
Mein Gott, mein Herr und Vater. [...]

Dich predigt Sonnenschein und Sturm,
Dich preist der Sand am Meere.
Bringt, ruft auch der geringste Wurm,
Bringt meinem Schöpfer Ehre!
Mich, ruft der Baum in seiner Pracht,
Mich, ruft die Saat, hat Gott gemacht;
Bringt unserm Schöpfer Ehre! [...]

Erheb ihn ewig, o mein Gott.
Erhebe seinen Namen!
Gott, unser Vater, sei gepreist,
Und alle Welt sag Amen!
Und alle Welt fürcht ihren Herrn
Und hoff auf ihn und dien ihm gern!
Wer wollte Gott nicht dienen?

Formanalyse der Klopstock-Hymne

Besonders auffallend sind zunächst die formalen Unterschiede in beiden Texten. Klopstock bedient sich als Grundlage der vierzeiligen Odenstrophe, deren Verse er metrisch-rhythmisch völlig unregelmäßig gestaltet: von der zweihebig fünfsilbigen bis zur siebzehnsilbigen Zeile mit 6 bzw. 7 Hebungen sind zahlreiche Varianten mit dauernd wechselnden Versfüßen vertreten. Kein Vers des Gedichts gleicht im Rhythmus einem andern, und alle fünf Strophen besitzen einen völlig unterschiedlichen Versaufbau. Hinzu kommt der durchgehende Verzicht auf den Endreim. Wir nennen diese lyrische Grundform, deren Schaffung Klopstocks besondere Leistung darstellt, den Freien Rhythmus.
Der Dichter verwendet Freie Rhythmen vor allem dort, „wo er zu höheren Mächten, besonders zu Gott aufsingt“; dieses „Aufsingen“ kennzeichnet sich durch eine hymnische Sprechhaltung. So wird die Ode – wie schon in der Antike bei Pindar, Horaz u. a. – durch formale und thematische Besonderheiten zur Hymne. Die eigentliche Ode mit ihren strafferen Vers- und Strophenschemata läßt sich, wie wir an „Die frühen Gräber“ noch sehen werden, bestimmen „durch ein gedankliches Sprechen, eine gedankliche Entfaltung von Spannungen; die Hymne dagegen [...] ist nicht mehr so straff gedanklich, sie ist ‚hymnischer,

überschäumender, entzückter', um mit Klopstocks Worten zu sprechen" (Kayser, 1971, S. 53 f.). Der freirhythmischen Formgebung korrespondiert – wie aus der Benennung hervorgeht – eine neue, ungeregelte Entfaltung des Rhythmus. Während die 1. Strophe mit ihrem eher reflexiven Charakter noch längere rhythmische Einheiten (Kola) und einen ruhigeren Fluß aufweist, zeigen besonders die Strophen 3–5 einen lebhaften Wechsel des Tempos, dynamische Aufschwünge, Brüche und hart aufeinanderstoßende Zeilensegmente (v. a. im Schlußvers). An der Häufung der Kommata und Ausrufezeichen läßt sich die rhythmische Unruhe der Verse auch optisch ablesen. Eine Rezitation des Gedichts wird – ähnlich wie bei Goethes Sturm-und-Drang-Hymnen – zum Erkennen dieser Strukturen außerordentlich hilfreich sein. Der formalen Gestaltung entsprechen Eigenwilligkeiten in der Syntax, der Wort- und Bildwahl, in der Thematik und in den Wirkungsabsichten des Gedichts. Bevor wir darauf eingehen, wollen wir die vergleichbaren Formelemente des Gellertschen Textes betrachten.

Liedform bei Gellert

Das gesamte Lied besteht aus sechs gleich gebauten Strophen, die sich anhand der Reimverteilung (Kreuzreim/Paarreim/Waise) in einen Vierzeiler und einen Dreizeiler gliedern lassen. Die Verse sind regelmäßig alternierend vier- bzw. dreihebig jambisch gestaltet, wie es z. B. der Volksliedstrophe entspricht. Auch unsere früheren Textbeispiele von Brockes, Haller und Gleim halten sich an diese seit Opitz' Buch „Von der deutschen Poeterey" (1624) geltende Norm der strengen Alternation. Der Rhythmus folgt dann dem vorgegebenen metrischen Schema, und Freiheiten, wie sie sich Klopstock erlaubt, gibt es bei Gellert nicht. Liest man beide Gedichte skandierend (metrisch akzentuierend), so bemerkt man die zur Eintönigkeit neigende Regelmäßigkeit des Gellert-Liedes, während Klopstocks Hymne sich jeder geregelten Betonungsabfolge entzieht. Selbst die gegenmetrischen Akzente im „Preis des Schöpfers" am Anfang der Verse 8–14, die dem jambischen Schema zufolge eigentlich mit einer Senkung beginnen müßten, sind nicht Ausdruck rhythmischer Willkür, sondern dienen der Hervorhebung des Besonderen. Der Lyriksprache Gellerts, die sich dem tradierten Ordnungssystem der Vers- und Strophenbildung einfügt, steht die neue Dichtungsweise der gleichsam künstlich geschaffenen Unordnung in Klopstocks Hymnik diametral gegenüber. Solche tiefgreifenden Formunterschiede sind, trotz der übereinstimmenden Thematik, Ausdruck grundverschiedener Denk- und Erlebnisweisen, die letztlich auch bis in die sozialen und politischen Auffassungen hineinreichen mögen (D. Breuer, 1981, S. 200).

Interpretation der unterschiedlichen religiösen Erlebnisweisen

Gellerts Gottespreis betont zunächst den Schöpfungsgedanken, den das lyrische Ich voller Demut, reflektierend entfaltet („anbetend überlege“). In einem klar gegliederten Satzgefüge, das die gesamte 1. Strophe umfaßt, beschreibt das lyrische Subjekt den Schöpfergott mit den herkömmlichen Prädikaten („Macht, Weisheit, Liebe“) und Anreden („Herr, Vater“). Die Verben, die uns Aufschluß über die Tätigkeiten des Ich geben, lauten bezeichnenderweise: überlegen und (nicht)wissen. Sie verweisen auf rationale Verstandeshandlungen, die allerdings in Konkurrenz stehen mit Gefühlsbewegungen („Bewundrung“). Aber diese emotionalen Komponenten sind sehr moderat und entstehen erst infolge der voraufgehenden gedanklichen Einsicht. Das Vernunftvermögen behält – wie auch in Brockes' „Traubenhyazinthe“ seine der Aufklärung gemäße Vorherrschaft.

Ganz anders verfährt Klopstock. Seine Hymne setzt unmittelbar mit dem Gefühlsaufschwung des lyrischen Ich ein. Wichtigster Begriff und grammatisches Subjekt der Strophe ist: das Herz – ein Signalwort der Empfindsamkeit. Ihm wird nicht nur der emotionale Bereich zugeordnet („es erhebt sich“), wie wir es traditionsgemäß kennen, sondern es verfügt auch über die Fähigkeiten des Denkens, Schauens und Wehklagens. Im Gegensatz zum logisch-rationalen Verstandesvermögen ist das Denken des Herzens ein umgreifendes, ganzheitliches Erfassen. „Denken“ und „Empfinden“ – so hat Gerhard Kaiser nachgewiesen – werden von Klopstock als synonyme Begriffe verwendet. Denken meint bei ihm stets ein „Gefühlsdenken“. Dies läßt sich für unsere Hymne plausibel machen, wenn man den 6. Vers betrachtet: „Dann denk ich es ganz, daß du ewig mich schufst.“ Eine solche Aussage kann unmöglich das Ergebnis einer Verstandeserkenntnis sein. Das Wissen von der göttlichen Herkunft des Menschen und der Unsterblichkeit seiner Seele beruht auf einer Glaubenserfahrung, die alles Vernunftdenken übersteigt.

Dynamik und Expressivität der Sprache

Indem das Ich sich als ein Wesen begreift, das an der Ewigkeit Gottes teilhat, und indem es als einziges die Schöpfungstaten des Herrn „ganz“ zu „denken“ vermag, versteht es sich als allen anderen Geschöpfen überlegen und dem Schöpfer bis zu einem gewissen Grade ähnlich. Diese Gewißheit begründet die überschwengliche Begeisterung des lyrischen Subjekts („dankend entflammt“) und drängt es zu preisendem Jubel. Es bedient sich dazu einer dynamischen, ausdrucksstarken Sprache. Der innerlich bewegte Sprecher beginnt mit den emphatischen Wie-Ausrufen des Hauptsatzes der konjunktionalen Fügungen und nicht – wie Gellert – mit den im Gliedsatz („Wenn ich...“) vorangestellten Bedingungen. Dadurch wird sofort eine expressive Höhe des Sprachduktus erreicht. Jede Periode schließt mit einem verstärkenden Ausrufungszeichen. In der Häufung der Bewegungsverben (erheben, sinken, herunterschauen) spiegelt sich das lebhafte Auf und Ab zwischen Verzweiflung und Vertrauen auf Gottes Hilfe. Mit der antithetischen Wendung „unten am Grab – oben am Thron" wird die Kontrastierung von Höhe und Tiefe auf anderer Sinnebene fortgeführt. Die sprunghafte Dynamik der inhaltlichen Vorstellungen kommt auch in der Syntax zum Vorschein. Zusammengehörige Satzteile werden auseinandergerissen („Elend ... Nacht und Tod") oder durch Einschübe getrennt („den kein Preis ... besingt"). Damit wird die Überschaubarkeit der semantischen Bezüge für den Leser wesentlich erschwert. Doch entspricht diese bewußte Gestaltungsweise der hochgestimmten Verfassung des lyrischen Ich, dessen Gedankengänge von immer neuen Gefühlsimpulsen unterbrochen werden (v. a. Vers 6–8).

Formen des Gottespreises

Auf unterschiedliche Weise beziehen Gellert und Klopstock den Kosmos und die Natur in den Lobpreis Gottes mit ein. Gellert personifiziert die leblosen Dinge und nichtmenschlichen Wesen. Er verleiht ihnen das Sprachvermögen der Menschen („predigt, preist, ruft") und läßt sie in den Jubel einstimmen. Die 2. Liedstrophe bekräftigt sowohl inhaltlich wie auch durch die rhetorischen Parallelstrukturen (Anaphorik) die gemeinsame göttliche Herkunft aller Wesen. Gott zu rühmen bedeutet für sie: sich zu seinem Schöpfer zu bekennen. Indem Gellert jeder am Gottesruhm beteiligten Stimme einen jeweils eigenen Vers zuteilt, entsteht der Eindruck eines zwar mehrstimmigen, aber doch klar durchsichtigen Gesangs.

Klopstock arbeitet nicht mit solchen Personifikationen und Parallelsetzungen. Er trennt den Jubelpreis der sterblichen Menschen, deren irdische Wohnstätte „unten am Grab'" ist, deutlich von den „oben am Thron" Gottes musizierenden Engelchören („Harfengetön, Chor der Posaunen"). Auch sind es – im Unterschied zu Gellerts ‚Ensemble' – nicht eigentlich reale Naturwesen, die Klopstock zu Wort kommen läßt, sondern ganz imaginäre, phantastische Erscheinungen und Vorgänge. So spielt das „Rauschen" des „kristallnen Stroms" auf die Quelle des lebendigen Wassers an, die nach biblischer Darstellung zu Füßen des göttlichen Throns entspringt und zwischen den fruchttragenden „Bäumen des Lebens" entlangfließt. Klopstock benutzt hier also Bildsymbole des ewigen Lebens, die im Schlußkapitel des Neuen Testaments (Offenbarung 2, V. 1–2) zitiert werden. Er vergegenständlicht sie in der Weise, daß er ihnen akustische Eigenschaften verleiht, die ein Symbol ja unmöglich besitzen kann. In der 4. Strophe übernimmt er Vorstellungen der antiken Kosmologie (Platon), derzufolge die Sterne und Sonnen bei ihrem Umlauf eine himmlische Sphärenmusik hervorbringen. Aufgrund ihrer geheimnisvollen Herkunft verbinden sich mit diesen Klängen ganz unwirkliche Vorstellungen. Klopstock vermischt nun selbst innerhalb der einzelnen Verse die verschiedenen Geräusch- und Klangbereiche zu einem Stimmengewirr (Verse 9–16). Durch die Vielfalt der Klangarten (lispeln, rauschen, donnern, hallen) und ihre variierten Wiederholungen im Text entsteht der Eindruck von orchestraler Fülle, die sich in einer gewaltigen überirdischen Jubelsinfonie entlädt. Doch weder das menschliche Wort (und hier ist vor allem der Dichter gemeint) noch die großartige Himmelsmusik können die unendliche Majestät Gottes in angemessener Weise zum Ausdruck bringen. Allerdings weiß der Mensch in seiner bevorzugten Stellung von dieser Unvollkommenheit, und er kann von ihr als einziger Kunde geben. Insbesondere der Dichter ist nach Klopstocks Verständnis dazu berufen, wie der Prophet die Glaubenswahrheiten zu verkünden. Er muß dies nur so tun, „daß sie das Herz ebensosehr als den Verstand beschäftigen. Das Herz ganz zu rühren, ist überhaupt [...] das Höchste, was sich der Meister vorsetzen, und was der Hörer von ihm fordern kann. Es durch die Religion zu tun, ist eine neue Höhe." (Klopstock, Von der heiligen Poesie)

Wirkungsästhetische Aspekte

Die Hymne „Dem Unendlichen" versucht die Forderung dadurch einzulösen, daß sich das lyrische Ich in aufsteigender Bewegung über die begrenzte menschliche Daseinswirklichkeit hinausschwingt und die Vision einer kosmischen Klangwelt voller Licht („Glanz") und Bewegung zum Ruhme Gottes beschwört. Damit verläßt Klopstock die Grenzen der empirischen Selbstbeschränkung, welche die Poesie in der Vernunftaufklärung sich setzt (vgl. Brockes' „Traubenhyazinthe"). Der enthusiastische Leser – den sich Klopstock wohl als christlichen denkt – soll in diesen Begeisterungsaufschwung mit hineingerissen werden. Zu wesentlichen Teilen nimmt die Rezeption dann die Form der Partizipation an der Stimmung des Gedichts an.

Mit ganz anderen Wirkungsabsichten tritt das Gellertsche Lied an den Leser heran. Das Gotteserlebnis bleibt hier völlig auf die irdisch-menschliche Perspektive eingegrenzt. Es bleibt einsehbar und ‚vernünftig'. In pädagogischer Aufklärermanier faßt das lyrische Ich den Aussagesinn in dringliche Ermahnungen zu einem gottgefälligen Leben zusammen. Sie bilden als allgemeine Lehre das Schlußresultat des Gedichts, dem niemand seine Zustimmung versagen kann. Während Klopstocks Gedicht die Höhenlage der emotionalen Glaubensbegeisterung bis zum Ende hin durchhält und mit dem wiederholten „nie es ganz" ins Grenzenlose zu steigern versucht, führt Gellert seine Leser auf den Boden der religionspraktischen Vernunft zurück und erfüllt damit den Auftrag, der dem Aufklärer im Gebiet des Glaubens zukommt. Das Wohlverhalten im christlichen Sinne, so lautet seine Botschaft, verheißt ebenso wie das moralische, d. h. vernünftige Handeln des aufgeklärten Menschen: wahre Glückseligkeit.

Motivgleiche oder motivverwandte Texte
F. G. Klopstock: Das große Halleluja. In: Ausgewählte Werke. München 1962, S. 111 f. – Von der heiligen Poesie. Ebd., S. 997–1009. Auszüge in: Deutsche Texte und Zeugnisse, Bd. IV,1. Hg. v. W. Killy. C. H. Beck München 1983, S. 333 ff.

Sekundärliteratur
Gerhard Kaiser: „Denken" und „Empfinden". Ein Beitrag zur Sprache und Poetik Klopstocks. In: Text & Kritik. Sonderband Klopstock. München 1981, S. 10–28.

2. Dichtung als subjektive Gefühlsaussprache – Klopstocks „Die frühen Gräber"

Tendenz des Irrationalismus bei Klopstock

Wie an der Hymne „Dem Unendlichen" erkennbar wird, trennt Klopstocks Lyrik in formaler und inhaltlicher Hinsicht Entscheidendes von der Aufklärungspoesie. Die religiös-christliche Thematik begünstigt von vornherein emotionale Tendenzen, und sie verlangt geradezu das Überschreiten der empirischen Wirklichkeit. Damit setzt diese Dichtung wichtige Prinzipien des kritischen, aufklärerischen Denkens außer Kraft. An die Stelle der logisch argumentierenden Vernunftsprache tritt in der Hymnik ein ekstatischer Gefühlsausdruck. Phantasie, visionäre Erfindung, Vermischung der Seinsbereiche erweisen sich als prägende Kräfte in der dichterischen Welt Klopstocks.
Schiller hat in der Abhandlung „Über naive und sentimentalische Dichtung" warnende Worte über die „exaltierten Stimmungen des Gemüts" gefunden, deretwegen Klopstock zum „Abgott der Jugend" geworden sei. Denn: „Die Jugend, die immer über das Leben hinausstrebt, die alle Form fliehet und jede Grenze zu enge findet, ergeht sich mit Liebe und Lust in den endlosen Räumen, die ihr von diesem Dichter aufgetan werden." „Seine Sphäre ist immer das Ideenreich", also nicht das Realistische, sondern „das Unendliche". Vor den Blicken des „in die Grenzen der Erfahrung" zurückgekehrten Mannes verliert dieses seine überschwengliche Bedeutung.

Elegische Ode

Schiller, der Klopstock im übrigen höchste Achtung zollt, zieht dessen Werke aus der „elegischen Gattung" mit ihrer „hohen, geistreichen Wehmut" und den „zarten Empfindungen" der enthusiastischen Hymnik vor (Schiller, Werke 5, S. 736 f.). Unter den herausragenden Beispielen dieser Dichtart nennt er auch „Die frühen Gräber", die wir als ein typisches Gedicht der Empfindsamkeit betrachten können.

Die frühen Gräber

Willkommen, o silberner Mond,
  Schöner, stiller Gefährt der Nacht!
Du entfliehst? Eile nicht, bleib, Gedankenfreund!
  Sehet, er bleibt, das Gewölk wallte nur hin.

Des Maies Erwachen ist nur
  Schöner noch, wie die Sommernacht,
Wenn ihm Tau, hell wie Licht, aus der Locke träuft,
  Und zu dem Hügel herauf rötlich er kömmt.

Ihr Edleren, ach es bewächst
  Eure Male schon ernstes Moos!
O wie war glücklich ich, als ich noch mit euch
  Sahe sich röten den Tag, schimmern die Nacht.

(Entst. 1764)

Verglichen mit der Hymne „Dem Unendlichen" ist die Tonlage dieses Gedichts gedämpfter, die Gefühlsäußerungen des lyrischen Ich sind weniger expressiv, die rhythmische Bewegung verläuft – dem äußeren und inneren Geschehen entsprechend – verhaltener. Die drei Odenstrophen sind nicht freirhythmisch gebaut, sondern folgen mit leichten Abwandlungen dem Schema der vierzeiligen Ode nach Horazschem Muster. Klopstock legt ihr das nachstehende metrische Bauprinzip zugrunde:

xx́xxx́xxx́
x́xx́xxx́xx́
xxx́ x́xx́ x́xx́xx́
x́xxx́xxx́ x́xxx́

Da der Dichter sich an der antiken Verslehre orientiert, setzt er dort, wo wir betonte bzw. unbetonte Silben kennzeichnen, der griechisch-römischen Verssprache gemäß Längen- bzw. Kürzenangaben, für die er die Symbole – ◡ verwendet. Da die deutsche Sprache nicht quantifizierend, sondern nach dem Prinzip der Akzentuierung verfährt, halten wir uns an die graphische Wiedergabe der Betonungsverhältnisse. Im übrigen werden wir auf die

Funktion der metrisch-rhythmischen Phänomene dort eingehen, wo sie auch interpretatorische Aussagekraft besitzen.

Aufbau von Stimmungen

Vom äußeren Geschehensrahmen her betrachtet, entwirft das Gedicht eine Situation, in der ein hohes Potential an Stimmungen bereitliegt. Das klingt schon in seinem Titel an, der auf den Tod, auf zu frühes Sterben hindeutet. Die sommernächtliche Szenerie des Friedhofsbereichs mit dem einsamen Gedicht-Subjekt zwischen den Grabsteinen wird vom schimmernden Mond geheimnisvoll beleuchtet. Das sind einige der Versatzstücke, aus denen der Dichter seinen poetischen Raum aufbaut. Innerhalb dieses von der Welt abgeschirmten Bezirks kann sich das lyrische Ich ungestört seinen melancholischen Gedanken und Empfindungen überlassen.

Englische Vorbilder

Eine solche Konstellation mit den ihr innewohnenden emotionalen Gehalten ist nicht Klopstocks eigene Schöpfung, sondern er findet sie vorgeformt in der englischen Dichtung des 18. Jahrhunderts. So etwa bei Thomas Gray, dem Autor empfindsamer Kirchhofspoesie („An Elegy written in a Country Churchyard“, 1751); so in den schwermütigen „Ossian“-Gesängen des Macpherson (1760/65), die in Goethes „Leiden des jungen Werthers“ eine wichtige Rolle spielen, ebenso wie übrigens Klopstocks Ode „Die Frühlingsfeier“ von Lotte und Werther mit tiefer Erschütterung gelesen wird. Vor allem aber Edward Youngs Versepos „Nachtgedanken“ (1745) hat auf Klopstock, die empfindsame Literatur und den Sturm und Drang einen ungeheuren Einfluß ausgeübt. Die Wirkungen reichen bis in die Romantik hinein (etwa Novalis' „Hymnen an die Nacht“). In trüben Meditationen über die Vergänglichkeit des Lebens, eingebettet in eine stimmungsvolle Welt aus Nacht, Grab und Tod, bringt Youngs Werk einen vorher in der Literatur nicht bekannten Seelenausdruck zur Sprache. Das Individuum mit all seinem Gefühlsreichtum meldet sich zu Wort und setzt der aufklärerischen Vernunftherrschaft die Macht der Empfindungen entgegen. Dieser Durchbruch der ‚sentimental poetry‘ innerhalb der Kunst ist ein Ereignis von europäischer Bedeutung. Klopstocks besondere Leistung in diesem Zusammenhang ist – wie Peter Wapnewski es beurteilt – „die Entdeckung des Subjekts als lyrische Größe“ für die deutsche Poesie und „die Erweiterung der sprachlichen Möglichkeiten“, um dieses „neue Ich“ angemessen zum Ausdruck zu bringen (Wapnewski, 1976, S. 24–26). Klopstocks Ode „Die frühen Gräber“ steht in dieser Tradition der neuen lyrischen Subjektivität.

Biographischer Hintergrund

Dies geht nun aber nicht allein auf den Einfluß der englischen Vorbilder zurück, sondern es mischt sich in das Gedicht selbsterfahrenes Leid des Autors prägend mit ein: der Tod seiner Frau

Meta im Kindbett nach nur vierjähriger Ehe (1758), der Tod der jung verstorbenen Freunde J. E. Schlegel (mit 30 Jahren) und Fr. Hagedorn (mit 46 Jahren), die in der letzten Strophe als die „Edleren“ – mit dem bei Klopstock so beliebten absoluten Komparativ ohne Vergleichsglied – in Erinnerung gerufen werden. Diese reale Erlebnisschicht verleiht dem Text ‚authentische‘ Züge, wenngleich wir noch nicht die Form bekenntnishafter Erlebnislyrik im Sinne Goethes vor uns haben (vgl. Kap. III 3).

Rolle des lyrischen Subjekts

Um die neue Rolle des Subjekts in der Klopstockschen Lyrik besser zu verstehen, rufen wir uns die Funktion des lyrischen Ich in Brockes' „Traubenhyazinthe“ in Erinnerung. Naturbetrachtung und Naturerlebnis werden dort zum Anlaß für Reflexionen über Gott und die Schöpfung; das Gedicht-Ich dient lediglich als Medium für die dabei gewonnenen Erkenntnisse und ihrer Vermittlung. Als individuelles Subjekt bleibt es völlig bedeutungslos. In Klopstocks Gedicht stellt sich ein anderes Verhältnis zwischen dem Ich und der Natur ein. So wird etwa der Mond nicht reflektierend oder bewundernd betrachtet, sondern wie ein lieber Bekannter freudig begrüßt („Willkommen“). Die Du-Anrede als „Gefährte“ und „Gedankenfreund“ personifiziert das Gestirn und macht es zum fiktiven Dialogpartner. Adjektive wie „schön, still“ signalisieren positive Gefühlswerte. Es handelt sich dabei um eine Situation, die zahllose Mondgedichte (Goethe, Eichendorff, Claudius etc.) geprägt hat. Entscheidend verändert hat sich nun gegenüber dem Brockes-Gedicht die weitere Gedankenbewegung des lyrischen Ich, das sich nicht mehr darauf richtet, die Welt zu verstehen (Objektivität), sondern seine eigene Befindlichkeit in der Welt (Subjektivität) zur Sprache zu bringen.

Wechselverhältnis zwischen Natur, Ich und Sprache

Heiter gelöst und harmonisch fließend wirken die rhythmischen Perioden der beiden Eingangsverse. Durch die Wiederholung der Phonemkombination -ill/-il wird mit klanglichen Mitteln die im „Willkommen“ angeschlagene Stimmung in den Zeilen weitergetragen. Doch sehr schnell wird die freudige Erwartung getrübt. In den Verben (entfliehen, eilen, bleiben) drücken sich Willenshandlungen aus, die das lyrische Ich dem Mond wie einer Person zuschreibt und die es selbst in große Unruhe versetzen. Das drohende Verschwinden des Gestirns, vorgetäuscht durch die ziehenden Wolken, ruft Sorge hervor, die sich sogleich in der Sprache niederschlägt. Der Rhythmus beginnt zu stocken; mehrere Kola prallen, Stauungen bildend, aufeinander (Vers 3):

x x x́ x́ x x́ x́ x x́ x x́
Du entfliehst? Eile nicht, bleib, Gedankenfreund!

In der Schlußzeile tritt wieder Beruhigung ein. Nach dem gewichtig betonten Ausruf „er bleibt" folgt ein harmonisch abschließendes Kolon, in dem selbst der sonst sehr störende Zusammenstoß zweier Hebungen („Gewölk wállte") durch die w-Alliteration gemildert wird. In höchst kunstvoller Weise verknüpfen sich in dieser Strophe, sich wechselseitig spiegelnd, Naturvorgänge, psychisches Geschehen und sprachrhythmische Gestaltung.

Mit den Bewegungsvorstellungen vom Kommen, Bleiben, Vergehen ist das eigentliche Thema des Gedichts angeschlagen, gleichnishaft im Naturbild des Mondes dargestellt, aber zielend auf das menschliche Dasein. Der Mond, der vom lyrischen Ich als Freund angesprochen wird, steht in der 1. Strophe vorausdeutend auf die frühverstorbenen Freunde der 3. Strophe. Der „Gefährt'" des Himmels meint die Lebensgefährten des Dichters. Die zweite Strophe setzt kontrastierende Akzente zur vorangehenden und nimmt gleichzeitig auf ihre Aussagen Bezug. Sie ist nicht dialogisch strukturiert. Das lyrische Ich verschwindet vielmehr als Person mitsamt der räumlichen Konstellation der Anfangsstrophe hinter den reflektierend erinnernden Gedanken über den Frühling.

Wort- und Bildkorrespondenzen

Klopstock arbeitet in dem ganzen Gedicht mit unterschwelligen Wort- und Bildkorrespondenzen, auf die insbesondere W. Killy (1972, S. 154 ff.) aufmerksam gemacht hat. Der Vers 6 weist mit seinen Wortlaut-Entsprechungen (schöner, Sommernacht) zurück auf Vers 2 (schöner, Nacht). Galt hier der Gruß dem heraufkommenden Mond, so gilt er dort dem herannahenden Frühling. Hier wie dort bedient sich Klopstock der Personifizierung. Zur Darstellung des Frühlingsmorgens verwendet er ein traditionelles Bildmuster (Topos), die allegorische Erscheinung des Jünglings (vgl. Killy, 1972, S. 101 ff.). Der „hell wie Licht" glänzende Tau verbindet sich assoziativ mit dem Silberlicht des Mondes. Kaum merklich klingt in der Wahl von „heraufkömmt" (Vers 8) das „Willkommen" des Anfangs noch einmal an. Den Naturerscheinungen in beiden Strophen ist das Kommen (Erwachen) und Gehen im ewigen Kreislauf gemeinsam. Mag der immer wiederkehrende Frühling die glückliche Jugend und ihre Tatkraft symbolisieren, so kann die Sommernacht für das reifere Alter und die erinnernde Reflexion stehen. Beide Lebensphasen enthalten in unterschiedlicher Fülle beglückende Momente („schön"). Ihr Bleiben wird vom lyrischen Ich vergebens ersehnt.

Todesthematik

Die 3. Strophe bringt das lyrische Ich in seine gegenwärtige Raum-Zeit-Situation des Gedichtanfangs zurück. Sie konkretisiert nun das Thema, das im Titel undeutlich angekündigt wurde: der unzeitgemäße Tod. Es lassen sich zahlreiche Verknüpfungen mit den vorhergehenden Strophen feststellen. So korrespondieren die

„Male“ (Vers 10) dem bedeutungsgleichen „Hügel“ (Vers 8) im Sinne der Grabstätte, wobei das Wort aber semantisch doppeldeutig gebraucht ist. Den Hügel umleuchtet das frühe Rot als Sinnzeichen glücklicher Vergangenheit; die Male tragen die Spuren des Alterns, das wachsende Moos, das die Unwiederbringlichkeit des Vergangenen und das weitere Vergessenwerden in die Zukunft hinein im Naturbild veranschaulicht. Die Verse 8 und 12 sind durch den gleichnishaften Gebrauch des geröteten Himmels aufeinander bezogen. Mit der Erinnerungsvorstellung der Nächte, die das Ich gemeinsam mit den Verstorbenen erlebte, schließt das Gedicht. Dreimal steht das Wort ‚Nacht‘, und es bekommt damit eine herausragende Bedeutung. Sein poetischer Gebrauch rückt es zumeist in die Nachbarschaft des Todes. Von daher begegnet uns die Nacht häufig als Sinnbild der Bedrohung und der Auslöschung des Lebens. Auch Klopstock verbindet Nacht und Tod, aber auf unübliche Weise. So etwa beginnt seine Ode „Der Tod“ mit der Zeile: „O Anblick der Glanznacht, Sternheere.“ Auch in „Die frühen Gräber“ bewirkt der Kontext einen eher positiv freundlichen Sinnzusammenhang, in den allerdings die Melancholie hineinspielt. Da aber der Tod für den gläubigen, sich unsterblich wissenden Dichter nicht den zerstörerischen Schrecken besitzt, sondern die Pforte zum ewigen Leben und zum Wiedersehen mit den geliebten Menschen ist, verliert auch die Nacht den Bedeutungscharakter der Finsternis. Sie schimmert von Mondlicht und ziehenden Wolken.

Tempus und metrische Akzentuierung

In diesem Zusammenhang ist noch auf eine andere Parallele hinzuweisen: Der Schlußvers des Gedichts beginnt mit „Sahe“, der Schlußvers der 1. Strophe mit „Sehet“. Das ist kein Zufall. Vielmehr ‚lebt‘ das gesamte Gedicht von optischen Eindrücken aus Licht, Bewegung, farbigen Bildern der Erinnerung. „Die frühen Gräber“ ist ein ‚Augen‘-Gedicht, wogegen die Hymne „Dem Unendlichen“ ganz auf der Welt der Klänge beruht. Im Schlußteil der 3. Strophe vollzieht sich dann eine entscheidende Veränderung. Während die erste Hälfte im Präsens mit gleichzeitig futurischem Sinn formuliert ist, steht die zweite Hälfte im Imperfekt. Sie spricht vom endgültig Vergangenen des ehemaligen Beisammenseins mit den Freunden. Die von Klopstock vorgeschriebene metrische Betonung verlangt einen hervorhebenden Akzent auf „war“, „noch“ und „Sahe“, so daß wir lesen sollen:

x x x́ x́ x x́ x́ x x́ x x́
O wie war glücklich ich, als ich noch mit euch

x́ x x x́ x x x́ x́ x x x́
Sahe sich röten den Tag, schimmern die Nacht.

Es gehört zu den wichtigsten Neuerungen, die Klopstock als Resultat seiner Auseinandersetzungen mit der antiken Metrik in die deutsche Poesie eingeführt hat, daß die Tonstärke eines Wortes zum „Mitausdruck“ des Wortsinns dienen sollte (vgl. dazu Breuer, 1981, S. 192 f.). Unter diesem Gesichtspunkt unterstreicht die metrisch-rhythmische Gestalt der beiden Schlußverse mit ihrer sinngebenden Akzentsetzung das Moment der Vergänglichkeit, wie es sich in der Tempuswahl schon ausdrückt. Aber versteckt liegt in der Bildwahl der Schlußzeile wiederum die immanente Dialektik von Vergehen und Ewigkeit. Wie vormals werden sich die Tage immer wieder röten und die Nächte immerfort schimmern.

Kürze des Lyrischen

So spricht die Ode in ihren drei kurzen Strophen von der Begrenztheit des menschlichen Lebens, von Tod und Vergänglichkeit, aber auch von Wiederkehr und ewiger Dauer der Schöpfung. Sie tut dies mit Hilfe einer dicht verwobenen allegorisch-symbolischen Bildersprache, in der eine Fülle von Bezügen und Deutungsmöglichkeiten bereitliegt. Kürze und poetische Konzentration sind Merkmale einer bestimmten Art von Lyrik, für die unter anderem „Wandrers Nachtlied“ und „Ein Gleiches“ von Goethe (vgl. Kap. IV 2) die wohl berühmtesten Musterfälle sind. Wie Klopstock ein umspannendes, komplexes Daseinsthema in 12 Zeilen zur Darstellung bringt, weckt Bewunderung, je tiefer man in die Strukturen und Bedeutungszusammenhänge des Textes eindringt. Walther Killy hat dies zum Anlaß für eine gattungstheoretische Wertung überhaupt genommen: „Vielleicht sind die höchsten lyrischen Hervorbringungen die, welche in aller Kürze zugleich deutlich und deutbar sind, lebensvoll und unerschöpflich“ (Elemente der Lyrik, S. 168). Peter Wapnewski faßt das Phänomen der Kürze in seinem Essay „Gedichte sind genaue Form“ in der Feststellung zusammen: „Lyrik verdichtet Zeit in den Augenblick“ (Zumutungen, S. 40). Es ist eben dies, was in Klopstocks „Die frühen Gräber“ dem lyrischen Ich widerfährt. Während der kurzen sommernächtlichen Szene versammelt sich in seinen Erinnerungsstücken eine Spanne des vergangenen Lebens, und gleichzeitig öffnet sich die Weite des Künftigen.

Empfindsame Textrezeption

Der hohe Kunstcharakter des Gedichts, um dessen Verdeutlichung es uns ging, darf nicht vergessen machen, daß der empfindsame Leser des 18. Jahrhunderts den Text anders wahrgenommen hat als wir. Klopstock spricht über den frühen Tod nicht wie ein aufklärerischer Dichter, indem er mit philosophischen Einsichten und lebenspraktischen Ratschlägen aufwartet (so wie etwa Haller in „Gedanken bei einer Begebenheit“). Er stellt uns den Tod der geliebten Menschen in seiner emotionalen

Wirkung auf das lyrische Subjekt vor Augen und läßt dessen trauernde Erinnerung zu Wort kommen. Vor allem die Interjektionen in der Schlußstrophe („ach", „O wie war") signalisieren die innere Betroffenheit. Entsprechend soll auch der Leser, von seinem Mitempfinden gerührt, die Gefühle des Ich nachvollziehen. Klopstock hat in seiner kunsttheoretischen Schrift „Von der heiligen Poesie" die Wirkungsweise der Dichtung dahingehend definiert, daß „sie die ganze Seele bewegen" müsse. Nicht das ‚prodesse' der Lehrgedichte oder das ‚delectare' der Anakreontik, sondern das ‚movere' (Gemütsbewegung) bestimmt die Intentionen der Klopstockschen Lyrik und der Empfindsamkeit. Dem korrespondiert eine Form der gefühlsbestimmten Literaturrezeption bis hin zur Schwärmerei, die dem heutigen Leser dieser Texte eher fremd bleibt. Das Ausmaß der emotionalen Lesehaltung beim damaligen Publikum bezeugt eindrucksvoll die Aufnahme von Goethes „Die Leiden des jungen Werthers": das „Werther-Fieber". Auch für Klopstocks „Die frühen Gräber" findet sich ein aufschlußreiches Zeugnis der empfindsamen Rezeptionsweise. In einem didaktischen Erzählbuch für Kinder aus dem Jahre 1798 wird die Vermittlung der Klopstockschen Ode durch einen fiktiven Pfarrer in der Lehrerrolle beschrieben. Er führt seine Zöglinge auf den Kirchhof, beschwört durch die Erzählung vom Tod eines jungen Fräuleins eine höchst traurige Stimmung und singt ihnen die erste und dritte Strophe des Gedichts vor. Über die Wirkung heißt es dann:

> Die Kinder schlossen sich an einander und weinten stille Thränen, in welchen der Mond sich spiegelte. Habt ihr den edlen Dichter verstanden? habt ihr ihm nachgefühlt Kinder? – O schämt euch der Empfindung nicht" (Zit. nach Hansers Sozialgeschichte 3.2, S. 829 f.).

In dieser kleinen literaturpädagogischen Szene offenbaren sich die Tendenzen der empfindsamen Lyrik und ihrer Rezeption mitsamt ihren Bedenklichkeiten. Im Hintergrund lauert die Gefahr des Absinkens der Stimmungspoesie zur rührseligen Triviallyrik mit ihrer unwahren Empfindelei. Klopstocks Ode, die Gefühlserfahrungen zu verarbeiten und gültig zu formulieren versucht, ist davon weit entfernt. Aber manchen Nachahmern ist, wie Killy im Kapitel ‚Stimmung' seiner „Elemente der Lyrik" beschreibt, der emotionale Gehalt zum bloßen Selbstzweck in der Dichtung geworden. Damit jedoch erreicht die gefühlsgeleitete Gegenposition zur Vernunftaufklärung innerhalb der Poesie ihren Tiefpunkt.

Motivgleiche oder motivverwandte Texte
F. G. Klopstock: Die Sommernacht. In: Conrady, S. 186 – Ders.: Die Erinnerung. In: Ausgewählte Werke, München 1962, S. 154. – J. W. G. Gleim: An den Mond. In: Conrady, S. 167. – F. G. Klopstock: Beschreibung und Darstellung. In: Ausgewählte Werke, S. 182 (Ein poetologisches Gedicht).

III. Lyrik des Sturm und Drang (1770–1789)

1. Zivilisationskritik und Naturidealisierung – Höltys „Das Landleben“

Allgemeine kulturhistorische Voraussetzungen

Der ‚Sturm und Drang‘, eigentlich als literarhistorischer Begriff für die Dichtung in den beiden Jahrzehnten zwischen 1770 und 1789 reserviert, ist zu einem allgemeinen Schlagwort für jugendlich revolutionäre Aufbruchshaltungen geworden, die sich gegen die jeweils herrschenden Konventionen richten. Er benennt ein Generationsproblem, das oft unter dem Gegensatz von pragmatischer Vernünftigkeit und antiaufklärerischer Gefühlsbestimmtheit gedeutet wird. Diese besondere Betonung des Emotionalen bei der Charakterisierung des Sturm und Drang trifft sicher etwas Richtiges, aber sie neigt ebenso zur Einseitigkeit wie die unhistorische Auffassung von einem völligen Neubeginn im Kunststil und im Denken, das mit dieser Generation anbrechen soll. Im Grunde übernimmt der Sturm und Drang viele Motive der Aufklärung und Empfindsamkeit. Wogegen er entschieden zu Felde zieht, ist die unkritisch gewordene Überschätzung der Vernunft als der einzig gültigen Instanz in allen menschlichen Fragen.
Zu den Themen, die in der Sturm-und-Drang-Literatur weitergeführt werden, gehören unter anderem:

- die Rolle des Individuums als unwiederholbar einmaliges Wesen (Herder: „Der tiefste Grund unsres Daseyns ist individuell, sowohl in Empfindungen und Gedanken“); in Zusammenhang damit steht die Auffassung vom Dichter als einem „Originalgenie“;
- der Naturbegriff verändert sich dahin, daß Natur nicht mehr als mechanisches Regelsystem mit Gesetzescharakter, sondern als lebendiger Organismus begriffen wird; innerhalb der Natur meinte man – im Gegensatz zur zivilisatorischen Lebensweise – einen unverdorbenen Ursprungszustand erhalten (Rousseau);
- aus dem Pietismus kommende Formen der Religiosität, die auch die Empfindsamkeit mitprägen.

Andererseits dringen in die Dichtung des Sturm und Drang neue Themen ein und gewinnen eine besondere Bedeutung:

- schonungslose Kritik an der Obrigkeit und an sozialen Mißständen;
- die Einbeziehung der unteren, nichtbürgerlichen Schichten in die Literatur;
- die Entdeckung des Volkes und der Volkskunst;
- Überhöhung nationaler und patriotischer Tendenzen bei gleichzeitiger Ablehnung des Französischen.

Auch die literarischen Vorbilder wandeln sich. Die Idealisierung der antik-klassischen Muster und die Bewunderung des französischen Rationalismus, wie sie die Aufklärungsliteratur beherrschten, machen neuen Auffassungen Platz. Die Engländer – besonders Shakespeare und die „Ossian“-Lieder – sowie das Hochmittelalter mit dem Minnesang rücken in den Blickpunkt. Das hatte sich bei Klopstock und in der Empfindsamkeit schon angebahnt, wird aber nun von Herder mit einem neuen Begriff von Naturpoesie tiefer begründet. Er kritisiert den durch eine verfälschte Aufklärung verdorbenen Zustand der Kunst und Kultur und fordert eine Rückbesinnung auf die naturnahen Dichtungen der großen Engländer:

> In fremden Sprachen quälte man sich [...] nach Regeln zu arbeiten, deren wenigste ein Genie als Naturregeln anerkennet; über Gegenstände zu dichten, über die sich nichts denken, noch weniger *sinnen,* noch weniger imaginieren läßt; Leidenschaften zu erkünsteln, die wir nicht haben, Seelenkräfte nachzuahmen, die wir nicht besitzen – und endlich wurde alles Falschheit, Schwäche und Künstelei. [...] Alles ging verloren. Die Dichtkunst, die die stürmendste, sicherste Tochter der menschlichen Seele sein sollte, war die ungewisseste, lahmste, wankendste: die Gedichte, fein oft korrigierte Knaben- und Schulexerzitien. Und freilich, wenn das der Begriff unsrer Zeit ist, so wollen wir auch in den alten Stücken immer mehr Kunst als Natur bewundern, finden also in ihnen bald zu viel, bald zu wenig, nachdem uns der Kopf steht, finden selten, was in ihnen singt, – *den Geist der Natur.* – Homer und Ossian, wenn sie aufleben und sich lesen, sich rühmen hören sollten, würden mehr als zu oft über das erstaunen, was ihnen gegeben und genommen, angekünstelt, und wiederum in ihnen nicht gefühlt wird. [...] Wir sehen und fühlen kaum mehr, sondern denken und grübeln nur; wir dichten nicht über und in lebendiger Welt, im Sturm und im Zusammenstrom solcher Gegenstände, solcher Empfindungen, sondern erkünsteln uns entweder Thema, oder die Art, das Thema zu behandeln, oder gar beides. (Ein deutsches Lesebuch, Teil I, S. 199 ff.)

Aus diesen negativ akzentuierten Klagen des Literaturkritikers läßt sich seine Programmatik und sein Dichtungsverständnis im Geiste des Sturm und Drang leicht herleiten.
In sprachtheoretischen Überlegungen (Hamann, Herder) entwickelt sich eine veränderte Vorstellung von der poetischen Sprache. Sie ist nicht mehr vorwiegend Erkenntnis- oder Kommunikationsinstrument (Aufklärung), sondern sie wird begriffen als ein lebendiger, sich wandelnder Organismus. Als *Poesie* ist sie die „Ursprache der Menschen“: eine das ganze menschliche Wesen ausdrückende Sprache, im Unterschied zu den anderen Sprachäußerungen, die bestimmten praktischen oder theoretischen Zwecken dienen. Infolgedessen kann die Poesie unergründliche Geheimnisse aussprechen, an die keine ‚Vernunftsprache‘ je heranreicht.

Lyrische Formenvielfalt

Die lyrischen Formen, denen sich der Sturm und Drang überwiegend bedient, sind einerseits von Klopstock beeinflußt. Vor allem die ‚Freien Rhythmen‘ und die Hymnenform (Goethe), aber auch die Oden (Hölty) wirken hier weiter. Der gehobene, weihevolle Ton, den Klopstock zum Ideal erhebt, stößt jedoch zunehmend auf Ablehnung. Andererseits gewinnen die natürlicheren Liedformen mit gereimten Versen, wie Minnesang, Volkslied und Anakreontik sie kennen, an Beliebtheit. Italienische Einflüsse (Tasso, Petrarca) begünstigen die Einbürgerung der Stanze; das Sonett kommt wieder zum Vorschein, die Balladendichtung entwickelt sich am englischen Vorbild. So übertrifft der Sturm und Drang die voraufgehende Dichtung an Vielfalt der Formen und stilistischen Ausdrucksmöglichkeiten, obwohl das lyrische Werk dieser beiden Jahrzehnte gegenüber der Dramatik relativ schmal ist.

Autoren und Gruppenbildungen

Die Generation der um 1740 bis 1750 geborenen Dichter des Sturm und Drang läßt sich aufgrund persönlicher Verbindungen und literarischer Gruppenbildungen differenzieren. In Göttingen schließen sich Johann Heinrich Voß (1751–1826), Ludwig Hölty (1748–1776) und andere Autoren zum ‚Hainbund‘ zusammen, einem Dichterkreis, der sich vorwiegend an Klopstock als Vorbild orientiert. Gottfried August Bürger (1747–1794) ist ihnen lose verbunden, Matthias Claudius (1740–1815) fördert den Kreis durch Rezensionen. In Straßburg treffen um Goethe (1749–1832) und Herder (1744–1803) literarisch ambitionierte Stürmer und Dränger (Lenz, Wagner u.a.) zusammen. Aus Württemberg melden sich Chr. Fr. Daniel Schubart (1739–1791) und Friedrich Schiller (1759–1805) im ‚Genie‘-Stil zu Wort.
Die meisten stammen aus ärmlichsten Verhältnissen. Viele von ihnen studieren Theologie und Philologie, Fächer, die zum geistlichen Amt oder zur Schulmeisterstelle führen, mit denen

aber im 18. Jahrhundert weder gesellschaftliches Ansehen noch ein leidliches Auskommen verbunden sind. Sie bleiben den Söhnen der unteren Bürger und der Bauern vorbehalten. Die Angehörigen der Oberschicht studieren Rechts- und Staatswissenschaften, womit sie dann Positionen von ganz anderer Bedeutung erlangen (vgl. dazu Bruford, 1975, S. 231 ff.). Diese soziale Situation der Autoren wirkt sich innerhalb ihrer Dichtungen aus; Themen aus dem Lebenskreis des einfachen Volkes, sozialkritische Tendenzen weisen darauf hin. Vor allem Voß, Bürger und Schubart sind hier zu nennen. Den Höhepunkt in der Sturm-und-Drang-Lyrik bilden die Natur- und Liebesgedichte des jungen Goethe, vor allem aber seine großen Hymnen. Der ein Jahrzehnt jüngere Schiller geht in seiner frühen Lyrik andere Wege. Seine Gedichte des Anfangs („Anthologie auf das Jahr 1782") mögen historisches Interesse verdienen, aber für uns sind diese „wilden Produkte eines jugendlichen Dilettantism" – wie Schiller sie 1803 selber beurteilt – kaum genießbar.

Größte lyrische Begabung: Ludwig Hölty

Unter den Dichtern des ‚Hainbundes' besitzt Ludwig Hölty die größte lyrische Begabung. Gedichte wie „Die Liebe", „Der rechte Gebrauch des Lebens" oder „Elegie auf einem Dorfkirchhof" zeigen ein sensibles Sprach- und Formgefühl und intensive Ausdruckskraft. Ihr literarhistorischer ‚Ort' mit der Anknüpfung an Klopstock und die Empfindsamkeit und ihren Einflüssen auf Mörike, Hölderlin und Novalis weist ihnen eine rückwärtsgewandte Mittlerstellung zu. Das zeigt sich beispielhaft an dem folgenden Gedicht.

Das Landleben

Wunderseliger Mann, welcher der Stadt entfloh!
  Jedes Säuseln des Baums, jedes Geräusch des Bachs,
Jeder blinkende Kiesel
  Predigt Tugend und Weisheit ihm!

Jedes Schattengesträuch ist ihm ein heiliger
  Tempel, wo ihm sein Gott näher vorüberwallt;
Jeder Rasen ein Altar,
  Wo er vor dem Erhabnen kniet.

Seine Nachtigall tönt Schlummer herab auf ihn,
  Seine Nachtigall weckt flötend ihn wieder auf,
Wenn das liebliche Frührot
  Durch die Bäum auf sein Bette scheint.

Dann bewundert er dich, Gott, in der Morgenflur,
In der steigenden Pracht deiner Verkünderin,
Der allherrlichen Sonne,
Dich im Wurm und im Knospenzweig.

Ruht im wehenden Gras, wann sich die Kühl' ergießt,
Oder strömet den Quell über die Blumen aus;
Trinkt den Atem der Blüte,
Trinkt die Milde der Abendluft.

Sein bestrohetes Dach, wo sich das Taubenvolk
Sonnt und spielet und hüpft, winket ihm süßre Rast,
Als dem Städter der Goldsaal,
Als der Polster der Städterin.

Und der spielende Trupp schwirret zu ihm herab,
Gurrt und säuselt ihn an, flattert ihm auf den Korb;
Picket Krumen und Erbsen,
Picket Körner ihm aus der Hand.

Einsam wandelt er oft, Sterbegedanken voll,
Durch die Gräber des Dorfs, setzet sich auf ein Grab
Und beschauet die Kreuze
Und den wehenden Totenkranz.

Wunderseliger Mann, welcher der Stadt entfloh!
Engel segneten ihn, als er geboren ward,
Streuten Blumen des Himmels
Auf die Wiege des Knaben aus.
(Entst. 1775)

Literarische Vorbilder

Hölty hat der ersten Fassung dieser naturlyrischen Ode ein Motto von Vergil aus dem Epos „Georgica" (zu deutsch: Landleben) vorangestellt: „Flumina amen silvasque inglorius" (Die Flüsse will ich lieben und die Wälder, unberühmt). Damit gibt der Dichter uns einen Hinweis auf eine seiner literarischen Quellen, die er bei der Wahl und Bearbeitung des Themas benutzt hat. Eine weitere findet sich bei Horaz; eine seiner Epoden beginnt mit dem programmatischen Vers „O selig, wer der Stadt und ihren Händeln fern." Die Übereinstimmung mit der Anfangszeile von Höltys Gedicht ist evident. Zu erwähnen wären überdies die Einflüsse von Klopstocks Hymne „Die Frühlingsfeier", deren erste Version von 1759 den Titel „Ode über die ernsthaften Vergnügungen des Landlebens" trägt und auf die wir gelegentlich Bezug nehmen werden. Auch Anregungen von seiten der englischen Empfindsamkeit ließen sich reichlich nachweisen. So steht Höltys „Landleben" in einer langen Tradition, und es wäre schon von daher verfehlt, das Gedicht primär als

Ausdruck persönlichen Erlebens zu verstehen. Aber zu den Gründen für die Übernahme solcher Motive gehört natürlich auch das eigene Lebensgefühl des Dichters, und der „Hang zur ländlichen Poesie", den Hölty selbst eingesteht, ist sicher ein Reflex auf seine sehnsüchtige Liebe zum Land und zur Natur (vgl. Elschenbroich, 1977, S. 633). Die Frage stellt sich jedoch, wie man das im Gedicht gestaltete Verhältnis zwischen Mensch und Natur, vor allem im Hinblick auf seinen Realitätsgehalt, zu verstehen hat.

Hauptmotiv: Natur-Kultur-Gegensatz

Auf einer ersten Sinnebene formuliert der Text in dreimaliger Wiederholung (Vers 1, 23 f. u. 33) einen deutlich wertenden Gegensatz zwischen Stadt und Land. Der vom lyrischen ‚Berichterstatter' „wunderselig" Genannte („wunder" – hat hier die verstärkende Bedeutung von ‚sehr', wie z. B. in ‚wunderschön') ist dies offensichtlich deshalb, weil er die Stadt verlassen hat. Die beiden Ausrufezeichen in den Anfangsversen der ersten und letzten Strophe bewirken den Eindruck eines geradezu beglückwünschenden Anrufs: in Vers 1 als programmatische Behauptung für das, was der Text in den folgenden 31 Zeilen belegen wird, und in Vers 33 als zusammenfassende Bekräftigung. Die 6. Strophe macht eine konkretere Aussage über den inhaltlichen Kontrast der beiden Bereiche. Der „Goldsaal" verweist auf einen Palast, auf Reichtum, aber auch auf den schillernden, rein äußerlichen Glanz des Besitzes. Zu diesem Raum gehören die „Polster", deren Künstlichkeit mit dem natürlichen Ruheplatz „im wehenden Gras" (Vers 17) kontrastiert; gleichzeitig werden damit assoziative Vorstellungen von dekadenter Verweichlichung evoziert. Jener Welt steht die Hütte mit dem Strohdach als Sinnbild naturnaher Einfachheit und Armut gegenüber. In ihr aber kann man friedlich und sorgenlos ausruhen („süßre Rast"). Diese wenigen Hinweise mögen genügen. Sie sind als Aufforderung des Dichters zu begreifen, alle Verse des Gedichts unter diesem Kontrastschema zu lesen. Die glückhaften Zustände eines Lebens in der Natur sind im zivilisatorischen Bereich der Stadt (Residenz) nicht anzutreffen. Das gilt insbesondere auch für „Tugend und Weisheit" (Str. 1), welche die Natur den Menschen lehrt und denen – Hölty spricht es hier nicht aus, aber es ist geläufige Überzeugung – in der höfisch-städtischen Kultur ihr Gegenteil: moralische Verkommenheit und tückische Schläue, entsprechen.

In diesem Gegensatz der Wertordnungen spiegelt sich der starke Einfluß Rousseaus auf die Literatur in der zweiten Hälfte des 18. Jahrhunderts. Seine zivilisationskritische Philosophie geht von der Prämisse aus, daß alles aus der Natur Kommende und auch der Mensch in seiner natürlichen Verfassung gut sei und daß erst die kulturelle Entwicklung, insbesondere der Privatbesitz, alles verdorben habe. Allerdings trägt der Naturzustand bei Rousseau ebenso einseitig paradiesische Züge, wie der von ihm geschilderte Gesellschaftszustand mit seinen Ungleichheiten als bloße Entartung verzeichnet wird. In eins damit setzt Rousseau der Verherrlichung der menschlichen Vernunft (Rationalismus) die Überzeugung entgegen, daß natürliche Einfachheit, Tugend und Armut allein das Glück des Menschen befördern. Immer wieder erscheint in der Geschichte von der Antike (Elysium) bis zum heutigen Tage das antithetische Gedankenmodell vom zerstörerischen Kultur- bzw. Wissenschaftsfortschritt und dem beglückenden Heilszustand der Natur. (Sigmund Freud hat dazu für die Moderne im „Unbehagen in der Kultur“ eine psychologische Deutung geliefert.) Auf Anklänge dieses Motivkomplexes haben wir bei Haller schon hingewiesen (vgl. Kap. I 2). In der Literatur des Sturm und Drang gewinnt er eine ganz zentrale Bedeutung.

Höltys Naturbegriff

Über diese allgemeine Position hinaus läßt sich nun an dem Gedicht Höltys ablesen, wie die Natur beschaffen sein soll, damit sie ein befriedetes Dasein gewähren kann. Baum und Bach, Strauch, Rasen und Blumen gehören zum festen Bestand der Szenerie, die belebt wird von Nachtigallen und Tauben, den Symbolvögeln der Liebe und Unschuld. Es ist eine milde, blühende, von säuselnden Bewegungen erfüllte Land-Natur aus längst vorgeformten literarischen Versatzstücken, die vom ‚locus amoenus‘ (Lustort) der antiken Schäferdichtung als Topos auf die Weltliteratur vererbt wurde (vgl. E. R. Curtius, 1973, S. 202–206). Es handelt sich also bei Hölty nicht um eine realistische Wirklichkeitsnatur, sondern um die Zusammenfügung von Naturelementen, die einen harmonisch-idyllischen Bezirk bilden, in dem ein fast paradiesischer Friede herrscht.

Entsprechend dieser beglückenden Atmosphäre baut Hölty weich fließende, melodische Odenverse (asklepiadeische Form). Ihr gleichmäßiger Rhythmus stellt einen scharfen Kontrast zum freirhythmischen Vorbild der Klopstockschen „Frühlingsfeier“ dar. Aber die gewaltsame Dynamik der wechselnden Naturvorgänge von Klopstocks Hymne, die sich eben nicht im ‚locus amoenus‘ abspielen, verlangt andere sprachlich-rhythmische Spannungskräfte als die sanfte, zuständliche Welt des Hölty-Gedichts. Dennoch besitzt die Natur auch hier nicht nur Kulissenfunktion wie oft in der Schäferdichtung oder der Anakreontik. Durch die religiösen Vergleiche in der 2. Strophe („heiliger Tempel, Altar“) wird die Natur zum Aufenthaltsort Gottes erklärt, und zwar wieder mit einer versteckten Abwertung der Gegenwelt. Ganz offenbar ist Gott im Erleben der Natur näher als in den Kirchen der Städte (Vers 6). Mit dem Wort „Tempel" ruft Hölty zugleich Vorstellungen von antiker und germanischer Religiosität ins Bewußtsein, die den Autoren des ‚Hainbunds' als Form naturnaher Religion teuer war. So lehrt denn die Natur – vor allem im Bild der aufsteigenden Sonne als dem großen Gottes-Symbol, aber auch noch im kleinsten Wurm – neben der Weisheit die Frömmigkeit. Dieser Gedanke erscheint bereits in der Literatur der Frühaufklärung und durchzieht – wie beispielhaft an der „Traubenhyazinthe" gezeigt wurde – die gesamte Lyrik von Brockes (vgl. Kap. I 1). Allerdings erfährt das Ich in Höltys „Landleben" die Anwesenheit Gottes in der Natur durch ein unmittelbares Erleben, während sie bei Brockes durch die intellektuelle Anschauung vermittelt wird: die Natur ist göttlich nur, weil sie die Schönheit einer höheren Ordnung besitzt. Auch in Gellerts „Preis des Schöpfers" offenbart sich Gott dem Menschen in der Natur, und zwar ebenfalls wie bei Hölty im unscheinbaren Wurm. Wie sehr dies zu einer festen Formel geworden ist, erweist sich in Klopstocks „Frühlingsfeier", wo das lyrische Ich die göttliche Herkunft des „goldenen Würmchens" bedenkt. Für Klopstock ist der Zusammenhang zwischen Natur und Schöpfer von noch tieferer Bedeutung als für Hölty. Das Naturerleben des Menschen dient dort ausschließlich der überwältigenden Gotteserfahrung:

Vergleich mit Klopstock

Hier steh' ich.
Rund um mich ist Alles Allmacht!
Ist Alles Wunder!

Mit tiefer Ehrfurcht,
Schau' ich die Schöpfung an!
Denn Du!
Namenlosester, Du!
Erschufst sie!

Dem erhabenen, transzendentalen Verständnis von Natur entspricht der pathetisch expressive Stil der Klopstock-Sprache. Dazu gehört auch die spürbare Distanz zwischen dem Ich und den Naturvorgängen, die eben vom Göttlichen künden. In dieser Tendenz unterscheiden sich die beiden Texte grundlegend. Höltys Gedicht spricht von der Sehnsuchtsidee des Menschen nach der Wiederherstellung der Einheit mit der Natur durch Bilder voll inniger Nähe. So regeln der Gesang „seiner Nachtigall" (man beachte das Possessivpronomen) und der Lauf der Sonne den Zeitrhythmus des menschlichen Tagesablaufs. In kunstvoller syntaktisch-semantischer Zusammenziehung schafft der Dichter die Illusion einer unmittelbaren, durch das Frühlicht gestifteten Raumeinheit zwischen Baum und Bett (Str. 4). Durch die Situationsparallele zwischen der Gedichtfigur, die bei erfrischendem Regen im Gras ruht (Vers 17), und seinen Blumen, die am Abend begossen werden (Vers 18), stellt sich ebenso der Anschein von Identität her wie durch die Vermenschlichung der Blüte und das In-sich-Aufnehmen ihres Dufts („trinkt den Atem"). Mit solchen Mitteln entwirft Hölty eine friedlich-utopische Naturwelt, in der der Mensch in völliger Harmonie aufgeht. Sie spiegelt also nicht Wirklichkeit, sondern sie gestaltet den Traum der Menschen von einer gelungenen Einheit.

Todes-Motiv

Darin bildet das empfindsame Friedhofsmotiv mit der Mahnung an den Tod auf den ersten Blick einen dissonanten Mißklang. Doch der regelmäßige Besuch der Grabstätten („wandelt er oft"), der eine magische Anziehungskraft des Ortes offenbart, dient der Erweiterung der Gedichtatmosphäre um das melancholische Element. Die „Sterbegedanken" erzeugen ja keine schreckenerregenden Vorstellungen wie beispielsweise in der Barocklyrik (Gryphius' „Kirchhofs-Gedanken"), sondern äußerstenfalls elegische Traurigkeit. Dies fügt sich bei Hölty wie selbstverständlich ins menschliche Dasein ein. Auch hier mischen sich in seiner Lyrik Motive und ‚Zitate' von literarischen Vorbildern mit realer Selbsterfahrung. Das „in früher Jugend geweckte Bewußtsein der Nähe des Todes" ist stets in Hölty lebendig geblieben, und „Vergänglichkeitstrauer und Todessehnsucht" waren die „häufigsten Begleiter" des Frühverstorbenen (Elschenbroich, 1977, S. 620, 626). Eine vergleichbare Ausformung der Todesthematik findet sich schon bei Klopstock, tritt aber später vor allem in der romantischen Lyrik zutage. Die Übernahme und Tradierung solcher Motive verweist anschaulich auf die Zwischenstellung Höltys zwischen Empfindsamkeit und Romantik. So sehr es sich hierbei vor allem um innerliterarische Vorgänge handelt, so hängen doch solche thematischen Orientierungen mit dem realpsychischen Bewußtsein des Autors von den fundamentalen Lebensphänomenen zusammen.

Sozialkritische Aspekte

Sowohl das Motiv des Rückzugs in die abgeschlossene Naturidylle wie auch die Todesthematik zeugen von einer tiefgreifenden Distanz zwischen dem Gedicht-Subjekt und der Gesellschaft. Seine selbstgewählte Einsamkeit erscheint als beglükkende Daseinsform, in der (statt Menschen) Tiere und Pflanzen zu Freunden werden. Dahinter steht, neben der Ablehnung herrschender gesellschaftlicher Wertvorstellungen – wie sie dem Sturm und Drang eigen ist – ein von individuellen Normen bestimmtes Leben in Bedürfnislosigkeit und Naturnähe. Eine solche Konzeption hat immer damit zu tun, wie der Autor die Wirklichkeit seiner Lebenswelt beurteilt, auch wenn er sie im Gedicht nicht ausdrücklich abbildet.

Der Entschluß des lyrischen Subjekts zur ‚Flucht' aufs Land mag aus der Einsicht in die deformierenden Verhältnisse (Polemik gegen die Stadt) und die Glücksverheißungen eines natürlichen Daseins hervorgehen, aber diese Einsicht selbst ist, wenn man die Schlußstrophe betrachtet, offenbar ein Geschenk des Himmels. Er wird jetzt ein ‚gesegneter' Mensch vor allem deshalb genannt, weil er zur Einheit des Ursprungs, der Harmonie mit der göttlichen Natur zurückgefunden hat. Der Schluß gibt zu verstehen, daß dies einer Rückkehr ins Paradies gleichkommt. Das Bild der segnenden Engel und die „Blumen des Himmels" verweisen auf diesen Herkunftsort des Menschen, aber auch darauf, daß man ihn nicht mit den Mitteln der Vernunfterkenntnis, sondern durch Gnade erreicht. Damit bekräftigt der Dichter ausdrücklich den utopisch-irrealen Charakter seiner Idylle, indem er nämlich den Zutritt zu ihr von Voraussetzungen abhängig macht, über die der Mensch nicht verfügen kann. Sie müssen ihm in die Wiege gelegt sein.

Motivgleiche oder motivverwandte Texte

F. G. Klopstock: Ode über die ernsthaften Vergnügungen des Landlebens (‚Die Frühlingsfeier'). In: Klett-Editionen Sturm und Drang: Lyrik. S. 15 ff. – L. Chr. H. Hölty: Die Liebe. In: Conrady, S. 213 f.

Sekundärliteratur

U. Ketelsen: Poetische Emotion und universale Harmonie. Zu Klopstocks Ode „Das Landleben/ Die Frühlingsfeyer". In: Gedichte und Interpretationen, Bd. 2. Aufklärung und Sturm und Drang. Hg. v. K. Richter (Reclams Universal-Bibliothek 7891). Stuttgart 1983, S. 245–256. – Herman Meyer: Hütte und Palast in der Dichtung des 18. Jahrhunderts. In: Formenwandel. Festschrift für Paul Böckmann. Hamburg 1964, S. 138–155.

2. Herrschaftskritik und soziale Anklage – Bürgers „Der Bauer"

Realistische Akzentsetzung bei Voß und Bürger

Daß das Landleben in seiner realen Gestalt keine friedliche Idylle ist, wußte natürlich auch Ludwig Hölty. Aber seine Lyrik beabsichtigt nicht, die wirklichen Naturzustände zu schildern, sondern sie verwandelt diese in ein poetisches Modell vom Glück des weltabgewandten Lebens im Geiste Rousseaus. Dies führt zu einer idealistischen Harmonisierung der Natur, die, wenn man Höltys Gedichte mit realistischen Erwartungen liest, als Verfälschung der Wirklichkeit mißverstanden und in diesem Sinne kritisiert worden ist (vgl. Hansers Sozialgeschichte 3.2,

S. 598 ff.). Sehr zu Unrecht, wie aus den voraufgehenden Überlegungen hervorgeht. Hingegen setzen die Gedichte von Voß und Bürger über das Leben in der ländlichen Natur andere, realistischere Akzente. Zumal Voß gestaltet eine Welt, in der bäuerliches, häuslich-geselliges Leben mit vielen Details liebevoll dargelegt wird. Man hat seine Gedichte mit der realistischen Malerei der Niederländer verglichen. Bei ihm kommen vor allem die Vertreter des einfachen Volkes zu Wort, denen sich der Autor als Enkel eines Leibeigenen durch seine Herkunft zugehörig fühlt („Das Milchmädchen, Die Spinnerin, Die Kirschpflückerin, Die Kartoffelernte“ und viele ähnliche Titel). Für sie ist die Natur nicht Sinnbild des verlorenen Paradieses, sondern das Objekt segensreicher Arbeit, die trotz aller Mühen Zufriedenheit und Glück verschafft. So erweist sich Voß als der wirklichkeitsnahe, volksverbundene Stürmer und Dränger mit aufklärerischen Impulsen, als den besonders Heine ihn so überaus schätzt.
Ein aggressiver, entschieden revolutionärer Ton, der vor allem auch die Dramen der Sturm-und-Drang-Zeit beherrscht, ist kennzeichnend für die Gedichte Bürgers, von denen das folgende als bedeutsames Beispiel der antifeudalistischen Lyrik gilt.

Der Bauer
An seinen durchlauchtigen Tyrannen

Wer bist du, Fürst, daß ohne Scheu
Zerrollen mich dein Wagenrad,
Zerschlagen darf dein Roß?

Wer bist du, Fürst, daß in mein Fleisch
Dein Freund, dein Jagdhund, ungebleut
Darf Klau’ und Rachen haun?

Wer bist du, daß, durch Saat und Forst,
Das Hurra deiner Jagd mich treibt,
Entatmet, wie das Wild? –

Die Saat, so deine Jagd zertritt,
Was Roß und Hund und du verschlingst,
Das Brot, du Fürst, ist mein.

Du Fürst hast nicht, bei Egg’ und Pflug,
Hast nicht den Erntetag durchschwitzt.
Mein, mein ist Fleiß und Brot! –

Ha! du wärst Obrigkeit von Gott?
Gott spendet Segen aus; du raubst!
Du nicht von Gott, Tyrann!
(Entst. 1773)

Formale und sprachliche Besonderheiten

Bürger macht sich hier in der Form eines ‚Rollengedichts' zum Sprecher der Bauern. Er schafft sich dazu eine Figur, die – anders als das lyrische Ich – die Aussagefunktionen übernimmt. ‚Rolle' bedeutet dabei zugleich, daß die Gedichtfigur nicht nur ihre subjektive Meinung ausdrückt, sondern stellvertretend für eine ganze Gruppe spricht. Der Bauer (nicht: *Ein* Bauer) tut das im vorliegenden Fall durch einen fiktiven Brief an seinen Landesfürsten. In der Adressatenformulierung „An seinen durchlauchtigen Tyrannen" kommt bereits eine grobe Verhöhnung zum Ausdruck. Auf paradoxe Weise wird die ehrerbietige Hochachtung der Anrede („durchlauchtig") durch den Vorwurf des despotischen Machtmißbrauchs („Tyrann") sogleich wieder aufgehoben und in ihr Gegenteil verkehrt. Eine unerhörte Beleidigung stellt darüber hinaus natürlich die Du-Anrede des Fürsten durch den Bauern dar. Gerhard Kaiser beurteilt in seinen Interpretationsbemerkungen zu dem Gedicht die Briefform selbst schon als „satirisch" (Gesch. d. dt. Lyrik 2, S. 411), denn der Bauer des 18. Jahrhunderts kann weder schreiben noch lesen.
Die Holprigkeit der Formulierungen ahmt dieses sprachliche Unvermögen bewußt nach – wie die Lyrik des Sturm und Drang, im Gegensatz zu Klopstock, überhaupt danach strebt, Stilebene und Verscharakter dem jeweils sprechenden Gedicht-Subjekt anzugleichen. Es liegt darin ein geradezu ‚naturalistischer' Zug dieser Dichtung. Entsprechendes zeigt sich in den Derbheiten der Wortwahl („ungebleut, haun, verschlingst"), in den Gewaltverben („zerrollen, zerschlagen") und in den Verstößen gegen die syntaktische Kongruenz (z. B. verlangen die Verbformen in Vers 11, 12 u. 15 den Plural). Mit diesen Mitteln charakterisiert der Text den bäuerlich unbeholfenen Sprecher. Mit der dreizeiligen Strophe (Terzine) wählt Bürger überdies eine problematische Form, „die leicht unvollständig, oder unsymmetrisch klingt" (Kayser, 1958, S. 42). Daß er sie zudem reimlos verwendet, obwohl er sonst meist gereimte Gedichte schreibt, verrät die Absicht, im vorliegenden Fall ein möglichst kunstlos wirkendes Gebilde zu schaffen, das der Thematik korrespondiert.
Das gesamte Gedicht gliedert sich in drei Teile, die eine zunehmende Steigerung aufweisen. Die Strophen 1–3 treten schon äußerlich durch die Form der rhetorischen Frage und den identischen Strophenbeginn enger zusammen. Wut und Empörung drücken sich in dem dreimaligen „Wer bist du" aus, aber auch Verachtung; denn in der Frage schwingt hintergründig bereits die abfällige Antwort mit, die dem Leser suggeriert werden soll.

Sozialkritische Thematik

Die drastischen Bilder, mit denen Bürger die Bedrohungen des Bauern veranschaulicht (Roß und Wagen, Hund und Jagd), enthalten gewalttätige Bewegungsvorstellungen, die ihn tatsächlich wie einen Gejagten erscheinen lassen. Stets muß er auf dem Sprung sein, um sich vor den willkürlichen Mißhandlungen in Sicherheit zu bringen. „Ohne Scheu“ und „ungebleut“ dürfen seine Peiniger ihn demütigen, weil niemand sie zur Rechenschaft ziehen wird. Der Bauer lebt in einem wehr- und rechtlosen Zustand, wie es die in Preußen noch bis 1816 geltende Leibeigenschaft festschreibt. Der Landesherr verfügt über den Grundbesitz mitsamt den dazugehörigen Bauern und Tagelöhnern, und er ist auch ihr Gerichtsherr. Es sei daran erinnert, daß sie und ihre Angehörigen keine Ehe schließen, kein Handwerk erlernen, den Grundbesitz nicht verlassen durften ohne Einwilligung des Grundherrn. So mancher nahm sich auch das Recht, wahllos über Leben und Tod der Bauern zu befinden und kaufte bzw. verkaufte sie wie das Vieh (vgl. Bruford, 1975, S. 106–123).

In der 3. Strophe wird das Jagdprivileg des Hofes angesprochen, das den Bauern verpflichtet, als Treiber beim Hauptspaß des Adels, der Parforcejagd, zu dienen (vgl. das motivverwandte Gedicht „Die Parforcejagd“, 1771, von L. F. Goeckingk). In kunstvoller Parallelisierung identifiziert sich der von den Jägern getriebene Treiber mit dem zu Tode gehetzten Wild. Der Gedankenstrich am Ende der Strophe spiegelt gleichsam die Atemlosigkeit der Opfer; er kündigt aber auch einen Einschnitt im Textverlauf an.

Im zweiten Teil des Gedichts ändert sich der Sprachgestus vom Klageton der rhetorischen Fragen zu den selbstbewußten Anklagen. Die 4. Strophe nimmt die Tier-Anspielungen der vorhergehenden Strophen auf. Pferd und Hund gehören zur Jagd, die wie ein gleichnishaftes Bild alle Vorgänge zusammenfaßt. Bezeichnenderweise ist es der Jagdhund, der als *Freund* des Fürsten gilt. Entsprechend weist der Bauer, der sich zuvor selbst wie ein gejagtes Tier vorkommt, dem Fürsten einen Platz unter den jagenden Tieren zu, und zwar den letzten in der Reihe („Roß und Hund und du“). Durch das pejorativ benutzte Verb „verschlingen“ wird die verächtliche Gleichsetzung noch verstärkt. Der Bauer stellt nun überdies die in seiner Perspektive verdrehten Besitzverhältnisse richtig: „Die Saat [...] das Brot [...] ist mein.“ Damit bezichtigt er den Fürsten des Diebstahls. In der 5. Strophe fügt er dem noch den Vorwurf der Müßiggängerei hinzu. Auch begründet er hier den Anspruch auf sein Eigentum damit, daß er es als Resultat seiner Arbeit bezeichnet. Assoziativ erinnert das Gedicht damit an die verbreitete Volksweisheit: Wer nicht arbeitet, soll auch nicht essen.

Historische Rolle des Fürsten

Die Schlußstrophe faßt dann die Einzelaussagen in einem vernichtenden Gesamturteil zusammen. Die Attacke des Bauern richtet sich gegen den Anspruch der Fürsten auf ihre Amtseinsetzung durch Gott. Im absolutistischen System (zwischen 1646–1806) versteht sich der vollkommen autonome Herrscher, sei es der König oder der Landesfürst, der keiner staatlichen Instanz Rechenschaft schuldet, als Stellvertreter Gottes auf Erden (Gottesgnadentum). Mit dieser religiösen Legitimation kann er von seinen Untertanen bedingungslosen Gehorsam verlangen, ist aber andererseits verpflichtet, für ihr Wohlergehen zu sorgen. Indem der Bauer nun das Verhalten des Fürsten mit seinem göttlichen Anspruch konfrontiert, spitzt er die Anklage aufs schärfste zu. Bereits in der Form verraten sich die immanenten Widersprüche. Der 2. und 3. Vers jeder Strophe ist vierhebig bzw. dreihebig jambisch gebaut. Bis auf Ausnahmen folgt der Rhythmus dem metrischen Schema. In den beiden Schlußzeilen gerät aber die Versordnung ebenso durcheinander, wie die vom Bauern angeklagte Herrschaftsordnung in ein Mißverhältnis geraten ist. Wir müssen diese Verse mit gegenmetrischen Betonungen lesen:

x́ x x x́ x x x́ x́
Gott spendet Segen aus; du raubst!

x́ x́ x x́ x x́
Du nicht von Gott, Tyrann!

Dieser Gedichtschluß beschuldigt den Landesherrn nicht nur des gewaltsamen Diebstahls („du raubst“) und der Stiftung von Unsegen. Er suggeriert zudem die Vorstellung, daß der Fürst gar nicht zu den Geschöpfen Gottes zählt: „Du nicht von Gott.“ Damit wird er insgeheim dem Herrschaftsbereich des Bösen zugeordnet.

Lyrik als Herrschaftskritik

Die aggressive Gewaltsprache des Gedichts und seine agitatorische Schärfe bezeugen einen neuen Ton, der mit dem Sturm und Drang und seinen politischen Gedichten für kurze Zeit in die deutsche Lyrik einzieht. Mit leidenschaftlichem Pathos formuliert Bürger seine Herrschaftskritik, gemäß einem programmatischen Vierzeiler, in dem er die Dialektik von Unterdrückung und Unterwerfung prägnant ausspricht:

Mittel gegen den Hochmut der Großen

Viel Klagen hör ich oft erheben
Vom Hochmut, den der Große übt.
Der Großen Hochmut wird sich geben,
Wenn unsre Kriecherei sich gibt.
(Conrady, S. 225)

Die Dichtung dieser Zeit dient jetzt nicht mehr bloß als Instrument der bürgerlichen Aufklärung, obwohl deren Ethos in ihr nachwirkt, sondern sie wird als Waffe im Kampf der Schwachen gegen die Willkürherrschaft eingesetzt. Sie soll den Leser nicht mehr belehren, sie soll ihn mit ihrer attackierenden Rhetorik aktivieren und zur Parteinahme bewegen. „Die Stürmer und Dränger“, so sieht es Gerhard Kaiser, „tragen eine geheime Sehnsucht zum Handeln und Tun, zur Umwälzung der Welt in sich, die sie im Schreiben nicht erfüllen können“ (Gesch. d. dt. Literatur, S. 192).

Chr. Fr. D. Schubart

In dem Maße, in dem die Inhalte der Lyrik sich politisch aufladen, gerät sie – wie man es bis zum heutigen Tage kennt – in das Blickfeld der Mächtigen. Davon berichtet beiläufig das antifeudalistische Gedicht „Die Fürstengruft“ (1779/80) von Schubart. Mit höhnischer Genugtuung verspottet der Text unter Zuhilfenahme barokker Verwesungsmetaphorik die toten Tyrannen:

> Da liegen sie, die stolzen Fürstentrümmer,
> Ehmals die Götzen ihrer Welt!
> Da liegen sie vom fürchterlichen Schimmer
> Des blassen Tags erhellt!
> [...]
> Da liegen Schädel mit verloschnen Blicken,
> Die ehmals hoch herabgedroht,
> Der Menschheit Schrecken! – Denn an ihrem Nicken
> Hing Leben oder Tod.

Schubart, der aufgrund seiner polemisch-kritischen Publikationen im Namen des württembergischen Herzogs zehn Jahre Kerkerhaft auf Hohenasperg erleiden mußte, weiß über die Fürsten zu berichten:

> Die Hunde nur und Pferd’ und fremde Dirnen
> Mit Gnade lohnten, und Genie
> Und Weisheit darben ließen; denn das Zürnen
> Der Geister schreckte sie.

Über sein elendes Schicksal im Zuchthaus hat der Dichter ein bitteres Klagegedicht geschrieben („Der Gefangene“, 1782), in dem sich rhetorisches Pathos mit persönlicher Leidenserfahrung zu einem ergreifenden Text vereint:

> Gefangner Mann, ein armer Mann!
> Durchs schwarze Eisengitter
> Starr’ ich den fernen Himmel an,
> Und wein’ und seufze bitter.
> [...]

Was hab' ich, Brüder! euch getan?
Kommt doch, und seht mich Armen!
Gefangner Mann! ein armer Mann!
Ach! habt mit mir Erbarmen!

Neben der Fürstenkritik thematisiert die politische Sturm-und-Drang-Lyrik vor allem auch den Krieg und das Soldatenlos in einer Reihe geradezu pazifistischer Texte.

Zu einer Zeit, da Fürsten ihre Landeskinder als Söldner verkaufen, um sich ihren Luxus zu finanzieren, liegt solche Kritik nahe. Matthias Claudius formuliert sie in seinem „Kriegslied" (1778), Schubart in „Der Bettelsoldat" (1781/83) und im „Kaplied" (1787). Die meisten dieser Gedichte sind in einfacher, volkstümlicher Liedform gestaltet und benutzen eine schlichte Sprache. In ihrer inhaltlichen Ausformung enthalten sie viele realistische Züge und bilden so gleichsam das ergänzende Gegenstück zur Weltflucht-Lyrik. Hinzu kommt die appellative Funktion dieser Gedichte, die mit ihren Anklagen zu humaner Veränderung auffordern. So heißt es im Schluß von Schubarts „Bettelsoldat":

Appellative Textfunktionen

Ihr Söhne, bei der Krücke,
An der mein Leib sich beugt,
Bei diesem Tränenblicke,
Der sich zum Grabe neigt,

Beschwör ich euch – ihr Söhne!
O flieht der Trommel Ton
Und Kriegstrommetentöne!
Sonst kriegt ihr meinen Lohn.

Wie die Beispiele verdeutlichen, beruft sich diese Dichtung nicht mehr auf die Wirkungen der Vernunfteinsicht und auf die rationale Argumentation (wie z. B. Haller). Statt dessen führt sie individuelle Lebensschicksale vor, die beim Leser Mitgefühl erregen. Auf dem Wege der inneren Anteilnahme (Identifikation) sollen sie unmittelbares Verständnis bewirken, so wie Schiller in seinen „Ästhetischen Briefen" programmatisch formuliert, daß „der Weg zu dem Kopf durch das Herz muß geöffnet werden" (8. Brief, Schluß). Allerdings hat gerade Schiller in einer vernichtenden Kritik die Gedichte Bürgers scharf abgelehnt. Ihr volksnaher Charakter und ihr stofflicher Realismus stehen in schroffem Kontrast zu Schillers Forderung nach idealisierender Überhöhung, Veredlung und Harmonisierung als den wichtigsten Aufgaben einer Kunst, die klassischen Rang beanspruchen darf. Wir werden auf diese Rezension Schillers im Zusammenhang mit der Lyrik der Klassik näher eingehen.

Motivgleiche oder motivverwandte Texte
L. Fr. G. Goeckingk: Die Parforcejagd. In: Gedichte von L. F. G. Goekkingk, III. Theil. Leipzig 1782. – J. H. Voß: Die Kartoffelernte. In: Conrady, S. 220. – Chr. Fr. D. Schubart: Die Fürstengruft. In: Klett-Editionen Sturm und Drang: Lyrik. S. 60. Ders.: Der Gefangene. Ebd., S. 63. – Ders.: Der Bettelsoldat. In: Conrady, S. 203. – Ders.: Kaplied. In: Ein deutsches Lesebuch, Teil I. Hg. v. W. Killy. Frankfurt/M. 1962, S. 65. – F. Schiller: Die schlimmen Monarchen. In: Klett-Editionen Sturm und Drang: Lyrik. S. 66. – M. Claudius: Kriegslied. In: Conrady, S. 198.

3. Entfaltung der individuellen ‚Erlebnislyrik' – Goethes ‚Sesenheimer Lieder'

Gegenaufklärerische Gefühlskultur und Erlebnisdichtung

Nach den lyrischen Anfängen im Stil der Anakreontik findet Goethe während seines Straßburger Aufenthalts (März 1770 bis August 1771) zu einer Ausdruckssprache, die eine neue Epoche in der deutschen Lyrik einleitet. Zu den Voraussetzungen gehören vielfältige literarische Einflüsse (u. a. die Gesänge des ‚Ossian', Volkslieder, Klopstock) und die kunsttheoretischen Anregungen durch Herder. Dessen Polemiken gegen die einseitige Vernunftaufklärung repräsentieren die Denkweise des Sturm und Drang. Herder setzt dem „cogito ergo sum" des Descartes sein „Ich fühle mich! Ich bin!" entgegen, und anstelle von Verstandesklugheit fordert er „Herz! Wärme! Blut! Menschheit! Leben!"
Auf dem Boden einer solchen zum Irrationalen neigenden Philosophie entwickelt auch die Literatur ein verändertes Selbstverständnis. Die Fähigkeit, Empfindungen – Gefühltes und Erlebtes – zum Ausdruck zu bringen, und zwar mit schlichter Natürlichkeit, wird zur leitenden Maxime. Daher rückt nun das Individuum mit seiner subjektiven Erlebnisbereitschaft und seiner unverwechselbaren Natur in den Mittelpunkt der Vorstellungen vom Dichter als dem Originalgenie. Seine Werke sind nicht mehr kunstreiche Produktionen des Verstandes und der Phantasie (Aufklärung, Anakreontik), sondern sie entstehen aus der inneren Notwendigkeit des Dichters, sich ausdrücken zu müssen. Damit setzt etwas ein, das die Lyrik bis ins 20. Jahrhundert hinein charakterisiert und wofür Gottfried Benn den Begriff „Ausdruckszwang" verwendet. Das Dichten vollzieht sich als ein nahezu unbewußter Schaffensprozeß in der Weise, daß das Kunstwerk unmittelbar aus der Seele aufzusteigen scheint. Goethe bemerkt in „Dichtung und Wahrheit" zur „Dichtergabe", die er als Geschenk der Natur ansieht, daß sie „zwar durch Veranlassung erregt und bestimmt werden" könne, daß sie „aber am freudigsten und reichlichsten unwillkürlich, ja

wider Willen hervortrat“ (4. Teil, 16. Buch. Nach: Klett Editionen Sturm und Drang. S. 116).

So verstandenes, scheinbar selbsttätiges Dichten begreift sich als sprachliche Mitteilung des inneren Erlebens, als Erlebnisdichtung. Der Begriff verleitet dazu, diesen Typus von Lyrik als poetische Widerspiegelung wirklich erlebter Vorgänge mißzuverstehen. Dagegen muß man sich vergegenwärtigen, daß Erlebnisse zwar in die Entstehung von Dichtung hineinwirken können, daß aber das mit sprachlichen Mitteln erschaffene Erleben niemals mit dem realen identisch ist, sondern im Text erst entsteht (vgl. G. Kaiser, 1988, Bd. 1, S. 68 ff.). Dennoch erzeugen die erlebnisstarken Motive und die leidenschaftliche Sprachgebung den Eindruck solcher Identität. Goethe selbst hat dem Vorschub geleistet. In einer berühmt gewordenen Äußerung hat er die enge Verflechtung des dichterischen Werks mit den persönlichen Lebensereignissen folgendermaßen beschrieben:

> Und so begann diejenige Richtung, von der ich mein ganzes Leben über nicht abweichen konnte, nämlich dasjenige, was mich erfreute oder quälte, oder sonst beschäftigte, in ein Bild, ein Gedicht zu verwandeln und darüber mit mir selbst abzuschließen, um sowohl meine Begriffe von den äußeren Dingen zu berichtigen, als mich im Innern deshalb zu beruhigen. Die Gabe hierzu war wohl niemand nötiger als mir, den seine Natur immerfort aus einem Extrem in das andere warf. Alles was daher von mir bekannt geworden, sind nur Bruchstücke einer großen Konfession.“ (Dichtung und Wahrheit, 2. Teil, 7. Buch. Nach: Klett Editionen Sturm und Drang. S. 117 f.)

Biographie und Dichtung

Hier wird sehr eindeutig das Erlebte („was mich erfreute oder quälte“) zum Entstehungsanlaß der Dichtung erhoben. Deren Erkenntnisfunktion („meine Begriffe zu berichtigen“) und therapeutische Wirkung („mich zu beruhigen“) sind für Goethe von großer Bedeutung gewesen. Diese Bemerkungen haben dazu geführt, daß man seine Dichtungen immer wieder aus seinem Leben zu erklären versucht (Biographismus), so als könne man das ins Bild Verwandelte zurückübersetzen. Dabei besteht die Gefahr, die Werke zu bloßen Lebensdokumenten des Autors zu verkürzen. Andererseits kann die Kenntnis der Entstehungsbedingungen auch behilflich sein beim Verstehen tieferer Bedeutungsschichten. W. Killy gibt dafür im Goethe-Kapitel der „Wandlungen des lyrischen Bildes“ anschauliche Beispiele.

‚Sesenheimer Lieder‘: gefühlsunmittelbares Sprechen

Wenn wir einen Blick auf die ‚Sesenheimer Lieder‘ werfen, mit denen die Erlebnislyrik schrittweise einsetzt, so benötigen wir biographische Erklärungshilfen kaum. Gewiß stehen die Gedichte im Kontext dessen, was Goethe im Elsaß erlebt: die

Natur der Straßburger Umgebung und vor allem die Liebe zu Friederike Brion. Aber die Empfindungen, die diese Texte zur Sprache bringen, und die Stimmungen, die sie erschaffen, stehen für sich selbst. So zum Beispiel im „Maifest“:

Wie herrlich leuchtet
Mir die Natur!
Wie glänzt die Sonne!
Wie lacht die Flur!

Es dringen Blüten
Aus jedem Zweig
Und tausend Stimmen
Aus dem Gesträuch

Und Freud und Wonne
Aus jeder Brust.
O Erd', o Sonne,
O Glück, o Lust, [...]

Die innere Bewegung des lyrischen Ich, die farbige Lebendigkeit in der Natur und die Dynamik der Verse mit ihrer enthusiastischen Sprache sind so eng ineinander verwoben, daß alles sich wechselseitig spiegelt und belebt. Auch der Leser wird in den Strom der unerhörten Bewegung hineingerissen. Das geschieht ohne besonderen rhetorischen Aufwand. „Gewissermaßen platte Natürlichkeit in der Wortfassung, besonders in dem Reim ‚Natur – Flur‘, aber wer hat je auf die Einzelworte geachtet, da ihn der Gesamtrhythmus einfing“ (Heinrich Meyer, 1967, S. 101). Vor allem die Häufung der Ausrufe schafft den Eindruck unmittelbaren Erlebens, der sich auf den Leser überträgt.

Einige Verse aus Klopstocks „Frühlingsfeier“ genügen, um das Phänomen der Goetheschen Gefühlsunmittelbarkeit am Kontrast zu verdeutlichen. Das lyrische Subjekt befindet sich bei Klopstock im ständigen Wechsel von Reflexion und Erleben:

Mit tiefer Ehrfurcht,
Schau' ich die Schöpfung an!
Denn Du!
Namenlosester, Du!
Erschufst sie!

In distanzierter Haltung berichtet das Ich von seinen Gefühlen. Dann stellt der Text für einen Moment größere Nähe her:

Lüfte, die um mich wehn,
Und süße Kühlung
Auf mein glühendes Angesicht gießen.
Euch, wunderbare Lüfte,
Sendet der Herr? Der Unendliche?

Von der Natur bewirkte Sinneseindrücke („Kühlung/glühend") werden jetzt als Empfindungen zum Ausdruck gebracht. Aber die Verse 4/5 dieser Strophe führen mit ihrer theologischen Fragestellung nach dem Schöpfer sogleich wieder in den Bereich des Gedanklichen und schaffen reflexive Distanz zum Erleben. Dieses Hin und Her zwischen Erlebnisdarstellung und Reflexion zieht sich durch die gesamte Ode, die uns die Herrlichkeit Gottes durch Überhöhung der Natur zeigen will.

Noch stärker distanzierend-beschreibend steht das lyrische Ich bei Brockes (vgl. Kap. I 1) den Naturerscheinungen gegenüber. Sie werden dort nicht emotional erlebt, sondern als anschauliche Exempel für eine vollkommene Ordnung und Harmonie erkannt. Ebenso bleibt in der Anakreontik aufgrund des künstlichen Arrangements der Natur und ihrer Rolle als Handlungskulisse eine Diskrepanz zu den Figuren bestehen.

Natur- und Liebeserleben des lyrischen Ich

Goethe hebt dagegen den Abstand zwischen Gott, fühlendem Ich und Natur so weit wie möglich auf. Natur zeigt sich bei ihm weit vertrauter, und als „Mutter Natur" ist sie für ihn „göttlicher Liebesgrund allen Lebens" (G. Kaiser, 1988, Bd. 2, S. 209). Durch Personifikationen, Parallelstrukturen und Korrespondenzen bringt das „Maifest" mit seiner alle Wesen erfassenden Freude die Idee der Alleinheit zur Sprache. Natur und Liebe bilden, wie der Fortgang des Gedichts zeigt, ein inniges Beziehungsverhältnis. Entsprechend gehen die Elemente von Natur- und Liebeslyrik ständig ineinander über. Ein typisches Beispiel für diese Verschränkung bildet das Gedicht „Willkommen und Abschied". Hier spiegelt sich das aufwühlende Erlebnis jugendlicher Verliebtheit mit all ihren Gefühlswirren in ausdrucksstarken Landschaftsbildern. Wir betrachten vor allem die ersten beiden Strophen:

Es schlug mein Herz. Geschwind, zu Pferde!
Und fort, wild wie ein Held zur Schlacht.
Der Abend wiegte schon die Erde,
Und an den Bergen hing die Nacht.
Schon stund im Nebelkleid die Eiche
Wie ein getürmter Riese da,
Wo Finsternis aus dem Gesträuche,
Mit hundert schwarzen Augen sah.

Der Mond von einem Wolkenhügel
Sah schläfrig aus dem Duft hervor,
Die Winde schwangen leise Flügel,
Umsausten schauerlich mein Ohr.
Die Nacht schuf tausend Ungeheuer,
Doch tausendfacher war mein Mut,
Mein Geist war ein verzehrend Feuer,
Mein ganzes Herz zerfloß in Glut.

Es handelt sich hier um die erste Fassung des Gedichts von 1771; Goethe schenkte es Friederike Brion, und aus ihrem Nachlaß stammen die Verse 1–10. Im Jahre 1775 veröffentlichte er es in der Zeitschrift „Iris“. Als er 14 Jahre später seine Schriften im Leipziger Verlag Göschen herausgab, veränderte er den Text an einigen Stellen, sei es aus ästhetischen, sei es aus Gründen eines anderen Lebens- und Dichtungsgefühls. Bei unserer Hauptfrage, wie die emotionale Erregung der Gedichtfigur ihre Sprechweise unmittelbar prägt, werden wir auf solche Änderungen gelegentlich zurückkommen. Meist geben sie nämlich aufschlußreiche Einblicke in die Textintentionen des Dichters.

Sprache der Leidenschaft

Der beherrschende Eindruck des Strophenbeginns ist die hektische Eile, bewirkt von der Ungeduld des liebenden Ich, zur Geliebten zu kommen. In den Anfangsversen herrscht daher ein hohes Sprechtempo. Goethe setzt nach „Herz“ einen Punkt, nach „Geschwind“ ein Komma. Dadurch werden im rhythmischen Ablauf stark hemmende Einschnitte erzeugt. Eine andere Fassung enthält für Vers 2 ebenfalls eine Häufung von Satzzeichen: „Und fort, wild, wie ein Held zur Schlacht!“ In der Rezitation realisieren sich die beiden Zeilen etwa so:

Es schlúg mein Hérz./ Geschwínd,/ zu Pférde!
Und fórt,/ wíld/ wie ein Héld zur Schlácht.

Die Pausierungen verleihen dem Vers einen stakkatohaften Charakter. Vorwärtsdrängende Bewegung wird durch ‚ärgerliche‘ Hindernisse gestört und dadurch Ungeduld mit rhythmischen Mitteln bewußt gemacht. In der späteren Textfassung wählt Goethe eine andere Lösung:

Es schlúg mein Herz, / geschwínd zu Pférde!
Es wár getán / fast éh gedácht.

Die trennenden Interpunktionen sind eliminiert. Das Verstempo ist noch höher geworden und wird, bis auf die Mittelzäsur, gleichmäßiger durchgehalten. Die Wirkung des ungeduldigen Drängens vermindert sich. Die Verse konzentrieren sich mehr auf die Betonung des „geschwind“, was vor allem in der Aussage der Zeile 2 deutlich wird. Zwar veranschaulicht das in der Erstfassung stehende „Und fort“ ebenfalls das beschleunigte Zeitempfinden, aber das nachfolgende, konventionelle Bild vom kampfbereiten Helden bricht damit und weist in einen anderen Bedeutungsbereich. In der emphatischen Kraftsprache des Stürmers und Drängers soll es die leidenschaftlich gehobene Stimmung des lyrischen Ich zum Vorschein bringen. Die sinnvolle Einbindung in den Kontext der Verse 1–5 geht bei dem Bild der Erstfassung verloren. Das isolierte „wild“ betont dagegen die sprunghaft chaotische Gefühlsverfassung des Ich und das Abrupte des Aufbruchs.

Natursymbolik

Anknüpfen läßt sich die Kampfmetaphorik allerdings an die bedrohlichen Vorgänge in der nächtlichen Natur, die ihrerseits innerseelisches Geschehen versinnbildlichen. In Vers 14 wird der ‚Held‘-Vergleich noch einmal aufgegriffen und mit einer genialen Wendung zum Abschluß gebracht:

> Die Nacht schuf tausend Ungeheuer,
> Doch tausendfacher war mein Mut,

Mutig muß nun gewiß jemand sein, der in den Kampf zieht, in dem ihm unbekannte Gefahren drohen werden. Goethe hat das mit der wortlautlichen Korrespondenz im Adverb „tausendfacher“ sehr ausdrucksstark formuliert. Leider hat sich die spätere Version mit dem blassen „Und frisch und fröhlich war mein Mut“ dieser Wirkung beraubt. Welche Mächte dem Ich in angsterregender Weise auflauern, spricht der Text nur in dunklen Naturbildern aus. Die feindselige Fremdheit und das Drohende der Landschaft, durch die das lyrische Subjekt reitet, spiegelt dessen innerpsychische Situation. Es ist die Gefährdung der Selbstgewißheit, der Sicherheit des Ichs durch die abgründige Macht der Gefühle, wohl auch die Bedrohtheit der Liebe durch Trennungsahnungen, die hier natursymbolisch zum Ausdruck kommen. Gerhard Kaiser hat diese Interpretationsgedanken in seiner „Geschichte der deutschen Lyrik“ (Bd. 1, S. 63 ff.) näher ausgeführt.

Wenn wir zurückblicken auf das Gedicht „Maifest“ mit seinen lichthellen, freudigen Frühlingsbildern, dann tut sich ein schroffer Gegensatz dazu in „Willkommen und Abschied“ auf: dort das Vertrauen in die von göttlicher Liebe erfüllte Natur, die ungetrübte Freude am Glück der Empfindungen; hier das Erschrecken in einer finsteren Natur, in der die zerstörenden Kräfte des Bösen erscheinen – ähnlich wie beim nächtlichen Ritt des ‚Erlkönig‘.

Goethes Idee der Polarität

Der Kontrast zwischen den beiden Gedichten veranschaulicht Goethes Grundüberzeugung von der Polarität aller Lebenser-

scheinungen. So stellt es für ihn keinen Widerspruch dar, wenn er von der Natur sagt, daß sie zugleich „gut und böse“ sei (in einem Brief an Lavater, 1776). ‚Polarität‘ gilt als eines der „Schlüsselwörter“ im Goetheschen Denken, und dieses Prinzip wird „durch ‚Ganymed‘ und ‚Prometheus‘ am sinnfälligsten bezeichnet“ (Günther, 1977, S. 670). Wir werden im nächsten Kapitel noch darauf zurückkommen.
In „Willkommen und Abschied“ wird das lyrische Ich den unheimlichen Ritt mutig bestehen. Der zweite Teil des Gedichts setzt den beängstigenden Stimmungen die beglückenden der Liebesbegegnung kontrastierend entgegen:

Ein rosenfarbes Frühlingswetter
Lag auf dem lieblichen Gesicht.

Doch die Liebe herrscht hier keineswegs so ungebrochen wie im „Maifest“. Es kommt im Gegenteil auch hier eine Polarität zum Vorschein: „O welche Wonne, welcher Schmerz!“ Solche emotionalen Gegensätze kennt das „Maifest“ mit dem unangefochtenen Glücksbewußtsein des lyrischen Ich nicht. Zwar überwiegt am Ende, trotz der Bedrückungen, auch in „Willkommen und Abschied“ das Gefühl der Freude, aber in den Schlußversen klingen die Bedenklichkeiten mit:

Und doch, welch Glück, geliebt zu werden,
Und lieben, Götter, welch ein Glück!

In diesen beiden Zeilen drückt sich etwas aus, was für Goethe immer unabdingbare Voraussetzung für das höchste Glücksempfinden ist: die Wechselseitigkeit der Zuneigung. In kunstvoller rhetorischer Verschränkung wird das durch die Verwendung von Aktiv und Passiv und die Wortwiederholung in spiegelsymmetrischer (chiastischer) Anordnung formuliert. Derselbe Grundgedanke wird auch im „Maifest“ ausgesprochen – dort sogar zweimal und sehr viel unbeschwerter in einer rhetorischen Parallelstruktur: „Wie lieb’ ich dich! Wie liebst du mich!“ In den Symbolen der „Ganymed“-Hymne wird das Motiv dann noch einmal zur Anschauung gebracht. Sie gehört zusammen mit dem „Prometheus“, zu dem sie in enger kontrastiver Wechselbeziehung steht. Daher werden wir die beiden Gedichte als Höhepunkte der Sturm-und-Drang-Lyrik überhaupt gemeinsam betrachten.

Motivgleiche oder motivverwandte Texte
J. W. v. Goethe: Willkommen und Abschied (1. und 2. Fassung). In: Klett Editionen Sturm und Drang: Lyrik. S. 31 f.

4. Hymnus auf die Göttlichkeit des außerordentlichen Menschen – „Prometheus“ und „Ganymed“

Goethe hat die beiden Gedichte, deren Entstehung in das Jahr 1774 fällt, seit ihrem Abdruck in den „Schriften“ von 1789 immer wieder nebeneinandergestellt und so ihren inneren Zusammenhang auch äußerlich betont (vgl. Trunz, Goethes Werke. HA. 1, S. 472). Als Ausgangspunkt unserer Überlegungen dient „Prometheus“, in dem eine unerschöpfliche Fülle von Motiven der Epoche verschmolzen ist.

Prometheus

Bedecke deinen Himmel, Zeus,
Mit Wolkendunst!
Und übe, Knaben gleich,
Der Disteln köpft,
An Eichen dich und Bergeshöhn!
Mußt mir meine Erde
Doch lassen stehn,
Und meine Hütte,
Die du nicht gebaut,
Und meinen Herd,
Um dessen Glut
Du mich beneidest.

Ich kenne nichts Ärmer's
Unter der Sonn' als euch Götter.
Ihr nähret kümmerlich
Von Opfersteuern
Und Gebetshauch
Eure Majestät
Und darbtet, wären
Nicht Bettler und Kinder
Hoffnungsvolle Toren.

Da ich ein Kind war,
Nicht wußte, wo aus, wo ein,
Kehrte mein verirrtes Aug'
Zur Sonne, als wenn drüber wär'
Ein Ohr, zu hören meine Klage,
Ein Herz wie meins,
Sich des Bedrängten zu erbarmen.

Wer half mir wider
Der Titanen Übermut?
Wer rettete vom Tode mich,
Von Sklaverei?
Hast du's nicht alles selbst vollendet,
Heilig glühend Herz?
Und glühtest, jung und gut,
Betrogen, Rettungsdank
Dem Schlafenden dadroben?

Ich dich ehren? Wofür?
Hast du die Schmerzen gelindert
Je des Beladenen?
Hast du die Tränen gestillet
Je des Geängsteten?

Hat nicht mich zum Manne geschmiedet
Die allmächtige Zeit
Und das ewige Schicksal,
Meine Herrn und deine?

Wähntest du etwa,
Ich sollte das Leben hassen,
In Wüsten fliehn,
Weil nicht alle Knabenmorgen-
Blütenträume reiften?

Hier sitz' ich, forme Menschen
Nach meinem Bilde,
Ein Geschlecht, das mir gleich sei,
Zu leiden, weinen,
Genießen und zu freuen sich,
Und dein nicht zu achten,
Wie ich.

Ganymed

Wie im Morgenrot
Du rings mich anglühst,
Frühling, Geliebter!
Mit tausendfacher Liebeswonne
Sich an mein Herz drängt
Deiner ewigen Wärme
Heilig Gefühl,
Unendliche Schöne!

Daß ich dich fassen möcht'
In diesen Arm!
Ach, an deinem Busen
Lieg' ich, schmachte,
Und deine Blumen, dein Gras
Drängen sich an mein Herz.
Du kühlst den brennenden
Durst meines Busens,
Lieblicher Morgenwind,
Ruft drein die Nachtigall
Liebend nach mir aus dem Nebeltal.

Ich komme! Ich komme!
Wohin? Ach, wohin?

Hinauf, hinauf strebt's,
Es schweben die Wolken
Abwärts, die Wolken
Neigen sich der sehnenden Liebe,
Mir, mir!

In eurem Schoße
Aufwärts,
Umfangend umfangen!
Aufwärts
An deinem Busen,
Alliebender Vater!

Unmittelbare Textwirkung

Beide Gedichte entfalten ihre Wirkung vor allem aus den Dimensionen des Gefühls, das der Sprache und dem Rhythmus in unterschiedlicher Weise eingeschmolzen ist und das jeden empfänglichen Leser wohl einmal gefangennimmt. Ist es im „Prometheus" das Pathos der kraftvoll-trotzigen Selbstbehauptung, das sich im Wechsel von scharf akzentuierten Aussagen und aggressiven Fragesätzen bekundet, so überwiegt im „Ganymed" der Eindruck einer weicher fließenden Bewegung, die von einem längeren rhythmischen Atem getragen wird. Eine vergleichende Rezitation der Anfangsverse genügt bereits, um vom Klangeindruck her die unterschiedlichen Gefühlslagen zu antizipieren.

Formale Textgestalt

Goethe bedient sich in beiden Fällen der Freien Rhythmen, wie er sie von den olympischen Preisgesängen Pindars und vor allem von Klopstock her kennt. Trotz der formalen Gemeinsamkeiten (reimlose, metrisch unregelmäßige Verse, Gliederung in ungleiche, strophenähnliche Abschnitte) erweisen sich die Texte in ihrem Gesamtduktus als höchst gegensätzlich. Das „entzückte Aufsingen zu höheren Mächten" (Wolfgang Kayser), das wir als Merkmal des Hymnischen an Klopstocks „Dem Unendlichen" beobachtet haben (vgl. S. 47), kennzeichnet auch den „Ganymed"

med". Bei „Prometheus" hingegen, den die meisten Interpreten als Ode und nicht als Hymne bezeichnen, herrscht neben dem emphatischen Sprechen doch auch eine „gedankliche Entfaltung", die Kayser als odenspezifisches Merkmal bezeichnet. Obwohl die Grenzen zwischen beiden Formen sehr fließend sind, zeigen die Gedichte auch unter dem Kriterium der Gattung Übereinstimmung und Differenz zugleich.

Rollengedicht und mythische Figur

Ein weiteres Strukturmerkmal verbindet beide Texte und gibt zu vergleichender Betrachtung Anlaß: die Form des Rollengedichts. An die Stelle des lyrischen Ich, wie es im „Maifest" oder in „Willkommen und Abschied" anzutreffen ist, setzt Goethe Figuren der griechischen Mythologie, die mit dem Göttervater Zeus in Verbindung stehen. In einem Falle ist es der Titan Prometheus, der gegen die Willkürherrschaft des Gottes aufbegehrt. Im zweiten Falle handelt es sich um den außergewöhnlich schönen Sohn des Königs Tros, den Zeus (als Adler verkleidet) von Troja in den himmlischen Olymp entführt, um ihn als Mundschenk bei sich zu haben. Goethe hat diesen Ganymed-Mythos so weitgehend umgeformt, daß er zum Verständnis des Gedichts kaum etwas beiträgt. Zwar berichten die griechischen Quellen von der Liebe des Gottes zu dem Jüngling, aber die für Goethe entscheidende Wechselneigung spielt dort gar keine Rolle. Dagegen bietet die Sagenfigur des Titanen Prometheus für die Textinterpretation aufschlußreichere Anhaltspunkte. Die staunenswerten Taten des Heroen und seine revolutionäre Kühnheit haben von Aischylos bis Gide zu zahlreichen Dichtungen Anlaß gegeben. Auch Goethe ist seit der Straßburger Zeit von der Gestalt fasziniert. Er schreibt an einem „Prometheus"-Drama (1773), das bruchstückhaft in zwei Akten vorliegt und zu dem das Gedicht in einer etwas unklaren Beziehung steht.

Rollenfigur und Autor-Ich

Prometheus ist der griechischen Sage zufolge ein Sohn des Titanen Japetros, also selbst Titan, wohingegen Goethe ihn zu einem Sohn des Zeus umdeutet. Dadurch ergeben sich für die Ode, wie wir noch sehen werden, zusätzliche Aspekte, die über das antike Vorbild hinausführen. Indem Goethe den Typus des Rollengedichts wählt und sich vorgegebener mythologischer Gestalten bedient, schafft er einen Rahmen, in dem ein poetisches Spiel zwischen Autor-Ich, fiktivem Sprecher-Ich und Leser entfaltet werden kann. Schicksal und Haltung von Prometheus bzw. Ganymed haben den jungen Goethe in seinem eigenen Lebensgefühl getroffen. Er ergreift sie und gestaltet sie so aus, daß sie – wie Paul Stöcklein (1974, S. 44 f.) es beschreibt – „etwas Selbstporträthaftes" geben und gewissermaßen eine „Selbst-Rolle" werden. Der „Autor spricht in solcher Rolle, spielend, sich befreiend, seine Interna vor dem Publikum aus, wie sie direkt auszusprechen die Scham ihm verböte. Er hat es gut: Er kann sich verbergen und sich ausdrücken in einem." Diese Rollenstruktur hat zugleich den Vorzug, daß sie simplen Identifikationen entgegenwirkt, denn natürlich ist die Prometheus- bzw. Ganymed-Figur nicht mit dem Dichter gleichzusetzen, sondern es besteht zwischen beiden – trotz aller inneren Beziehungen – eine fundamentale Differenz, die durch die Benutzung solcher Figurenmasken im Gedicht deutlicher ausgedrückt werden kann als durch das lyrische Ich.

Interpretation der Prometheus-Figur

Betrachten wir zunächst die Prometheus-Rolle. Die große pathetische Rede an den Vater-Gott Zeus läßt sich aufgrund der unterschiedlichen Sprechhaltungen in drei Teile gliedern: 1) die aggressiv verhöhnenden und anklagenden Ausrufe und Aussagesätze (Vers 1–28); 2) die Kette der vorwurfsvoll aufbegehrenden Fragesätze (Vers 29–51); 3) die resümierende Schlußfolgerung (Vers 52–58). Neben seiner unerhörten Gefühlsintensität zeigt das Gesamtgedicht einen rhetorisch-argumentativen Aufbau, der in eine kunstvolle Rahmenstruktur eingebettet ist. In der Ausgangssituation (Str. 1) formuliert Prometheus die strenge Trennung zwischen göttlichem und irdischem Bereich („dein Himmel" – „meine Erde"). Mit der unüberbrückbaren räumlichen Distanz betont er zugleich auch die existentielle Unabhängigkeit des Menschen, dessen Leben ohne den Einfluß der Götter verläuft. So sehr Zeus durch Sturm und Gewitter die Aufmerksamkeit auf seine Macht lenken mag, seine Anstrengungen bleiben folgenlos wie die Spiele eines übermütigen Knaben: die kindische Demonstration einer angemaßten, leeren Herrschaftsgeste.

Dem Himmel als flüchtigem Luftgebilde („Wolkendunst") setzt Prometheus die Solidität der Erde entgegen, wobei sein Lebenskreis in wohldurchdachter Schrittfolge (vom Großen zum Kleinen) auf das entscheidende Zentralsymbol hin verengt wird: Erde – Hütte – Herd – Glut. Es ist das greifbare Diesseits, an das der Titan sich hält und von dem aus er – ganz im Geiste der Aufklärung – seine Zweifel an der transzendenten Jenseitsmacht vorbringt. Mit dem Feuer, das der Sagen-Prometheus gegen den Willen des Gottes aus dem Olymp gestohlen und zu den Menschen gebracht hat, verbindet sich gleichfalls die Vorstellung des Lichts als dem Sinnbild von Erkenntnis und Aufklärung. Überdies gilt uns das Feuer, zusammen mit dem Seßhaftwerden (worauf „Hütte" und „Herd" anspielen), als Urquell der eigenständigen menschlichen Zivilisation. Der antike Mythos, den der Gedichtleser im Blick haben wird, berichtet, daß Zeus den ungehorsamen Titanen zur Strafe an einen Felsen schmieden ließ, bis Herakles ihn später befreite. Die Motive, die der

Odenanfang ins Bewußtsein ruft (Auflehnung gegen Zeus, Götterneid, Bestrafung) und die in manchem an den biblischen Sündenfall erinnern, sind Bestandteile der menschlichen Aufklärungsgeschichte, die für unseren Kulturkreis mit dem griechischen Denken beginnt.

Während Goethes „Prometheus“ sich zunächst auf die Vorstellungswelt der antiken Mythen bezieht, weisen zahlreiche andere Textstellen (Vers 28, 39–42, 52–53) darauf hin, daß das Gedicht im Grunde auf den christlichen Gottesglauben abzielt, daß Zeus als Gleichnisgestalt des biblischen Gottes zu verstehen ist. Mit ihm setzt sich das prometheische Ich in wörtlicher Bedeutung aus-einander. Dies geschieht durch höhnische Lästerungen. So verdanken die Götter ihre Existenz allein der Einbildung und dem Irrglauben von Narren oder Schwächlingen. Den barmherzigen Gott, an den Prometheus als Kind glaubte und dessen Beistand er erhoffte, gibt es nicht; es gibt bestenfalls den gleichgültig „Schlafenden“. Aus solcher Enttäuschung erklärt sich der aggressive Spott der Gottesanrede. Zugleich wird in der 3. Strophe auch die Gottesebenbildlichkeit des Menschen in Abrede gestellt. Ihr zufolge müßte der Schöpfer ein mitfühlendes Herz besitzen („wie meins“), wovon nach Prometheus' Erfahrung keine Rede sein kann. Die Schlußstrophe nimmt darauf Bezug, indem sie der empfindungslosen Kälte des Gottes die Gefühlsbereitschaft der menschlichen Geschöpfe entgegensetzt („Zu leiden“ etc. „Wie ich“). Neben den Spott tritt also die Anklage. In den rhetorischen Fragen der Strophen 4, 5 und 7 sind Erwartungen formuliert, wie sie etwa in den Psalmen der Bibel versprochen, aber von Gott nicht erfüllt wurden. Der Prometheus des Gedichts zieht daraus den Schluß, daß er seinen erreichten Daseinszustand – entgegen allen religiösen Lehren – nur sich selbst zu verdanken habe. In der emphatischen Gefühlssprache des Sturm und Drang beruft er sich dabei auf sein „Heilig glühend Herz“, also auf die Macht des Gefühls zuallererst und nicht so sehr auf die Vernunft, der die rationale Aufklärung die Vervollkommnung des Individuums zuschreibt.

Ob nun durch das Herz oder durch den Verstand, in jedem Falle entwickelt sich Prometheus – wie der Mensch des 18. Jahrhunderts – zu so weitgehender Unabhängigkeit von Gott, daß er ihn zu ignorieren beschließt („dein nicht zu achten“). Diese triumphierende Auflehnung gegen die göttliche Herrschaft läßt sich als radikale Weiterführung aufklärerischer Gedanken durch den Sturm und Drang verstehen. Auch die bedeutendste Symbolfigur aus diesem Geiste, Goethes Faust, rebelliert gegen Gott, und mit anderen Intentionen tut das auch Schillers Gotteslästerer Franz Moor in den „Räubern“ (vgl. Korff, 1977, I. Teil, S. 278 ff.).

Die Herausforderung Gottes durch den Menschen geht einher mit der Idee der Gleichrangigkeit zwischen beiden. Davon handeln die Schlußteile des „Prometheus“. Während in den vorhergehenden Strophen eine strikte Scheidung zwischen göttlichem und menschlichem Dasein vorgenommen wird, stellt die 6. Strophe beide Bereiche unter die Herrschaft eines gemeinsamen Gesetzes: „Die allmächtige Zeit/Und das ewige Schicksal.“ Allmacht und Ewigkeit sind eigentlich auszeichnende Eigenschaften Gottes. Er steht im Gegensatz zum vergänglichen Menschenleben gerade jenseits aller Zeitverläufe, ist keinem Schicksal unterworfen, sondern Urheber allen Geschicks. Prometheus aber postuliert hier eine Macht, die abstrakt und rätselhaft über Gott und die Menschen hinausragt, ihnen beiden ihre Zeit zumißt. Der personale Gott des christlichen Denkens wird – ähnlich wie die griechischen Götter – durch diese Abhängigkeitsvorstellung menschenähnlich, der Mensch nähert sich göttlicher Daseinsweise an. Der Sinn dieser Angleichung dient aber nicht einer Zusammenführung beider, sondern sie verschärft die Selbstüberschätzung des Prometheus und die Abwertung der göttlichen Macht.

Autonomie des schöpferischen Menschen

In der letzten Strophe erreicht die Ode ihren Höhepunkt, indem sie Prometheus göttliche Schöpferkräfte zuerkennt. Nach biblischem Vorbild erschafft der Titan sich ein eigenes Geschlecht. Goethe greift hier auf eine spätgriechische Sagenvariante zurück, die von der Kunst des Prometheus berichtet, aus Erde und Wasser Menschen zu bilden, denen dann von Minerva (im altgriechischen Schöpfungsmythos von Athene) Leben eingehaucht wurde. In diesem Motiv findet die absolute Unabhängigkeitsidee des prometheischen Menschen von Gott ihren stärksten Ausdruck, gesteigert durch den Verzicht Goethes auf die Schöpfungshilfe der Göttin. Der Gedichtschluß besitzt eine eigene Überzeugungskraft, indem er einen für das Textganze stimmigen Endpunkt setzt. Sobald das Subjekt die Hervorbringung des Lebens selbst bewerkstelligen und den Überlegenheitsanspruch Gottes abweisen kann, ist dessen Existenz belanglos für ihn geworden. Er kündigt in den beiden Schlußzeilen den Dialog mit ihm auf, und damit ist das Gedicht wirklich zu Ende.

Angesichts des heute erreichten Zustands der modernen Wissenschaft, insbesondere der Kernphysik und Genetik, die die Neu- und Umschaffung von Materie und Leben ermöglicht haben, bekommt das Gedicht eine unerwartete Aktualität. Denn es ist der Geist des Prometheus, der das Verhältnis des Menschen zu Gott und zur Welt in vom Dichter kaum geahnter Weise bestimmt. Obwohl Goethe das Motiv in seiner Ode nicht verwendet, so war ihm natürlich geläufig, daß der antike Sagen-

Prometheus bei Athene Astronomie, Mathematik, Medizin und andere nützliche Kenntnisse erlernte, die er später den Menschen vererbte. So stehen bereits auf der frühen Stufe des griechischen Mythos naturphilosophisches Wissen und die Befreiung von der göttlichen Herrschaft in einem engen Zusammenhang.

Goethes Haltung zum Gottesbegriff

Goethe selbst hat in der Rollenfigur des Gedichts auch eigene Empfindungen zur Sprache gebracht. Aus biographischen Zeugnissen wissen wir, daß der junge Dichter zeitweilig mit der christlichen Lehre und ihrem personalen Gottesglauben im Widerstreit lag (u. a. Brief an Herder vom 12. 5. 1775), weil sie die Fülle der menschlichen Entfaltungsmöglichkeiten zu sehr einschränke. Daher kann die Rebellion des „Prometheus“-Gedichts sehr wohl als Ausdruck der auflehnenden Haltung Goethes gegen die orthodoxen Vorstellungen von Gott interpretiert werden. Allerdings wäre es irrig, die Tendenz der radikalen Emanzipation des Menschen vom Göttlichen als feste Größe in Goethes Denken zu betrachten. Sie ist vielmehr das Resultat einer vorübergehenden, schwankenden Stimmungslage, ebenso sprunghaft hervorbrechend aus Goethes heftigem Temperament wie das gegensätzliche Ganymed-Gefühl. Äußert er sich im Mai 1775 höchst abfällig über die christliche Lehre, so formuliert er im August desselben Jahres gegenüber Lavater (Brief vom 4. 8. 1775) fromme Bekenntnisgedanken. In „Dichtung und Wahrheit“ (Ende 8. Buch) erklärt Goethe seine Verfassung in jener Zeit, in der er sich eine eigene religiöse Ansicht bildet, aus dem „Geist des Widerspruchs“ und der „Lust zum Paradoxen“. So spiegelt also das „Prometheus“-Gedicht nur die eine Seite von Goethes Welt- und Gottesverständnis in den 70er Jahren. Sie wird in der späteren Entwicklung keinen Bestand haben. Die andere Seite findet ihre poetische Ausgestaltung im „Ganymed“.

„Ganymed“ als Gegenentwurf

Die Hymne beginnt, wie der „Prometheus“, mit einem Aufblick zum Himmel. Was sich dort hinter grauen Wolken eintrübt, erstrahlt hier in morgendlichem Frührot als eine auf das Ich zukommende leuchtende Welt. Der Kontrast der Eingangsbilder und der ihnen innewohnenden Stimmungen könnte nicht schärfer sein. In der überströmenden Gefühlssprache der Anfangsstrophe, mit der heutige Leser durchaus Schwierigkeiten haben können, sind sogleich die entscheidenden Schlüsselwörter des Textes genannt: *Liebe* und *Herz*. Liebe als Zentralbegriff des Goetheschen Denkens erscheint hier sechsmal in verschiedensten Wortvarianten (Vers 3, 4, 17, 19, 25 u. 32), wohingegen es in „Prometheus“ gar nicht vorkommt. Von seinem Herzen spricht allerdings auch das prometheische Ich, und zwar mit der bedeutungsschweren Charakterisierung als „heilig glühend". Dieses ‚glühen', das in ungewöhnlicher transitiver Funktion erscheint („glühtest... Rettungsdank"), umschreibt die Empfindungsfülle des Prometheus, die erwiderungslos im Leeren verströmt. Ganz anders vollziehen sich die emotionalen Bewegungen in der „Ganymed"-Hymne. Hier wird das Glühen nicht dem Innern des Gedichtsubjekts zugeschrieben, sondern der äußeren Natur, und zwar als ein auf das Ich gerichtetes Geschehen, als ein Gefühlshandeln. Damit die Natur als handelndes Wesen erscheinen kann, personifiziert Goethe den Frühling, verleiht ihm menschliche Seeleneigenschaften und macht ihn zum Adressaten des Monologs. So geht vom Frühling, wie von einem Liebenden, das „Gefühl" der „ewigen Wärme" aus und wirkt auf Ganymeds Empfindungen ein. Bei rationaler Textbetrachtung entstehen hier einige Irritationen. Kann Natur ihrerseits ein solches Gefühl hervorbringen, oder entsteht es nicht vielmehr nur in der menschlichen Seele? Auch „Blumen" und „Gras" werden von Ganymed in auffälliger Verbwiederholung (sich drängen) emotionale Kräfte zuerkannt (Vers 14). Der Frühling naht sich ihm mit „Liebeswonne", eine Gestimmtheit, die wir eher im Ich als in den Naturerscheinungen vermuten. Ganymed zuliebe weht der „Morgenwind", „liebend" ruft nach ihm „die Nachtigall". In all diesen Bildern drückt sich ein Erosverhalten der Natur aus, das vom Gedicht-Subjekt ganz auf das eigene Erleben bezogen wird. Dem psychologisch orientierten Leser muß es scheinen, als projiziere Ganymed seine enthusiastische Seelenverfassung auf die Naturphänomene und hebe die Distanz zwischen Außenwelt und Innenwelt dadurch auf, daß er alles seiner subjektiven Sichtweise unterwirft. Doch diese Logik wird den Intentionen des Gedichts nicht gerecht. Wie im „Mailied" so wird auch hier die Natur selbst über ihre physisch-organische Seinsweise hinaus beseelt und vergeistigt, so daß Ganymed sie als ihm zuinnerst verwandt erleben kann. Allerdings bedarf es dazu einer entsprechenden Empfindsamkeit und der Bereitschaft, sich der Welt ganz zu öffnen. Einen versteckten Hinweis auf die wesensmäßige Übereinstimmung gibt das Schönheitsmotiv: „Unendliche Schöne" kennzeichnet den Frühling (Vers 8), von unerhörter Schönheit ist auch der Jüngling des griechischen Mythos. Im Bild der Umarmung am Beginn der 2. Strophe kommt Ganymeds Sehnsucht nach inniger Einheit mit der Natur zur Anschauung. Die aktive Gefühlsbewegtheit der Anfangsstrophe geht allein vom Frühling aus, Ganymed nimmt nur wahr, was er empfindet. Auch die Umarmungsgeste bleibt eine Wunschvorstellung, und die Strophe 2 zeigt ihn, trotz höchster Gefühlserregung, in äußerlich passiver Situation.

Naturbeseelung durch Personifikation

Enthusiastische Sprache

Die Verse offenbaren uns aber in traditioneller Leidenschaftssprache des 18. Jahrhunderts die innere Verfassung des Sprechenden. Die Bilder und Formeln, mit denen Ganymed auf das Liebesdrängen der Natur antwortet, entstammen dem allgemeinen Vorrat der erotischen Lyrik. „Blumen, Gras und Nachtigall“ gehören zum festen Bestand der Minnedichtung, der „brennende Durst“ und der kühlende „Morgenwind“ (meist als ‚Zephir‘) sind konventionelle Metaphern der Gefühlsumschreibung, mit denen Goethes Text verdeutlicht, was die antike Quelle nicht kennt: Ganymed selbst ist ein Liebender. In Stimmung und Sprachduktus besitzt diese Strophe eine weitreichende Übereinstimmung mit Werthers berühmtem Brief vom 10. Mai. Beide Texte formulieren ein irrationales Geschehen, das für den heutigen Rezipienten ebenso schwer nachvollziehbar ist wie die übersteigerte Sprache. Hier wie dort wird man weniger die einzelnen Gefühlsmomente aufschlüsseln als vielmehr der inneren Gesamtbewegung des Subjekts nachgehen. Dem „Drängen“ und „Rufen“ der Natur korrespondiert sein sehnsüchtiges Verlangen, das – zunächst ganz innerlich – nun auch in äußerlich erkennbares Handeln umschlägt. Dies geschieht in den Ausrufen und Fragen des dritten Textabschnitts. Gleichsam heraustretend aus der emotionalen Bedrängtheit und den Blick auf die ‚Welt‘ richtend, findet sich Ganymed ganz orientierungslos vor. In seiner leidenschaftlichen Verfassung, die durch die zweimaligen Wortwiederholungen und die klagende Interjektion „Ach“ sprachlichen Ausdruck findet, vermag er den Zielpunkt des Sehnens noch nicht zu benennen. Er wird stufenweise erst in der Schlußzeile des Gedichts erreicht. Aber der Vers 22 gibt doch sogleich die Bewegungsrichtung an. War die Raumbeziehung in der Bildwelt der vorhergehenden Strophe ganz auf das Irdische begrenzt (Blumen, Gras, Nebeltal) ein Zustand, an dem Prometheus entschieden festhält –, so richtet sich Ganymeds Blick nun aufwärts: „Hinauf, hinauf strebt's.“

Symbolik von Raum und Bewegung

Die emphatische Verdoppelung von Textpartikeln setzt sich auch in diesem Abschnitt fort. Auffällig ist das unpersönliche ‚es‘, das zum Subjekt des Hinaufstrebens gemacht wird; nicht die Gedichtfigur selbst agiert hier aus der Bewußtheit des Willens, sondern die Dynamik hat ihren Ursprung in der unbestimmten Gefühlssphäre. Der imaginierten Aufwärtsbewegung des Ich entspricht auf der anderen Seite das Herabschweben der Wolken, mit dem die liebende Zuwendung des Himmels versinnbildlicht wird. Sehr bewußt benutzt Goethe hier das Verb ‚neigen‘ mit seiner räumlich-emotionalen Doppelbedeutung. Auch die syntaktische Verknüpfung ahmt höchst kunstvoll die einheitsstiftende Funktion des Vorgangs nach. Ganymeds „sehnende

Liebe" wird zum Dativ-Objekt für die in Subjekt-Funktion stehende Wolkenbewegung. Dieses Objekt ist aber keineswegs nur passiv erleidend, sondern überaus aktiv (sich sehnend). Gewiß nicht zufällig treffen die beiden Verben als sprachliche Rollenträger der wechselseitigen Gefühle (sich neigen – sich sehnen) in einem Satzgebilde, in einer Verszeile aufeinander. Dem angehängt, ebenfalls in der Position des Dativ-Objekts, folgt das „Mir, mir!" Durch die syntaktische Stellung und den Kontext identifiziert der Leser ungewollt die beiden Objekte miteinander, so daß das Ich bedeutungsgleich mit der „sehnenden Liebe" wird und also das Wesen des Ganymed ganz in der Liebe aufgeht.

Das visionäre Bild der Aufwärtsbewegung mit den Wolken in der Schlußstrophe spiegelt den ekstatischen Gefühlsüberschwang des Subjekts, das aus seiner irdischen Seinsverfassung ganz heraustritt (‚ex-stare' im wörtlichen Sinne). Dem entspricht die ausdrucksintensive Sprachgebung, die nicht logische Zusammenhänge erfassen, sondern den Eindruck von unreflektierter Empfindungsfülle vermitteln will. In den Ausrufen des Schlußteils wird auf das Verb, d. h. auf syntaktische Vollständigkeit verzichtet. Die sich steigernde Dynamik des Geschehens drängt auch die Sprache zu kürzeren Wendungen. Der gesamte Bewegungsvorgang ist so umfassend, daß er sich noch über die Gedichtgrenze hinaus fortsetzt. Es heißt nämlich in der vorletzten Zeile nicht, wie wir erwarten sollten, „Aufwärts/An deinen Busen", sondern Goethe verwendet den Dativ „An deinem Busen". So ist die im Bild vorweggenommene göttliche Umarmung nicht der Zielpunkt von Ganymeds innerem Drängen, das hier zur Ruhe käme; seine liebende Vereinigungssehnsucht schließt vielmehr den gesamten Kosmos ein.

Allumfassende Liebe

Wie sehr die Natur von jener Liebe belebt wird, hat sich in den ersten beiden Strophen gezeigt. Die Schlußzeile benennt den Schöpfer der universalen Erosmacht als „alliebenden Vater", zu dem es Ganymed hinzieht, von dem er sich geliebt weiß. Mit ihm zusammen möchte er an den Ursprungsort der Liebe gelangen. Mit der Bildformel „Umfangend umfangen" hat Goethe für die wechselseitige Zuneigung eine sprachliche Wendung von unerhörter Dichte gefunden. In beiden Verbformen kommt jeweils das aktive und das passive Moment der Liebe gleichzeitig zum Ausdruck. Das sie umgebende Bewegungsadverb „aufwärts" verstärkt überdies den dynamischen und transzendenten Charakter der Liebeskraft. Es gehört zum pantheistischen Weltverständnis Goethes, daß diese Kraft in allen Wesen der Schöpfung wirksam ist, daß Gott und seine Liebe eben nicht unmittelbar, sondern im Naturerlebnis erfaßt werden können. Auch dieser Gedanke hat seinen Ursprung in der Aufklärung, aber mit dem fundamentalen Unterschied, daß dort –

wir erinnern uns an die Brockes-Gedichte – die Natur als Sinnbild der göttlichen Vernunftordnung erscheint, deren Gesetze der Mensch rational erfassen und bewundern soll. In der „Ganymed“-Hymne dagegen verwirklicht sich die Ich-Welt-Beziehung allein auf der Ebene der Gefühle; sie beruht also auf dem ganz subjektiven Vermögen der emotionalen Hingabebereitschaft und nicht auf empirischer Beobachtungsgabe und Verstandestätigkeit. Züge der Empfindsamkeit prägen dieses Gedicht, das – weniger im Stil als im Geist – auch der Romantik nahesteht.

Gegenüberstellung der Prometheus- und Ganymedfigur

Die „Prometheus“-Ode kennt die harmonische Seinsverbundenheit durch die Liebe nicht. Ihr Subjekt schließt sich, im Gegensatz zu Ganymed, von der Welt und vom feindlich erlebten Gott ab. Statisches Beharren kennzeichnet den einen, unendliche Bewegtheit den anderen Text. Ist für Prometheus die Kluft zwischen Himmel und Erde unüberbrückbar, so wird für Ganymed der wechselseitig erwirkte Zusammenschluß zum zentralen Ereignis. Trotz dieser antithetischen Positionen besteht doch eine innere Verwandtschaft zwischen den beiden Symbolfiguren. Gerhard Kaiser (1988, Bd. 1, S. 325 ff.) interpretiert das Geschehen in „Ganymed“ als die „Himmelfahrt“ eines Ich, das sich selbst schon als „göttlich“ begreifen muß, da Gott ja in allen Erscheinungen der Welt, also auch in ihm anwesend ist. Ähnlich wie Ganymed vertraut aber auch Prometheus auf die besondere Göttlichkeit des eigenen Wesens. Er drückt es dadurch aus, daß er sich Gott selbstbewußt und gleichrangig entgegenstellt, während Ganymed in der Entrückung mit ihm verschmilzt. Kaiser verweist auf das Problematische dieses Alleinheitsstrebens unter Zuhilfenahme des „Werther“. In dem auf S. 93 bereits erwähnten Brief heißt es: „Aber ich gehe darüber zugrunde, ich erliege unter der Gewalt der Herrlichkeit dieser Erscheinungen.“ Hierin zeigt sich für Kaiser eine Instabilität („Labilität“) des Werther-Ich, die auch für Ganymed gilt. Dessen Wesen erscheint ihm „wie ein Feuerwerk, das im triumphalen Erscheinen verschwindet“. Anders gesagt: Der begeisternde Aufschwung des Gedichtsubjekts findet keine konkrete, dauerhafte Entsprechung in der Wirklichkeit (etwa in Religion oder Glaubensgemeinschaft). Prometheus dagegen objektiviert seine Gefühlsrevolte in der schöpferischen Tätigkeit, die als künstlerischer Schaffensprozeß aufzufassen ist. Von Ganymed hingegen dürfte gelten, was Werther im Überschwang des Erlebens bekennen muß: „Ich könnte jetzt nicht zeichnen, nicht einen Strich.“ (Brief vom 10. Mai)

Prometheus als Künstlergenie des ‚Sturm und Drang‘

Daß Goethe den Titanen Prometheus – wie vor ihm schon Shaftesbury und Herder – als Symbolfigur des Künstlergenies versteht, läßt sich aus verschiedenen Äußerungen belegen. Im Aufsatz „Zum Shakespeares-Tag“ (1771) vergleicht er den englischen Dramatiker mit Prometheus. Für seine eigene dichterische Entwicklung hat Goethe eine solche Beziehung hergestellt. Indem er über sein Künstlertum nachdenkt, fällt ihm „die alte mythologische Figur des Prometheus auf, der, abgesondert von den Göttern, von seiner Werkstätte aus eine Welt bevölkerte. Ich fühlte recht gut, daß sich etwas Bedeutendes nur produzieren lasse, wenn man sich isoliere. Meine Sachen, die so viel Beifall gefunden hatten, waren Kinder der Einsamkeit." Folgerichtig sondert sich auch der junge Goethe – wie er behauptet – zur Entwicklung eines wahrhaft eigenen Stils von der „Hülfe der Menschen" und „nach prometheischer Weise, auch von den Göttern ab" (Dichtung und Wahrheit, 15. Buch. HA. Bd. 10, S. 48).

In diesen Gedankengängen formuliert Goethe das künstlerische Selbstverständnis der Sturm-und-Drang-Generation. Der für sie zentrale Begriff des Genies, der sich insbesondere durch Individualität, Originalität, Natur, Unabhängigkeit von ästhetischen Regeln und Vorbildern definiert, kommt in der Prometheus-Gestalt zu höchster symbolischer Anschauung. Wahre Kunstwerke verdanken ihren Rang nämlich allein der subjektiven Kraft ihres völlig autonomen Schöpfers. Aus seinem inneren Gefühlsreichtum brechen sie unmittelbar hervor. In diesem Sinne hat der junge Goethe auch das Straßburger Münster als individuellen Ausdruck der Persönlichkeit seines Architekten Erwin von Steinbach gedeutet, der ihm als ein Prometheus gilt (Von deutscher Baukunst, 1772). Die einseitige und kompromißlose Berufung der Genie-Künstler auf das eigene Gefühl als höchster Instanz setzt sie – trotz der Übernahme zahlreicher Motive – in eine gewisse Gegenposition zum Dichtungsverständnis der Aufklärung. Stilistisch-thematisch wie in ihren Wirkungsabsichten ist die Sturm-und-Drang-Lyrik emanzipatorisch (also aufklärerisch) – was sich besonders am „Prometheus" zeigt –, aber sie besitzt auch deutlich irrationalistische Züge.

Sozialkritische Implikationen der Sturm-und-Drang-Poetik

Das revolutionäre Pathos dieser Dichtungen geht über den bloß ästhetischen Protest weit hinaus. Es richtet sich gegen die als gefühlsarm empfundene, unnatürlichen Konventionen unterworfene Gesellschaft im ganzen und ihre Machtverhältnisse. An den Texten von Bürger und Schubart tritt dies am deutlichsten zutage. Goethe selbst steht, wie Emil Staiger bemerkt, um 1775 der „bürgerlichen Gesellschaft unbefriedigt und fremd gegenüber" (Goethe, Bd. 1, S. 253). Wie die meisten Stürmer und Dränger sucht er aus der Fülle der Empfindungen heraus nach Steigerung des Daseins. „Den Rhythmus des Lebens im neuen verwegenen Götterselbstgefühl spüren [...], das Leben als prometheisch-heroisches Geschenk packen und meistern, dies war das Verlangen nicht nur des jungen Goethe, sondern all seiner mitstrebenden Zeitgenossen“ (Rehm, 1968, S. 74). Dementsprechend fordern die Dramendichter der Genie-Zeit auch den besonderen Helden, den außerordentlichen Menschen (den „Kerl“), der sein Schicksal ohne Rücksicht auf Konvention und Moral nach eigenen Gesetzen verwirklicht. Prometheus und Medea werden von Rehm als die repräsentativen Vorbilder genannt. Schiller schuf in seinen Jugenddramen die eindrucksvollsten Beispiele dieses Typus. Das wichtigste Paradigma für die sozialrevolutionäre Grundhaltung der Sturm-und-Drang-Dichtung ist die Auflehnung der Söhne gegen die Väter. Indem Goethe die Beziehung zwischen Prometheus und Zeus in ein Vater-Sohn-Verhältnis umdichtet, macht er sich für seine Ode dies Konfliktmotiv zunutze. Es ergeben sich daraus zusätzliche Deutungsmöglichkeiten insofern, als „Prometheus“ nun auch als Symbolgedicht für die Auseinandersetzung zwischen den Generationen verstanden werden kann: Der antike Gott vertritt die überkommene, despotische Ordnung der Väter, von der die Jugend sich zu befreien versucht.

Auch wenn der Text eine solche Konstellation nicht ausdrücklich formuliert, so spricht er doch immerhin von der Kind-Knaben-Rolle des Prometheus, der Zeus die Rolle eines hilfreichen Vaters zugedacht hatte. Die Mehrdeutigkeit des Vater-Begriffs als himmlischer Vater, als Landes- und Familienvater wird von der sozialkritischen Dichtung des Sturm und Drang häufig zur Vervielfältigung der Bedeutungsebenen benutzt. Bei der „Prometheus“-Ode kommt hinzu, daß sie im Kontext mit „Ganymed“ zu interpretieren ist und daß auch dieser Hymne das Vater-Kind-Motiv zugrunde liegt. Aber der Vater erscheint hier nicht als Despot, und so ist das Verhältnis von liebender Zuwendung bestimmt. Goethes Überzeugung von der Polarität aller Daseinserscheinungen findet somit eine weitere motivische Ausprägung, denn die Beziehung zwischen den Vätern und den Söhnen realisiert sich in der psychischen Spannung zwischen völliger Hingabe und absoluter Selbstbehauptung.

„Prometheus“ und „Ganymed“: die Polarität des Daseins

Im Unterschied zu vielen Stürmern und Drängern hat Goethe sich nicht an eine der extremen Positionen verloren, sondern er hat sie als zusammengehörige Pole eines gegensätzlich erscheinenden Miteinanders gesehen wie das „Einatmen“ und „Ausatmen“. Wie er sich einerseits – den eigenen Äußerungen zufolge – zur künstlerischen Selbstfindung von der Welt isoliert, so erhebt er gleichzeitig doch den Anspruch, „mit allem ununterbrochen einig zu sein und die menschliche wie die natürliche Welt in sich und sich in ihr zu hegen“ (Staiger, 1964, Bd. 1, S. 252). Am Schluß des 8. Buches von „Dichtung und Wahrheit“ formuliert der

Dichter den Dualismus des menschlichen Daseins in der Welt, den „Prometheus“ und „Ganymed“ poetisch veranschaulichen, mit der begrifflich prägnanten, verbalen Doppelforderung: „sich zu verselbsten und sich zu entselbstigen“ sei unser Los.
Die beiden Gedichte gestalten diese gegensätzlichen Haltungen jeweils in ihrer gänzlichen Vereinzelung. Sie zeigen den grenzenlosen Drang des Subjekts, entweder die unbedingte Ich-Verwirklichung oder die totale Selbsthingabe und Weltverschmelzung zu erlangen. In dieser Form vereinseitigt und getrennt, führen beide Haltungen „in die Irre oder zur Selbstzerstörung“ (Günther, 1977, S. 682). Daher wird Goethe, der auf dieser radikalen Stufe der Sturm-und-Drang-Entwicklung alle Beschränkungen des Lebens gewaltsam abwerfen möchte (wovon besonders auch der „Werther“ zeugt), in seinem Denken und Dichten nach einer neuen Balance der Kräfte suchen. Das stürmische Ergreifen des Lebens voller Ungeduld und das hohe ‚Götterselbstgefühl‘, wie es im Gleichnis der Postkutschenfahrt („An Schwager Kronos“) zum Ausdruck kommt, bleibt der jugendlichen Phase voll Unbefangenheit und Unbesonnenheit vorbehalten. Dasselbe gilt für die Spracheruptionen dieser Lyrik, die wie die Leidenschaftsausbrüche des Subjekts nicht in einen permanenten Dauerzustand umgewandelt werden können.

Motivgleiche oder motivverwandte Texte
J. W. v. Goethe: An Schwager Kronos (1. und 2. Fassung). In: Klett-Editionen Sturm und Drang: Lyrik. S. 35–37. – Die Leiden des jungen Werthers. Brief vom 10. Mai. In: Goethes Werke. Hamburger Ausgabe. Bd. 6. München 1973, S. 9. – Von deutscher Baukunst (Ausschnitt). In: Klett-Editionen Aufklärung – Sturm und Drang, S. 79–84.

Poetologische und lyriktheoretische Texte
Dichtung und Wahrheit. Dritter Teil, 15. Buch. In: Goethes Werke. Hamburger Ausgabe, Bd. 9. München 1974, S. 47–50.

Sekundärliteratur
K. O. Conrady: J. W. v. Goethe „Prometheus“ – „Ganymed“. In: Die deutsche Lyrik. Form und Geschichte, Bd. 1. Hg. v. B. v. Wiese. Düsseldorf 1962, S. 214 ff. u. S. 227 ff.

IV. Goethes Abwendung vom Sturm und Drang als Übergang zur Klassik (1775–1786)

1. Abkehr von Prometheus oder das Ideal der Selbstbeschränkung des Individuums – „Grenzen der Menschheit“

Es leuchtet unmittelbar ein, daß die in den großen Hymnen und im „Werther“ erreichten Positionen stilistische und gedankliche Steigerungen kaum mehr zulassen. Gefühlsschwärmerei, selbstisches Kreisen um das eigene Ich, Verlust an realem Weltbezug: das sind einige der Gefahren, die bei der Weiterführung dieser Art von Sturm-und-Drang-Lyrik drohen. Es handelt sich bei ihr ja um die dichterische Gestaltung des leidenschaftlich durchlebten Augenblicks, dem Dauer verleihen zu wollen ebenso absurd ist wie seine permanente Wiederholung. Für Goethe selbst bedeutet überdies die künstlerische Verarbeitung bestimmter Erfahrungen – wie er selbst erklärt –, daß er in einer psychischen Überwindungsarbeit mit ihnen abschließt. So stellt sich denn seine genialische Phase als Durchgangsstufe auf dem Weg zu neuen Entwicklungen dar.

Äußere und innere Wandlung

Es setzt ein allmählicher Ablösungsprozeß vom Sturm und Drang ein, der mit äußeren und inneren Veränderungen verbunden ist. Die einschneidendste besteht darin, daß der 26jährige Dichter im November 1775 ohne feste Pläne auf Einladung des jungen Fürsten Carl August von Frankfurt nach Weimar geht. Er gerät in ein anderes gesellschaftliches Klima, trifft auf neue Menschen, widmet sich praktischer Tätigkeit in der Verwaltung des kleinen Landes – und bleibt dort sechs Jahrzehnte. Emil Staiger hat in seinem Goethe-Buch (Bd. 1, S. 262–284) die Wirkungen dieser sozialkulturellen Veränderung auf den Dichter prägnant beschrieben. Der Wandel in seinem Leben vollzieht sich gewiß nicht ohne ihn begünstigende psychische Dispositionen. Goethe stellt nunmehr sein Leben insgesamt unter einen neuen Leitstern. Nicht mehr drängende Ungeduld, leidenschaftliches Verlangen nach Lebensfülle, grenzenlose Unbedingtheit der Empfindungen, sondern Mäßigung, Läuterung, innere Gelassenheit, geordnetes Planen werden zu Maximen der Lebenshaltung im ersten Weimarer Jahrzehnt. An die Stelle des

Selbst-Erlebens tritt die Selbst-Formung. Dies setzt voraus, daß die Vorherrschaft der stürmischen Gefühle durch geistig-seelische Klärung der eigenen Lage gebrochen wird. Das Bedürfnis nach solcher inneren Klarheit – Adolf Beck nennt es den „Geist der Reinheit" – bestimmt jetzt Goethes Leben.

Dieser Prozeß bleibt nicht ohne Folgen für seine Dichtung. H. A. Korff (1977, II. Teil S. 185 ff.) illustriert den Umbruch im Lebensgefühl und im lyrischen Stil durch die Gegenüberstellung so repräsentativer Gedichte wie „An Schwager Kronos" und „An den Mond" (Füllest wieder Busch und Tal). Dort das unbändige Erstürmen des Lebens, dessen Früchte dem Genie in glückhafter Fülle zufallen – hier das ruhige Anschauen der Natur, die Sehnsucht nach Stille und Gelassenheit! Man könnte dem Mond-Gedicht „Wandrers Nachtlied" und „Ein Gleiches" zur Seite stellen und diese wiederum mit „Wandrers Sturmlied" kontrastieren, um die neuen Haltungen Goethes zu verdeutlichen. Eine Möglichkeit besteht im Vergleich der frühen mit den späteren, von Goethe geänderten Textfassungen der Sturm-und-Drang-Hymnen, wobei sich etwa „An Schwager Kronos" empfiehlt. Wir wollen einen frühklassischen Text betrachten, der inhaltlich und strukturell in besonderer Weise an „Prometheus" und „Ganymed" anknüpft, die 1781 entstandene Hymne „Grenzen der Menschheit":

„Grenzen der Menschheit"

Wenn der uralte
Heilige Vater
Mit gelassener Hand
Aus rollenden Wolken
Segnende Blitze
Über die Erde sät
Küss' ich den letzten
Saum seines Kleides,
Kindliche Schauer
Treu in der Brust.

Denn mit Göttern
Soll sich nicht messen
Irgend ein Mensch.
Hebt er sich aufwärts
Und berührt
Mit dem Scheitel die Sterne,
Nirgends haften dann
Die unsichern Sohlen,
Und mit ihm spielen
Wolken und Winde.

Steht er mit festen,
Markigen Knochen
Auf der wohlgegründeten
Dauernden Erde,
Reicht er nicht auf,
Nur mit der Eiche
Oder der Rebe
Sich zu vergleichen.

Was unterscheidet
Götter von Menschen?
Daß viele Wellen
Vor jenen wandeln,
Ein ewiger Strom:
Uns hebt die Welle,
Verschlingt die Welle,
Und wir versinken.

Ein kleiner Ring
Begrenzt unser Leben,
Und viele Geschlechter
Reihen sich* dauernd
An ihres Daseins
Unendliche Kette.

* In der handschriftlichen Fassung steht „sie“, in allen Drucken, auch den von Goethe autorisierten, finden wir „sich“. „Sie“ müßte syntaktisch auf die Götter bezogen werden, was einen ziemlich unklaren Aussagesinn der Zeilen zur Folge hätte.

Gottesbegriff des Gedichts

Wiederum bildet auch in diesem Gedicht die Auseinandersetzung des Menschen mit den Göttern das thematische Zentrum. Wie in „Prometheus“ oder „Wandrers Sturmlied“ kleidet Goethe die Selbstoffenbarung der himmlischen Mächte in eine Unwetterszene. Aber im Gegensatz zu den Sturm-und-Drang-Texten evoziert das bedrohliche Naturgeschehen nicht Aufbegehren (der Wandrer will Sturm und Regen „Entgegen singen wie die Lerche“) oder prometheische Verachtung, sondern mit einer tiefen Demutsgeste (Vers 7/8) anerkennt das Subjekt die göttliche Überlegenheit. Das Gewitter erfährt sogar eine positive Deutung, insofern das lyrische Ich es als „segnende“ und nicht zerstörerische Erscheinung erlebt. Entsprechend freundlich – im Unterschied zum despotischen Zeus – tritt aus diesen Bildern Gott hervor, in Symbolrollen veranschaulicht als Vater, Priester, Sämann. Das Vater-Kind-Deutungsmuster, gleichfalls von „Prometheus“ und „Ganymed“ her bekannt, erfährt eine inhaltliche Nuancierung. Während in den frühen Hymnen das Verhältnis stark emotionalisiert gestaltet ist, wird es in „Grenzen der

Menschheit“ von einem distanzierten Gefühl der Verehrung geprägt. Der Vater ist ‚uralt‘ und ‚heilig‘, also unendlich fern von menschlicher Seinsweise. Sein gelassenes Handeln bezeugt eine nicht antastbare Erhabenheit. Von ihm erwartet das lyrische Subjekt nicht liebevoll innige Gemeinschaft wie Ganymed, aber auch keine Bedrohung der eigenen Existenz wie Prometheus. Die das Ich erfüllende Grundstimmung ist: Ehrfurcht. Der raumsymbolische Höhenunterschied des Oben und Unten im Bild der 1. Strophe zusammen mit der demütigen Gestik („Küß’ ich den letzten Saum“) und den Empfindungen des kindlichen Schauers beschreiben eindringlich die veränderte Gott-Mensch-Beziehung des Textes. Frühere Schlüsselbegriffe wie „Herz“ und „Liebe“ kennt dieses Gedicht nicht mehr.

Redehaltung, Rhythmus, Stil

Dem neuen Distanzverhältnis entspricht auch die andere Redehaltung. An die Stelle der vertrauten, affektiven Du-Anrede Gottes in den Sturm-und-Drang-Hymnen tritt die unpersönliche Er-Form. Die kommunikative Situation ist nicht mehr dialogisch; das lyrische Ich spricht nur *von* Gott, nicht aber, aus vertrauter Nähe, *mit* ihm. Wenn man sich an die Fülle der leidenschaftlichen Anrufe in „Prometheus“ und „Ganymed“ erinnert, so erscheint der gesamte Sprachduktus von „Grenzen der Menschheit“ sehr verhalten. Gefühlsmitteilung (Strophe 1) und Reflexion (Strophen 2–5), nicht expressiver Gefühlsausdruck kennzeichnen das Gedicht. Auch der rhythmische Verlauf mit dem daktylischen Metrum und der getragenen, feierlich strömenden Bewegung (vor allem der Anfangsstrophe) verstärkt den Eindruck der besonnenen Ruhe, den der Textinhalt beim Leser hervorruft. Das vollzieht sich nicht ohne innere Spannung, wie an den sich aufgipfelnden (Vers 1–6) und dann stufenweise herabfallenden Bögen (Vers 7–10) abzulesen ist. Die durchgehende Zweihebigkeit der Verse und die weitreichende Übereinstimmung zwischen den rhythmischen und syntaktischen Einheiten verleihen dem Gesamttext ein höheres Maß an Ausgewogenheit, als wir es in den Sturm-und-Drang-Hymnen finden.

Die Anfangsstrophe des Gedichts wirkt wie ein Prolog zu den folgenden vier Strophen. Das lyrische Subjekt spricht hier noch in der Ich-Form von sich selbst und seinen Empfindungen. Danach tritt es ganz zurück, und die Redeweise ändert sich grundlegend. Das Personalpronomen der 1. Person kommt überhaupt nicht mehr vor. Anstatt der beim jungen Goethe vertrauten Erlebnismitteilung formuliert der lyrische Sprecher jetzt allgemeine Sollenssätze, Behauptungen und argumentative Begründungen. Während sich in der Jugendlyrik das fühlende Ich stets nach vorn drängt und dadurch eine höchst subjektive Sichtweise schafft, übernimmt es nun die Rolle eines objektiv

urteilenden Kommentators, dessen persönliche Ansicht nicht von Belang ist. Das hängt natürlich damit zusammen, daß das Gedicht – wie sein Titel ankündigt – nicht vom individuellen Schicksal handelt, sondern von den Daseinsbedingungen des Menschen überhaupt. Auch mit dieser Thematik entfernt sich das Werk vom Geist der Genieperiode. Infolge der veränderten Redehaltung entsteht der Eindruck einer größeren Objektivität des Gesagten. Der Leser wird die Aussagen zumal der Strophen 2–5 nicht mehr einem fiktionalen Subjekt zuschreiben, sondern insgeheim dem Dichter selbst. Dadurch verstärkt sich für den Rezipienten die Glaubwürdigkeit des Textinhalts, von dem er ja eindringlich überzeugt werden soll.
Der zweite Gedichtteil (Strophe 2–5) gliedert sich in je zwei Textgruppen, deren erste mit einer apodiktischen Behauptung beginnt (Vers 11–13), an die sich die Begründungen anschließen, während die zweite mit einer Frage eingeleitet wird (Vers 29/30), denen die Antworten folgen. Beide Textabschnitte thematisieren die unüberbrückbare Differenz zwischen den Göttern und den Menschen. Ob dabei an den christlichen Gott zu denken ist oder an unbestimmte transzendente Mächte, mag hier offenbleiben; eine christliche Gottesauffassung läßt sich aber keinesfalls erkennen.

Zentrale Textaussage

Der Beginn der 2. Strophe, der ganz dezidiert ein Vergleichungsverbot ausspricht, bildet die Kernaussage des gesamten Gedichts:

> Denn mit Göttern
> Soll sich nicht messen
> Irgend ein Mensch.

Dieses Verbot kommt einem entschiedenen Widerruf der Aussagen in der „Prometheus“- bzw. „Ganymed“-Hymne gleich. Sie setzen ja, wie andere Sturm-und-Drang-Texte auch, eine Gottähnlichkeit des Menschen oder gar seine Überlegenheit voraus. Dagegen bezieht „Grenzen der Menschheit“ eindeutig Stellung, und zwar nimmt es auch den Dichter, der in der Genieperiode einen Sonderstatus besitzt, nicht aus („Irgend ein“: also *kein* Mensch!).
Das Sich-Messen, also ein verbindliches Maß anlegen, ist bei der Interpretation der folgenden Bilder, mit denen Goethe sein ‚Gebot‘ veranschaulicht, durchaus wörtlich zu nehmen. Im Vorgang des Messens stellen wir räumliche bzw. zeitliche Größenunterschiede fest. Davon geht vordergründig auch das Gedicht aus, wobei sich die Strophen 2/3 auf Raumdimensionen, die Strophen 3/4 auf Zeitkategorien beziehen. Die Unerreichbarkeit des

Göttlichen wird durch den Kontrast zwischen dem menschlichen Wuchs und der Himmelsferne metaphorisch illustriert. Hinter dieser Bildebene liegt natürlich ein tieferer Sinn. Das Subjekt, das nach Gemeinschaft mit den Göttern strebt oder glaubt, mit Hilfe seines Verstandes deren Wesen erfassen zu können („berührt mit dem Scheitel die Sterne" deutet auf den Erkenntnisprozeß hin), verliert den Boden der Realität unter den Füßen. Darin äußert sich eine deutliche Kritik an der subjektiv visionären Ganymed-Haltung. Allgemein formuliert: Der Mensch kann seine naturhafte Gebundenheit nicht übersteigen, ohne seine Existenzbasis zu verlieren. Der zweite Bildteil ist gegen die Auffassungen des Prometheus gerichtet, der sich selbstherrlich auf ‚seine Erde' beruft, den transzendenten Mächten eine Absage erteilt und den Himmel zu ignorieren beschließt. Dadurch bleibt er in seinem Götterbezug noch hinter den hinaufstrebenden Pflanzen zurück, die – wir nehmen hier einen Hinweis von Ursula Segebrecht (1984) auf – ehemals gottgeweiht waren. Die Eiche gehört zu Zeus/Jupiter, und darüber hinaus gilt der Baum von der Antike bis zum Christentum als wichtigstes Lebenssymbol. Der Weinstock ist Sinnbild des Dionysos und seiner Mysterien, Christus wird später oft durch die Rebe dargestellt, der Wein dient als Getränk, das Götternähe herstellt. Sowohl in ihrer äußeren Größenerscheinung wie auch in ihrer mythologisch-theologischen Bedeutung überragen „Eiche oder Rebe" den transzendenzverschlossenen Menschen, der sich nur ans irdische Dasein klammert.

Dualismus des Menschseins und Polaritätsgedanke

Im Grunde widerspricht Goethe damit erneut den isolierten Formen der ‚Verselbstung' (Prometheus) und der ‚Entselbstigung' (Ganymed), weil sie im Falle der extremen Vereinseitigung den Doppelcharakter des menschlichen Daseins, seine Polarität also, übersehen (vgl. U. Segebrecht, 1984, S. 27). Diese leitet sich her aus dem Dualismus des Menschen als Körper- und Geistwesen in eins. Einerseits muß er den Forderungen der sinnlich-physischen Welt gehorchen, der er mit seiner Körperlichkeit zugehört (Strophe 3); andererseits ist er über seine vegetative Verfassung hinaus zur Teilhabe an der geistigen Welt befähigt (Strophe 2). Diese Anschauung vom Menschen als einem Zwei-Welten-Wesen wird in der Philosophie Kants (‚Kritik der reinen Vernunft') grundlegend entfaltet. Schiller greift sie in ihrer quälenden Gegensätzlichkeit auf und ringt in seinen Schriften um eine Versöhnung der beiden Daseinsmomente, die in den Begriffspaaren Natur – Geist, Sinnlichkeit – Vernunft, Erde – Himmel etc. zu erfassen sind. Ihre Harmonisierung bildet ein Kernstück in der Programmatik der deutschen Klassik. Der Mittelteil von Goethes „Grenzen der Menschheit" knüpft an das dualistische Denkmodell an, das seiner Vorstellung von der Polarität aller Erscheinungen nahekommt. In symbolstarken Bildern verdeutlicht er, wie die beiden Lebensbereiche sich wechselseitig eingrenzen und die Möglichkeiten des Menschseins beschränken.

Zeitlichkeit – Ewigkeit

In seinem zweiten Argumentationsgang erläutert das Gedicht den Unterschied zwischen Menschen und Göttern mit Hilfe des Zeit-Phänomens. Die „Prometheus"-Ode nennt ‚Zeit' und ‚Schicksal' als die übergeordneten Herrschaftsmächte, denen alles sich unterordnen muß. Die Hymne „Grenzen der Menschheit" gelangt zur entgegengesetzen Auffassung. Zeitlichkeit wird zum Wesensmerkmal des Menschen, Zeitlosigkeit charakterisiert die Götter. Goethe veranschaulicht diesen fundamentalen Seinsunterschied mit Hilfe des Sinnbilds von Welle und Strom. Das Menschenleben gleicht in Werden, Höhepunkt und Vergehen dem Auf und Ab der einzelnen Welle. Die ihm zugemessene Frist ist kurz, sein Wirken flüchtig wie sie. Doch sein Dasein ist eingebettet in den Fluß der unendlichen Zeit, und wie aus den vielen Wellen der Strom sich formt, so bringen die zahllosen Einzelschicksale das fortlaufende Gesamtgeschehen der menschlichen Geschichte hervor. Allerdings hat das Individuum selbst daran nur einen unscheinbaren Anteil, und seine Berührung mit dem Ganzen begrenzt sich, wenn man Goethes Wellen-Symbol wörtlich nimmt, auf die unmittelbar vor und hinter ihm Lebenden. Das ist keine sehr optimistische Einschätzung unseres Daseins. Auch hängt die Verlaufsweise des Lebens nicht vom jeweiligen Wollen des Einzelmenschen ab, sondern von der Beschaffenheit des Stroms, der ihn erbarmungslos mitreißt, also von den historischen Bedingungen, unter denen er lebt.
Mit Hilfe der rhythmischen Struktur (Verse 34–36) und vor allem der beiden Zäsuren an den Zeilenenden, die den gleichmäßigen Sprachfluß hemmen, ahmt Goethe die zweistufige Wellenbewegung klanglich nach. Die syntaktische Parallelstellung der Verse und ihr identischer Reim („Welle") unterstützen die deprimierende Textaussage: „Uns hebt die Welle, Verschlingt die Welle" – das ist ein und derselbe gewaltsame Vorgang, in dessen sprachlich-rhythmischer Wiedergabe das Disharmonische mitschwingt.
Ganz anders das Dasein der Götter! Sie stehen nicht wie der Mensch innerhalb des Weltgeschehens, sondern der „ewige Strom" fließt vor ihnen vorüber. So hat die Zeit keine Macht über sie; sie betrachten vielmehr, selbst geschichtslos und unveränderlich, das Kommen und Gehen der Ereignisse aus gelassener Distanz. Die unendliche Raumferne und ihr zeitloses Sein geben den höheren Mächten eine sehr abstrakte Erscheinungs-

weise. Im Gedichtanfang faßt Goethe sie noch in das anschauliche Bild des Vaters, dem der Mensch Kindergefühle entgegenbringt, oder in das des ‚Donnerers', der in das irdische Geschehen eingreift. Hier in der 4. Strophe kann der Leser „jenen" Göttern keine konkrete Anschauung mehr abgewinnen. Tatsächlich ist für den Menschen die Vorstellung eines ewigen Wesens außerhalb von Zeit und Geschichte ein reines Gedankengebilde, absoluter Geist, und so verzichtet Goethe nun im Schlußteil des Gedichts auf eine weitere Verbildlichung.

Zeitsymbolik: Bleiben und Vergehen

Im Symbol des Flusses verbirgt sich noch ein weiterer Gedanke. Goethe hat in dem berühmten Gedicht über die Zeit „Dauer im Wechsel" eine oft zitierte Heraklit-Stelle paraphrasiert:

> Ach, und in demselben Flusse
> Schwimmst du nicht zum zweitenmal.

Die These des Vorsokratikers Heraklit – „Alles ist in Bewegung" – will sagen: Der Fluß, in den wir steigen, ist stets ein anderer, und auch wir sind nie dieselben. Im Fortgang unserer Lebensgeschichte wandeln wir uns unaufhörlich, und dasselbe geschieht mit den äußeren Lebensumständen. Das menschliche Leben verläuft also – modern formuliert – nach dem Gesetz der Relativität von Ort und Zeit. Was bei aller Veränderung aber immer identisch bleibt, ist das Fließen selbst, das unaufhörliche Strömen der Zeit. In einer anderen Formulierung bringt Heraklit diese Dialektik von Bleiben und Vergehen zum Ausdruck: „Wir steigen in denselben Fluß und doch nicht in denselben." Paradoxerweise wird der Strom damit zum Sinnbild für das immergleiche und doch stets andere. Goethe löst den logischen Widerspruch dadurch auf, daß er Strom und Welle voneinander sondert. Der Strom repräsentiert das Unvergängliche (Götterdasein), die Welle gleicht dem Vergehenden (Menschendasein). Da aber Einzelereignis (Welle) und Gesamtgeschehen (Strom) in ihrem Vorhandensein wechselseitig aufeinander angewiesen sind, haben beide auch Teil am Sein des jeweils anderen.

Damit kommen wir zum Bildkomplex der letzten Strophe. Goethe wählt eine Symbolik, die der vorangehenden ganz ähnlich ist. Sie soll ebenfalls den dialektischen Zusammenhang von Teil und Ganzem anschaulich machen. Das Leben des einzelnen Subjekts gleicht in seiner räumlich-zeitlichen Begrenztheit einem Ring, das Leben der unendlich Vielen einer endlosen Kette. Wie das Wellen-Symbol evoziert auch der Ring die Vorstellung eines isolierten, von äußerem Zwang bestimmten Daseins. Allerdings verknüpft sich mit dem Ring auch die Idee des Abgerundeten, Vollendeten, denn die Kreisfigur gilt ja als die vollkommenste geometrische Gestalt. Einen Hinweis auf diesen Nebensinn finden wir in der 6. Strophe von Goethes Gedicht „Das Göttliche“ (1783), das in mehrfacher Hinsicht eine Weiterführung von „Grenzen der Menschheit“ darstellt. Es heißt dort:

Nach ewigen, ehrnen,
Großen Gesetzen
Müssen wir alle
Unseres Daseins
Kreise vollenden.

Im Gegensatz zur naturhaften Willkür, der das menschliche Dasein nach dem Strom-Wellen-Vergleich ausgesetzt ist, stellt Goethe hier den Lebensverlauf unter eine höhere, gesetzmäßige Ordnung, die wohl in anderer Formulierung dasselbe meint, was „Grenzen der Menschheit“ als die ewigen Götter bezeichnet. Das Ring-Symbol dieses Gedichts, das vor allem die Eingegrenztheit betont, ist zwar nicht identisch mit dem Kreis-Symbol in „Das Göttliche“, das mehr auf den tätigen Lebensvollzug hinweist, aber die Aussagen beider Bildsymbole sind doch eng verwandt. Beide sprechen vom Gesetz des Müssens.

Sinndeutung des Schlusses: Individuum und Allgemeinheit

Der Schlußteil von „Grenzen der Menschheit“ führt den Gedankengang weiter vom Dasein des Individuums hin zu größerer Allgemeinheit. Wie im Lebenssinnbild des Stroms Welle auf Welle unablässig einander folgen, so bilden die menschlichen Einzelschicksale (Ring) in der Abfolge der Generationen eine unendliche Kette. Jedes in sich abgezirkelte, begrenzte Leben stellt mit seinem Wirken ein unerläßliches Gliedstück im Aufbau des Ganzen dar. Anders als zuvor in der Wellen-Symbolik, die auf ein endgültiges Verschwinden des Subjekts mit dem Tode verweist, tritt nun der Hoffnungsgedanke eines überzeitlichen Bleibens hervor. Begrenzt ist zwar das Dasein des einzelnen Menschen, doch hat es Anteil an der Unendlichkeit der gesamten Menschengeschichte, der es als Gattungswesen angehört. Damit scheint der in Strophe 4 ausgesprochene Gegensatz zwischen Menschen und Göttern teilweise wieder aufgehoben. Auch die nahezu nihilistisch gedeutete Existenz des Menschen („Und wir versinken“) bekommt im Kontext der sich unaufhörlich fortsetzenden Gesamtgeschichte einen positiven Sinn. Allerdings bleibt natürlich für das konkrete Subjekt die temporale Eingeschränktheit bestehen, da es – im Unterschied zu den Göttern – Unendlichkeit niemals real erfährt. So tritt letztlich das Individuum, dem der Sturm und Drang einen so überragenden Status zuerkannte, in „Grenzen der Menschheit“ deutlich hinter die Allgemeinheit zurück, die für Goethe nun die höhere Seinsqualität (Unendlichkeit) besitzt.

Aufklärerisches und zeitkritisches Potential des Textes

Insgesamt erweist sich das Gedicht als ein überaus philosophisches Werk, das man terminologisch zur Kategorie der ‚Gedankenlyrik' rechnen wird. Es knüpft damit an die Gattungstradition der Aufklärung an und weist voraus auf die große philosophische Lyrik der klassischen Periode. In Thematik und didaktischer Intention, weniger in seinem symbolischen Stil, erinnert es in manchem an die Dichtung von Brockes und Haller. Auch dort bilden die Fragen nach dem Selbstverständnis des Menschen und seiner Stellung im Kosmos den thematischen Mittelpunkt. Goethes Gedicht beantwortet sie im Geiste der kritischen Vernunftaufklärung. Es zeigt die Existenz- und Erkenntnisgrenzen des Menschen, es leitet ihn hin zur Anerkennung seiner subjektiven, eingeschränkten Daseinsbedingungen, die er nur durch Einbindung in einen umfassenden humanen Zusammenhang überschreiten kann. Damit ist Goethe von den Positionen der aufklärerischen Lyriker nicht weit entfernt. Ähnlich wie diese wirft sein Text auch für den heutigen Leser Probleme auf, die im Zeitenwandel ständig neu zu bedenken sind. Die in „Grenzen der Menschheit" vertretene Auffassung läßt sich nicht einfach auf die moderne Bewußtseinslage übertragen. Sie ist historisch bedingt und repräsentiert die Sichtweise am Ende des 18. Jahrhunderts. Ob dies auch die unsere sein kann, wäre in der produktiven Auseinandersetzung mit dem Gedicht zu überprüfen. Die einsichtsvolle Selbstbeschränkung des menschlichen Verhaltens wird in vielen Bereichen gefordert, und sie stellt die Voraussetzung für unser Überleben dar. „Grenzen der Menschheit", das hieß im Jahre 1972 mit einem bekannten Buchtitel: „Grenzen des Wachstums". Doch ebenso selbstverständlich geht die Expansion im Geistigen und Ökonomischen weiter voran, wodurch die Dialektik von Fortschritt und Selbstzerstörung immer neue Impulse erhält. Eine religiöse Barriere wie das göttliche Vergleichungsverbot gibt es nicht. Eher ließe sich an einen anderen wichtigen Gedanken des Goethe-Gedichts anknüpfen. Durch die zeitliche Begrenztheit der menschlichen Einzelexistenz droht der Verantwortungszusammenhang mit dem Ganzen aus dem Blick zu verschwinden. Er aber verleiht, wie es der Schluß des Gedichts formuliert, dem individuellen Dasein erst einen bleibenden Sinn.

Schillers „Die Größe der Welt"

Eine aufschlußreiche Ergänzung zu Goethes Text mit vergleichbarem Urteil über die menschlichen Seinsbedingungen bietet Schillers fast zeitgleiches Gedicht „Die Größe der Welt".

Schon an seinem Titel läßt sich die thematische Korrespondenz zu „Grenzen der Menschheit" ablesen. Sein inhaltlicher Schwerpunkt liegt auf der Endlichkeit des Erkenntnisvermögens. Zur Illustration des philosophischen Problems schafft Schiller eine recht anschauliche Szenenfolge. In einem Phantasieflug durch die Weltenräume strebt das lyrische Ich zu den Grenzen des Universums, damit es

> Anker werf, wo kein Hauch mehr weht
> Und der Markstein der Schöpfung steht.

Zum Ursprung alles Seins möchte das Subjekt gelangen, um – wie der rastlose Faust – zu erkennen, „was die Welt im Innersten zusammenhält". Auf diesem Flug „zum Reich des Nichts" begegnet dem Ich ein Pilger, der, aus der entgegengesetzten Richtung kommend, dasselbe Ziel anstrebt. Bei ihrem Zusammentreffen können die beiden einander nur ein und dieselbe bittere Einsicht mitteilen:

> „Steh! du segelst umsonst – vor dir Unendlichkeit!"
>
> „Steh! du segelst umsonst – Pilger, auch hinter mir!
> Senke nieder,
> Adlergedank, dein Gefieder!
> Kühne Seglerin, Phantasie,
> Wirf ein mutloses Anker hie."

Wie in „Grenzen der Menschheit" wird auch bei Schiller das Subjekt durch seine raum-zeitliche Endlichkeit am Erfassen der unendlichen Welt gehindert. Es tut genau das, wovon Goethe in seiner Hymne abrät, es „hebt sich aufwärts Und berührt Mit dem Scheitel die Sterne". Den Idealisten Schiller beunruhigt dabei nicht der Gedanke, daß man den Boden unter den Füßen verliert. Seine Gedicht-Figur ist noch erfüllt vom stürmischen Vorwärtsdrang der „Kronos"-Hymne, und auch der dynamische Stil weist in die Geniephase. Aber die Erfahrung der Grenzenlosigkeit des Kosmos nötigt das Subjekt, sein irreales Ziel aufzugeben. Vernunft muß die Phantasie bändigen, damit der Mensch nicht seine begrenzten Daseinsmöglichkeiten überschätzt. Schillers Text endet in deutlich pessimistischer Stimmung („ein mutloses Anker"), vergleichbar den Schlußzeilen der 4. Strophe von „Grenzen der Menschheit" („Und wir versinken"). Goethe gibt seinem Gedicht, wie wir gesehen haben, eine versöhnliche Wendung. Schillers lyrisches Subjekt, dessen Existenz als völlig einsame gedacht ist, kann aus der Idee eines gesamtmenschlichen Zusammenhangs noch keinen Trost gewinnen.

Goethes ‚Ethik der Entsagung'

Die Begrenzungen des menschlichen Daseins werden bei Goethe mit objektiver Gelassenheit und in einer Haltung des Einverständnisses zur Kenntnis genommen. Damit ist gegenüber dem

Sturm-und-Drang-Denken sozusagen eine höhere Stufe der Weisheit erreicht. Aber gleichzeitig treten nun die aufrührerisch-kritischen Impulse zurück, die von den früheren, gegen die herrschenden Ordnungen sich auflehnenden Dichtungen ausgehen. Adolf Beck hat Goethes frühweimarer Lyrik von der intensiven Beschäftigung des Dichters mit der Ethik der Pythagoreer her interpretiert. Bescheidenheit, Selbstdisziplin, Enthaltsamkeit bilden die Kernstücke dieser vorsokratischen Sittenlehre. Sie treffen mit Goethes Vorstellungen von einem neuen Lebensmaß zusammen. Er hat einige Verse aus den „Goldenen Sprüchen" – einem pythagoreischen Lehrgedicht – übersetzt und in einem Brief an Frau von Stein (8.9. 1780) mitgeteilt:

> Und wenn du's vollbracht hast,
> Wirst du erkennen der Götter und Menschen unänderlich Wesen
> Drinne sich alles bewegt und davon alles umgränzt ist,
> Stille schaun die Natur sich gleich in allem und allem
> Nichts unmögliches hoffen, und doch dem Leben genug seyn.
> (Goethes Werke, HA. Briefe 1, S. 316)

Diese Zeilen können als Motto über dem Lebens- und Dichtungsabschnitt von Goethes frühklassischer Phase stehen. Sie entstammen einem ganz anderen griechischen Geist als dem prometheischen, von dem der Dichter sich nun abgewendet hat. Sie bringen zugleich ein Naturverständnis zum Ausdruck, das für seine eigene, neue Natursicht Geltung gewinnt. Und sie setzen dem faustischen Unendlichkeitsstreben („Den lieb' ich, der Unmögliches begehrt", Faust II,2) die Selbstbeschränkung entgegen.

Motivgleiche oder motivverwandte Texte

J.W. v. Goethe: Einschränkung (auch als 1. Fassg. „Dem Schicksal"). In: Goethes Werke. Hamburger Ausgabe, Bd. 1. München 1974, S. 132. – Ders.: Das Göttliche. In: Klett-Editionen Klassik, S. 39 f. – F. Schiller: Die Größe der Welt. In: Conrady, S. 285 f.

2. Lieder von der Sehnsucht des Menschen nach innerem Frieden – „Wandrers Nachtlied“ und „Ein Gleiches“

Einführung

Inhalt:

Von den neuen Idealen des Maßes, der Bändigung, der Einordnung, die Goethe in „Grenzen der Menschheit“ oder „Das Göttliche“ programmatisch zur Sprache bringt, künden auf andere Weise – im Denken und Empfinden wie in der Formgebung – auch die beiden schlichten ‚Nachtlieder des Wandrers‘. Nicht als reflexiv argumentierende Gedankenlyrik, sondern als poetische Selbstaussprache des Innern treten sie uns in Gestalt des Liedes mit dessen besonderer Gestimmtheit entgegen.

Wandrers Nachtlied

Der du von dem Himmel bist,
Alles Leid und Schmerzen stillest,
Den, der doppelt elend ist,
Doppelt mit Erquickung füllest,
Ach, ich bin des Treibens müde,
Was soll all der Schmerz und Lust?
Süßer Friede,
Komm, ach komm in meine Brust!

Ein Gleiches

Über allen Gipfeln
Ist Ruh,
In allen Wipfeln
Spürest du
Kaum einen Hauch;
Die Vögelein schweigen im Walde.
Warte nur, balde
Ruhest du auch.

Beide Gedichte gehören unmittelbar zusammen, obwohl das erste 1776 und das zweite vier Jahre später entstand. Der Titel „Ein Gleiches“ bedeutet: Noch ein ‚Nachtlied des Wandrers‘, und Goethe verbindet die Texte in den von ihm betreuten Ausgaben im Druck stets miteinander. Die thematischen Beziehungen, die von Schlüsselbegriffen wie „Stille, Frieden, Ruhe“ signalisiert werden, schaffen zwischen beiden Liedern – vereinfacht gesagt – ein Verhältnis von Bitte und Erfüllung. Im frühen Gedicht das Verlangen nach innerer Ruhe – im späteren die Gewißheit ihres Erlangens.

Zum Typus des ,Nachtlieds'

Mit dem Titelhinweis auf die Nacht meint Goethe den Zeitraum des Übergangs vom Abend zur Nacht. Vergleichbar dazu verändert er beispielsweise den Titel „Jägers Nachtlied" in der zweiten Fassung zu „Jägers Abendlied". Die Lieder sind zwar thematisch auf die Nacht hin bezogen, die symbolisch den erreichten Zustand der vollkommenen Ruhe bezeichnet, aber dieser Zustand kann auf der Zeitebene des Gesangs natürlich nicht eintreten. Das ,Nachtlied' als solches besitzt eine lange Tradition in der Liedgeschichte, und diese beeinflußt auch die Rezeption der beiden Goethe-Texte, vor allem des ersten. So verwenden insbesondere zahlreiche Kirchenlieder das Motiv von Nacht oder Abend als Sinnbild für das nahende Ende eines christlich verstandenen Lebens. Eines der berühmtesten Beispiele gibt Paul Gerhardt in seinem „Nun ruhen alle Wälder". In nahezu allen Strophen schafft der Dichter eine Wechselbeziehung zwischen der Tageszeit und der Vorbereitung des Menschen auf das ewige Leben. Zunächst erscheint das Naturbild des späten Abends:

> Der Tag ist nun vergangen,
> Die güldnen Sterne prangen
> Am blauen Himmelssaal;

Dann erfolgt die Übertragung auf das menschliche Sterben:

> Also werd ich auch stehen,
> Wenn mich wird heißen gehen
> Mein Gott aus diesem Jammertal.
> (Conrady, S. 99).

„Der Tag ist nun vergangen", das soll mit dem Titel eines anderen Liedes aus dem 16. Jahrhundert heißen: „O Welt, ich muß dich lassen." In vielen vergleichbaren Kirchenliedern läßt sich das Schema dieser metaphorischen Bedeutung beobachten: Die Nacht meint den Tod, und damit geht meist einher die Bitte um Erlösung und ewiges Leben. Jenseits der geistlichen Dichtung entfaltet die Nacht-Tod-Symbolik ihre Wirksamkeit vor allem in der Lyrik der Romantik, allerdings nicht mit den Bedeutungsnuancen des Bedrohlichen, die im christlichen Lied oft mitschwingen. Die Schlußstrophe von Eichendorffs Gedicht „Der Einsiedler" mag beispielhaft für viele andere stehen:

O Trost der Welt, du stille Nacht!
Der Tag hat mich so müd gemacht,
Das weite Meer schon dunkelt,
Laß ausruhn mich von Lust und Not,
Bis daß das ewge Morgenrot
Den stillen Wald durchfunkelt.
(Conrady, S. 388)

Wie in Goethes erstem ‚Nachtlied‘ wird das ermüdende „Treiben“ des Tages voller „Lust und Not“ mit der ruhebringenden Stille der Nacht konfrontiert. Goethe nennt „Frieden“, was der Romantiker in ähnlicher Bedeutung mit dem „ausruhn“ bezeichnet. Aber Eichendorff knüpft sodann an die christlichen Denkmuster mit ihren transzendenten Bezügen an, denn das „ausruhn“ verweist bei ihm auf den Todesschlaf, der mit dem „ewgen Morgenrot“, also der Auferstehung der Toten, endet. In Goethes Lied ist davon nicht die Rede.

Bedeutung des Wanderer-Motivs

Einen weiteren Interpretationshinweis gibt das im Titel genannte Wanderer-Motiv mit seinen vielfältigen Bedeutungsschichten. Erich Trunz macht darauf aufmerksam, daß sich darin auch ein biographischer Zusammenhang verbirgt. In „Dichtung und Wahrheit“ (Goethes Werke. HA 9, S. 521) berichtet Goethe nämlich, daß man ihn wegen seiner langen Wanderungen, die er unter anderm zur „Beruhigung seines Gemüts“ unternahm, in der Frankfurter Zeit den „Wanderer“ genannt habe. Innerhalb seines dichterischen Werks stellt der Wanderer die zentrale männliche Symbolfigur überhaupt dar (u. a. Faust, Werther, Wilhelm Meister. Dazu Kaiser, 1988, Bd. 1, S. 264 f.). Wichtig für den Zusammenhang mit dem christlichen Nachtlied ist vor allem die symbolische Deutungsebene, die das Leben insgesamt als eine Wanderschaft versteht, deren Ziel im himmlischen Jenseits liegt. Dem pietistischen Kirchenlied von Tersteegen (1697–1769) „Nun sich der Tag geendet“ entnehmen wir, als einem von vielen, die gängige Auslegung im geistlichen Sinn. Es heißt dort in der Schlußstrophe:

Ein Tag der sagt dem andern,
Mein Leben sei ein Wandern
Zur großen Ewigkeit.
(Conrady, S. 161)

Religiöser Textsinn

Goethe kennt selbstverständlich das pietistische Lied- und Gedankengut; er hat der Bewegung durch seine Freundschaft mit der Frankfurter Pietistin Susanne von Klettenberg kurzzeitig nahegestanden. Im Kontext all dieser Voraussetzungen drängt sich die Frage nach dem religiösen Aussagesinn des ersten Wanderer-Liedes unmittelbar auf. Denkt das lyrische Ich, wenn es vom ‚süßen Frieden' singt, an das Lebensende und die ewige Ruhe? Vielfach ist das Lied so aufgefaßt worden, und in der Rezeption des christlich geprägten Lesers, aber nicht nur bei ihm, stellt sich dieses Verständnis ein. Wieweit es von Goethe im Lied intendiert ist, kann sich nur aus genauerer Textbetrachtung ergeben.

Die kommunikative Grundsituation ist gekennzeichnet durch Gebetshaltung und bittende Rede. Das lyrische Ich wendet sich unvermittelt an ein Du, dessen himmlische Herkunft von Beginn an religiöse Vorstellungen evoziert. Durch die Personifikation (Vers 2 u. 4) des bis zum 7. Vers unbekannten Adressaten entsteht der Eindruck, daß es sich um ein göttliches Wesen handeln müsse. Seine Fähigkeit, „Leid und Schmerzen" zu lindern, seine besondere Güte gegenüber dem „doppelt" Elenden, lassen den Leser an Gott oder Christus denken, weil sie ihm aus Bibeltexten und Gebeten in dieser Rolle vertraut sind. Assoziativ wird er an berühmte Worte Jesu erinnert: „Kommt her zu mir alle, die ihr mühselig und beladen seid; Ich will euch erquicken" (Matth. 11,28). Goethe knüpft mit dem Wort ‚Erquickung' an biblischen Sprachgebrauch an, der besonders im Pietismus beliebt ist. Überraschenderweise spricht das Lied dann aber nicht von Gott oder dem Gottessohn, sondern nach langem Hinauszögern in Vers 7 endlich vom „süßen Frieden". Er ist der vom Ich Angerufene und Herbeigesehnte – wiederum durch pietistisch-empfindsame Wortfügung mit christlichem Gehalt aufgeladen. Durch seine Himmelsabkunft besitzt er mit dem Göttlichen unmittelbare Berührung, und er muß aus unendlich ferner Höhe herbeigefleht werden.

Syntaktische Struktur

Um diese Konstellation sprachbildlich zu realisieren, wählt Goethe eine merkwürdige Struktur. Für ihre Beschreibung greifen wir auf Anregungen zurück, die E. M. Wilkinson in ihrem Goethe-Buch (S. 25 ff.) gibt. Das Gedicht besteht aus einem einzigen Satzgefüge, dessen Spannung von der ersten bis zur letzten Zeile reicht. Den Anfang bildet ein attributiver Gliedsatz („Der du von dem Himmel bist"); grammatisch ist er abhängig von dem sechs Zeilen später genannten Subjekt „Süßer Friede", das mit dem letzten Vers „komm in meine Brust" den Hauptsatz bildet. Dazwischen reiht Goethe noch drei weitere Attributsätze (Vers 2–4) und zwei emphatische Ausrufe (Vers 5 u. 6), bis er den erlösenden Zielgedanken formuliert. Durch diese syntaktische Schlußstellung des Zentralbegriffs wird mit formalen Mitteln die inhaltliche Spannung aufs äußerste gesteigert. Zugleich macht die große Distanz zwischen den Hauptteilen des Satzgefüges (Vers 1 u. 7/8) die Ferne des Himmelsfriedens vom bittenden Subjekt auch in der Textstruktur sinnfällig. Vom einen zum andern führt textgrammatisch wie auch der Sache nach ein beschwerlicher Weg, der die Mühen veranschaulicht, die der Mensch von der irdischen Qual bis zum Erreichen der himmlischen Ruhe zurücklegen muß. Die seelischen Spannungen im lyrischen Subjekt werden von Goethe also nicht durch Beschreibungen geschildert, sondern sie sind in die syntaktische Versstruktur selbst eingegangen. Es zeigt sich hier auf staunenswerte Weise, zu welchen Aussageleistungen die Sprache, genial gehandhabt, fähig ist. Die Verse 2–4 sprechen von den Leidempfindungen des Menschen, und auch dafür benutzt der Dichter insbesondere linguistische Phänomene. Die gewundene Satzkonstruktion mit dem untergeordneten Attributsatz 2. Grades (Vers 3) spiegelt etwas von der „äußersten Verkrampftheit des Gefühls“ (Wilkinson). Durch die Fülle der an- und auslautenden Dentale, die gleichsam hinter den geschlossenen Zähnen artikuliert werden, bekommt das Sprechen einen verbissenen Charakter, der vom Leidensdruck kündet und sich im entlastenden Ausruf (Vers 5) Luft schafft.

Wortverdoppelung und Wiederholung

Die Doppelheit des Elends, von der in Vers 3 die Rede ist, wird durch Wortverdoppelungen auch formal zum Ausdruck gebracht, einerseits durch die Zwillingsformel „Leid und Schmerzen“, zum andern im zweimaligen Gebrauch des Wortes „Schmerz“ und – die doppelte Erquickung durch den Frieden vorwegnehmend – im zweifachen „Komm“ der Schlußzeile. Auch die gefühlsbeladene Interjektion „ach“ wird zweimal verwendet. Eine derart gehäufte Wiederholung identischer Wortkörper in einem so kurzen Text ist natürlich bewußt eingesetzt, um Vernetzungen zu schaffen und die Aussagen intensiv zu steigern. Sogar auf den Schlüsselbegriff „doppelt“ wird das Verfahren angewendet, das er selbst anzeigt; Goethe benutzt ihn zweifach, und sein Doppelgebrauch stellt ein Äquivalenzverhältnis zwischen „Elend“ und „Erquickung“ her. Allerdings liegt auf dem zweiten „doppelt“ in der Anfangsstellung von Vers 4 eine weit kräftigere Betonung als auf dem ersten. Dadurch verstärkt sich die aufsteigende Linie der Satzmelodie bis hin zu „füllest“; das „Erquicken“ wird so mit einem Pathos von Erwartungsfreude gegenüber dem „Elend“ deutlich hervorgehoben.

Seelische Verfassung des lyrischen Ich: Leid

In dieser Gedichtmitte ändern sich Sprecherperspektive und Sprachduktus grundsätzlich. War zuvor von den Leidenden und ihrer Tröstung ganz allgemein die Rede, so wendet sich das lyrische Ich jetzt seiner eigenen Verfassung zu. Der Bewegungsverlauf geht also – wie beim nachfolgenden Wandrer-Lied auch – von außen (Himmel) nach innen (Brust), von der Welt zum Ich. Eigene Betroffenheit führt zu einer stärkeren Emotionalisierung der Sprache. Das qualvoll-befreiende „Ach“, der Überdruß am vorwegnimmt.

drängenden Weltgetriebe, die verzweifelte Frage nach dem Sinn der Leidenschaften, das lockende Herbeirufen des Seelenfriedens – dies alles zeugt von der aufgestauten Seelenqual des Sprechers. Sie kommt in den beiden Schlußzeilen dadurch zur Beruhigung, daß der Wanderer die Idee eines friedlichen Daseinszustandes antizipiert. Seine Rede bildet diese Vorstellung der Ruhe in der langsam herabfallenden Klangbewegung nach.

Für die Sinnerschließung des Gedichts und damit auch für die anfangs gestellte Frage nach seinen religiösen Implikationen bleibt noch die Ursache der Klagen des lyrischen Ich aufzuhellen. Die schon erwähnte Formulierung „doppelt elend" gibt dafür einen wichtigen Hinweis. Einerseits kommt darin das ungewöhnliche Ausmaß der Qualen zum Ausdruck: „Leid und Schmerzen". Zum andern läßt sich aus Vers 7 erschließen, daß es für die Not des Subjekts einen doppelten, d. h. aus zwei verschiedenen Quellen stammenden Grund gibt: „Schmerz und Lust". Spätestens hier wird für den Leser erkennbar, daß nicht ein äußeres Unglück oder elende Lebenszustände (wie in Hallers „Gedanken bei einer Begebenheit") das lyrische Ich quälen, sondern die aufwühlenden Erlebnisse im Innern, und zwar die beglückenden ebenso wie die schmerzlichen. In einer früheren Fassung des Gedichts hat Goethe die Polarität dieser Empfindungen, die jetzt bis Vers 6 ‚unterschlagen' wird, von Beginn an kenntlich gemacht. Die korrespondierenden Verse 2 und 6 lauten dort nämlich:

Frühere Textfassung als Interpretationshilfe

Alle Freud' und Schmerzen stillest,
Was soll all die Qual und Lust?

Durch die gleichsam symmetrische Anordnung der konträren Begriffspaare (Freude – Schmerz/Qual – Lust) besteht zwischen beiden Versen ein ausgewogenes Wiederholungsverhältnis. Von vornherein bezieht der Leser die Klage des lyrischen Ich auf die beiden gegensätzlichen Bereiche des Erlebens.
Mit der späteren Fassung:

Alles Leid und Schmerzen stillest,
Was soll all der Schmerz und Lust?

schafft Goethe eine gedankliche Spannung zwischen den beiden Versen, indem er ein inhaltliches Ungleichgewicht herstellt. Er tauscht das vormalige „Freud'" gegen „Leid" aus und erreicht dadurch eine asymmetrische Verstärkung der dunklen, negativen Stimmung in Vers 2. Durch den Fassungsvergleich wissen wir jetzt, daß zwischen „Leid“ (Vers 2) und „Lust“ (Vers 6) eine verborgene Analogie mitzudenken ist. Beide Begriffe stehen in Nachbarschaft zu „Schmerz“ und geraten in dessen semantischen Kontext. So werden Leid- wie Lust-Erlebnis für das lyrische Ich in gleicher Weise zur Schmerz-Erfahrung. Daneben bewirkt die Textänderung in der späteren Fassung eine störende Unstimmigkeit zwischen Artikelgebrauch und Genus der Substantive. Die neutrale Form des Indefinitpronomens „alles“ stimmt zwar zu „Leid“, aber nicht zum Maskulinum „Schmerz“ (Vers 2). Dieselbe Inkongruenz entsteht beim Bezug des Artikels „der“ auf das Femininum „Lust“ (Vers 6). Die ursprünglich ‚stimmigen‘ Verhältnisse in der Frühfassung sprechen dafür, daß Goethe die grammatikalischen Divergenzen bewußt in Kauf nimmt. Das läßt sich unterschiedlich deuten. Die Übermacht der Gefühle, die in beiden Versen formuliert ist, setzt sich geradezu über die grammatische Ordnung der Sprache hinweg, spült sie beiseite. Andererseits spiegelt sich in dieser Härte der syntaktischen Regelverstöße auch eine Disharmonie im Lebensgefühl des Wanderers, die er selbst innerlich nicht zum Ausgleich bringen kann.

Analyse der Schlußverse

Um so anziehender kommt dann die beglückende Vorstellung der friedvollen Harmonie im Schluß zur Geltung. Heftige Kontraste prallen hier aufeinander. Der vorletzte Vers mit seiner Zweihebigkeit, den sich dehnenden Vokallängen und der anschließenden Pausierung schafft sprachlich-rhythmisch den Eindruck tiefer Ruhe. Über das Reimwort „müde“ ist eine Verbindung von „Friede“ zu Vers 5 hergestellt; dort wird all der Unfriede als scharfer Gegensatz in dem abwertenden Begriff „Treiben“ zusammengefaßt, dem das Ich zu entkommen sucht. Was nun aber im Innern des Menschen zur Ruhe gebracht werden soll, das ist vielfältig, und jeder Leser dürfte dabei an je eigene Bedrängtheiten denken. Der weite Auslegungsspielraum des Liedes, das ja allgemeinmenschliche Grundbefindlichkeiten thematisiert, läßt eine Fülle von subjektiv-persönlichen Bezugnahmen zu.

Biographische Interpretation

Ein für Goethe wohl zentraler Aspekt erschließt sich aus der biographischen Kenntnis seines Wesens. Eine ungewöhnlich hohe Reizbarkeit der Empfindungen und heftigste Leidenschaftlichkeit erzeugen im Leben des jungen Dichters eine krankhafte Unruhe. „Goethe lebt in einem beständigen innerlichen Krieg und Aufruhr, da alle Gegenstände aufs heftigste auf ihn würcken“, urteilt K. L. von Knebel in einem Brief an Bertuch (23. 12. 1774). Christian Stolberg schreibt (Mai 1775) über den befreundeten Dichter: „Die Fülle der heißen Empfindung strömt aus jedem Wort, aus jeder Miene. Er ist bis zum Ungestüm lebhaft, aber auch aus dem Ungestüm blickt das zärtlich liebende Herz hervor.“

Goethe selbst klagt in dieser Zeit der Freundin Auguste Stolberg, daß sein Herz „immer auf den Wogen der Einbildungskraft und überspannten Sinnlichkeit, Himmel auf und Höllen ab getrieben“ werde (Brief v. Sept. 1775). Die inneren „Verworrenheiten“, das „Gewürge“ des Herzens, die „dumpfen Gefühle“ (so Goethes Worte) – dies zutiefst Beunruhigende in seinem Leben ist in den vielsagenden Begriff des „Treibens“ eingegangen. Dabei ist der „Gegenstand“, der zeit seines Lebens am heftigsten auf Goethe wirkt: die Liebe. Sie ergreift ihn mit einer fast zerstörerischen Gewalt. In ihrer Doppelnatur macht sie ihn maßlos elend und ebenso glücklich, verwandelt sie ihm „die Welt zur Hölle“ und zugleich auch „zum Himmel“, wie er dem Jugendfreund Behrisch schreibt: „Verflucht sey die Liebe“ (Nov. 1767). Sie nicht allein, aber sie vor allem ist die Quelle von Leid und Lust. Entsprechend gibt er dem Freund, oder vielmehr sich selbst, in der „Dritten Ode“ den poetisch formulierten Rat:

> Sei gefühllos!
> Ein leichtbewegtes Herz
> Ist ein elend Gut
> Auf der wankenden Erde.
> (Goethes Werke. HA. 1, S. 23)

Der Zusammenhang zwischen dieser Aufforderung zu stoischer Gelassenheit und dem Wunsch nach „Frieden“ und „Ruhe“ in den Wandrer-Liedern ist offensichtlich. Im ersten Weimarer Jahrzehnt, in dem diese Lieder entstehen, gelingt Goethe, vor allem durch den Einfluß Charlotte von Steins, eine Bändigung und Läuterung seiner ungestümen Leidenschaften, denen er im Sturm und Drang dichterisch und in seinem Leben noch freien Lauf läßt. Das erste der ‚Nachtlieder‘, das ganz unter dem Eindruck der quälenden Gefühlsschwankungen steht (Liebe zu Frau von Stein), zeigt eine große künstlerische Ausgewogenheit, trotz aller sprachlichen Disharmonien im Textinnern. Der gleichmäßig vierhebige Versbau und der Endreim sind die auffallendsten äußerlichen Merkmale eines neuen Formwillens, mit dessen Hilfe Goethe die emotionalen Spannungen und Ausbrüche des lyrischen Ich durch eine ästhetische Ordnung im Lied aufzufangen sucht. Zugleich aber – wir wissen es aus vielen Zeugnissen des Dichters – ringt er auch für seinen eigenen Lebenszustand um eine neue maßvolle Haltung. In diesem Sinne und nicht als christlich-romantischer Ausdruck von Todessehnsucht sind die Bitten des Wandrers nach Frieden aus der Perspektive Goethes zu verstehen. Es geht ihm in erster Linie um Befreiung von der krankmachenden Reizbarkeit der Seele und der Ohnmacht gegenüber den eigenen

Kunstform und Lebenshaltung

Stimmungen. Goethe hat gerade die romantische Melancholie und die Gefühlshingabe der Romantiker „mit einer Art Haß verfolgt, weil er darin sich und seine mühsam verborgene Gefahr verfolgte!“ (Meyer, 1967, S. 200). Daß das ‚Nachtlied‘ – ebenso wie „Ein Gleiches“ – auch als Lied an den Tod verstanden wird, erklärt sich unter anderem aus den Symbolbedeutungen von „Frieden, Nacht, Ruhe“ (= Tod). Die religiösen Anspielungen und der pietistische Wortschatz verstärken eine solche Auslegung. Man wird bei der Interpretation diese Rezeptionsmöglichkeit mitbedenken müssen, und wir werden das auch bei dem zweiten Lied tun, aber aus dem Zentrum der Goetheschen Lebensanschauungen kommt sie nicht.

„Über allen Gipfeln“: Strukturanalyse

„Über allen Gipfeln“ gilt als eines der vollendetsten kurzen Gedichte deutscher Sprache. Sinn und Klang, Stimmung und Sprache bilden hier eine vollkommene Einheit. Seine große poetische Konzentration (Dichtung als das Verdichtete) und sein hochbewußter Kunstcharakter werden – wie beim vorhergehenden Lied – am ehesten verständlich, wenn man die engen Verschränkungen zwischen Struktur und Aussage aufdeckt, wobei wir in diesem Falle von einer Formbetrachtung ausgehen. Das achtzeilige Gedicht besteht aus vier syntaktisch wie semantisch einfachen Aussagesätzen, die in fast emotionslosem Sprachduktus ‚sachliche‘ Feststellungen textgrammatisch ziemlich isoliert aneinanderreihen. Seine besondere poetische Wirkung entfaltet der Text durch die Versanordnung, die metrisch-rhythmische Gliederung und die Klangbeziehungen; dies sind zugleich die Mittel, mit denen die engen thematischen Beziehungen zwischen den Einzelaussagen auf der formalen Ebene erkennbar gemacht werden.

Keiner der acht Verse des Lieds gleicht einem anderen. Der kürzeste ist einhebig-zweisilbig, der längste dreihebig-neunsilbig. Ebensowenig gibt es ein einheitliches Metrum, die Versfüße wechseln ständig. Wir kennen diese freie Versform aus den aufgeregten Hymnen der Sturm-und-Drang-Zeit. Dort allerdings fehlt auch noch der Endreim, den Goethe jetzt als wichtiges Ordnungsprinzip wieder aufgenommen hat. Es erscheint überraschend, in einem der ruhigsten Gedichte über die Ruhe eine so ungleichmäßige Versstruktur anzutreffen. Sie bildet anscheinend einen dynamischen Gegenpol der Unruhe zu der sonst sehr statischen Gesamtwirkung des Textes. Diese Ungleichmäßigkeit herrscht auch zwischen den vier syntaktischen Einheiten des Gedichts, die den Text in vier unterschiedliche Versgruppen gliedern: 1 u. 2, 3–5, 6, 7 u. 8. Entsprechend überschneiden sich der Satzbau und die Verseinheiten, und nur einmal, in Vers 6, stimmen sie zusammen. Die Gegenläufigkeit dieser Bauprinzipien bewirkt das Auftreten mehrerer Enjambements, deren Tendenz darin besteht, die Bewegung vom Ende der Verszeile in die nächste hinüberzuleiten bzw. Ruhepunkte am Zeilenschluß aufzuheben. Auch das Enjambement besitzt also einen dynamisierenden Effekt. Die relative Häufigkeit der Zeilensprünge in einem so kurzen Gedicht ergibt sich vor allem dadurch, daß Goethe anstelle der längeren, vierhebigen Verszeile

Über allen Gipfeln ist Ruh,
In allen Wipfeln spürest du

jeweils zwei Kurzverse bildet, eine Eigenheit, die wir beispielsweise auch am frühen „Maifest“ beobachten. Der Tempoverlauf wird dadurch merklich erhöht. Aufgrund dieser Versgliederung vollzieht sich eine besondere Akzentsetzung im Inhaltlichen. Jede der ins Gedicht gerufenen Erscheinungen behält ihr eigenes Gewicht. Die „Gipfel“ etwa stehen durchaus für sich und werden nicht einfach mit der „Ruhe“ verschmolzen. Durch die leichte Aufwärtsbetonung am Zeilenende – unterstützt vom ‚Höhenvokalismus‘ des -i-Lauts – kommt, im Unterschied zur gleichförmiger herabfallenden Langzeile, die herausragende Einsamkeit der Gipfelwelt klanglich und textbildlich eigens zur Geltung:

Über allen Gipfeln
Ist Ruh,

Dasselbe trifft auf die „Wipfel“ im fast klangidentischen Vers 3 zu. In beiden Fällen bildet das tieftonige u (Vers 2 u. 4) einen starken Lautunterschied, in dessen Gefälle Stimmungskontraste lautsymbolisch mitschwingen, die gleichzeitig auch im rhythmischen Auf und Ab der ersten vier Zeilen nachgebildet werden. Die „Ruhe“ als der andere, dem Leben nicht ohne weiteres innewohnende Seinszustand bekommt eine eigene Verszeile. Sie ist die kürzeste, und in ihr tritt allein das Wort „Ruh“ langklingend in Erscheinung. Die anschließende ausgedehnte Pause bringt die Sprachbewegung des Textes fast zum Stillstand; ein neuer Anlauf wird nötig, um das Sprechen wieder in Gang zu setzen. Auf solche Weise redet das Gedicht nicht nur von der Ruhe, es stellt sie in ihm selber her. Am Ende von Vers 4 kommt es gleichfalls zu einer kurzen Pause und einer schwebend betonten Heraushebung des „du“. Die Reimkorrespondenz und die Sinnbeziehung zwischen „Ruh“ und „du“ tritt so deutlich hervor. Sie nimmt den zentralen Gedanken des Gedichts („Ruhest du auch“) hier insgeheim schon voraus. Ein untergründiger Gedankenzusammenhang, der über die Klanggemeinsamkeit hinausweist, besteht auch zwischen „Gipfeln“ und „Wipfeln“. Gerade durch die Reimposition der Wörter wird anschaulich, daß es nur eines Morphemwechsels bedarf, um aus dem Bereich des Unbelebten (Felsengipfel) in die organische Natur zu gelangen. So nahe liegen auch im Goetheschen Denken beide Sphären beieinander. Allerdings werden ‚Gipfel‘ und ‚Wipfel‘ im Deutschen zur Benennung der Baumspitze oft synonym verwendet, was den Übergang zwischen beiden Wortkörpern (und ihren Inhalten) zusätzlich erleichtert.

Der 5. Vers, mit dem die zweite syntaktische Einheit endet, klingt adagiohaft, in verhaltener Bewegung aus. Die drei Diphthonge verlangsamen das Tempo beträchtlich. Aufgrund des sich abschwächenden Artikulationsdrucks von k („Kaum“) zu h („Hauch“) verliert die Zeile zum Ende hin an ‚Energie‘, obwohl sie durch die Assonanz zur selben Tonhöhe zurückkehrt. Zusammen mit der zweisilbigen Senkung in der Versmitte entsteht so der Eindruck einer sich wiederholenden Bewegung, die allmählich verebbt. Wieder kommt der Sprachfluß zum Erliegen.

Nach diesen fünf Kurzversen folgt dann die längste Zeile des Gedichts. Sie bildet syntaktisch und semantisch, in Rhythmus und Versbau eine abgeschlossene Einheit, und sie wird auch als erste des Gedichts durch einen Punkt von der folgenden isoliert. Formal handelt es sich um eine Volksliedzeile (dreihebig mit freier Füllung), deren Charakter an ein „wiegendes Schlummerlied“ erinnert (E. M. Wilkinson). Man denke z. B. an ein Lied wie „Die Vögelein sie schlafen“. In einer frühen Abschrift von Goethes Gedicht (bei Herder) lautet der Vers:

> Die Vögel schweigen im Walde.

Auch die Fassung „Die Vöglein schweigen im Walde“ ist überliefert. Die Diminutivform und das e in „Vögelein“ wie in „Walde“ verleihen der Zeile mehr Innigkeit und schwingende Bewegtheit als die strengere Textversion. Und doch geht von dem Vers auch in seiner jetzigen Gestalt eine große Entschiedenheit aus. „Die Vögelein schlafen im Walde“, das klänge viel traulicher, weniger abweisend. Das feindselig wirkende „schweigen“ und die einzeilige Satzstruktur rufen in Erinnerung, daß Nacht und Schlaf alle Wesen voneinander trennen. Das Aufhören des Vogelgesangs hat etwas Bedrohliches, das sich auch auf das Singen des Wanderers auswirkt: Sein Gesang wird ebenfalls einmal enden. Gedanken an den Tod stellen sich – im Kontext mit den Schlußzeilen – ein. Am Versende tritt wiederum eine deutliche Pause ein, doch wird der Übergang zum folgenden Vers durch die Assonanz (Walde/Warte) und das Reimwort „balde“ erleichtert. Die rhythmische Gestalt der Zeilen trägt wesentlich dazu bei, die Stille, von der die Rede ist, im Sprachverlauf spürbar zu machen. Die Verse 7/8, die eine Aufforderung und eine Voraussage in einem Satz zusammenfassen, bestehen aus drei rhythmischen Einheiten. Das erste Kolon („Warte nur") bildet einen ganz leicht abfallenden Melodiebogen, an den sich, vom Komma signalisiert, eine Pause anschließt – das Sprechen selbst muß hier warten. Danach erfolgt ein erneutes Hinaufschwingen des Tons im zweiten Kolon („balde") und nach kurzem, schwebenden Halten am Zeilenende das endgültige, abgestufte Hinuntergleiten der Sprachmelodie bis zum Verstummen. Das einschläfernde Tempo der langvokaligen Wörter wird durch die zweimalige Pausierung noch zusätzlich verlangsamt. So wirken die Sinn- und Klangschichten des sprachlichen Materials zur Herstellung der poetischen Wirklichkeit ‚Gedicht' aufs kunstvollste zusammen. Dazu gehört auch das vom a/u-Vokalismus geprägte Klangmuster der Zeilen. In Vers 7 tritt das ‚a' kraftvoll hervor, in Vers 8 dominiert das ‚u'. Im letzten Wort schließen sich die beiden Haupttonvokale zum Diphthong ‚au' zusammen. Es hat den Anschein, als wolle diese Lautvereinigung vorwegnehmend die „R*u*he" und das „b*a*ld" schon im Gedicht miteinander verschmelzen, obwohl doch das „du" auf diesen Augenblick noch wird warten müssen.

Das Erweiterungsadverb „auch" erhält durch seine finale Stellung im Gedicht eine besondere Aussagekraft. E. M. Wilkinson (1974, S. 22 f.) macht auf die Bedeutungsveränderung aufmerksam, die bei einer Umstellung der Wortfolge eintritt:

Warte nur, balde
Ruhest auch du.

Eine solche Lesart wäre „charakteristisch für unseren abendländischen Subjektivismus", urteilt sie, denn sie räumte dem Subjekt ‚du' „eine Vorrangstellung" ein, „die es im Gedicht selber nicht besitzt". Wir erinnern uns in diesem Zusammenhang an die Schlußzeilen der „Prometheus"-Ode („Dein nicht zu achten/Wie ich"), die ganz von der subjektbezogenen Haltung des Sturm-und-Drang-Dichters erfüllt sind. Jetzt aber rückt Goethe das lyrische Subjekt in eine metrisch unbetonte Nebenposition. Er legt das gedankliche und formale Gewicht auf die Idee des umfassenden Zusammenhangs, für die der Begriff „auch" steht.

Hierarchischer Zusammenhang aller Seinsbereiche

Diese Gesamtheit aller Seinsbereiche mit der in ihnen wirkenden Ruhe wird vom Lied stufenweise ins Bild gebracht. Und zwar verläuft die Bewegung, wie bei so vielen Goethe-Gedichten, von oben nach unten, von der Ferne zur Nähe bis in die menschliche Seele. Der Anfangsvers schafft die Fiktion des von

der Bergeshöhe umher- und herabschauenden Wanderers. Gipfelerlebnisse haben für Goethe im Zuge seiner geologischen Studien (um 1780/82) eine tiefe Bedeutung. In der Abhandlung „Über den Granit“ – ein Hinweis von Wilkinson (S. 18 f.) – spricht er von dem Erlebnis der erhabenen Ruhe, den die „einsame, stumme Nähe der großen, leise sprechenden Natur gewährt“. Er bemerkt den schärfsten Kontrast zwischen dem „ältesten, festesten, tiefsten, unerschütterlichsten Sohn der Natur“, dem Granitgestein, und dem „jüngsten, veränderlichsten, erschütterlichsten Teile der Schöpfung“, dem „menschlichen Herzen“. Und dennoch stellt sich andererseits ein seltsamer Gleichklang der Einsamkeit her zwischen der Gipfelwelt und der Seele des Menschen. (Goethes Werke. HA. 13, S. 255 f.)
So fügt es sich auch im Gedicht, daß die Felsgipfel den Ursprungsort der Stille bilden, während dem Menschen mit seiner schwankenden Unruhe die Endstellung zugeteilt ist. Diese Anordnung entspricht zugleich der Abfolge des Schöpfungsvorgangs, wie ihn die Bibel darstellt: Erde – Pflanzen – Tiere – Menschen. Die Baumwipfel vertreten den pflanzlichen Bereich. Bei ihnen tritt die Ruhe in der Weise ein, daß die Bewegung in ihnen fast ganz aufhört. Goethe verwendet hier den mehrdeutigen Begriff „Hauch“. Gemeint ist natürlich zunächst der Windhauch in der Natur. Doch stellen sich assoziativ weitere Konnotationen ein. Mitzudenken ist etwa der menschliche Atemhauch und – wie G. Kaiser (1988, S. 267) anmerkt – der „Naturhauch und Geisthauch – Pneuma“, vielleicht auch der Todeshauch. Das hat eine lange Tradition. In der vorsokratischen Naturlehre finden wir die These von der Luft als dem kosmischen Prinzip alles Seienden (Anaximenes); die Erschaffung des Menschen vollendet sich in seiner Beseelung durch den Atemhauch Gottes (1. Mos. 2,7); im lateinischen Wort ‚anima‘ fallen die Bedeutungen von Windhauch, Leben und Seele unmittelbar zusammen; unsere Sprache umschreibt das Sterben als ‚Aushauchen‘ des Lebens. Alle diese angedeuteten Sinnbezüge werden bei der Rezeption des Gedichts mehr oder weniger aktiviert. Das Reimwort „auch“, das in seiner Lautgestalt wie „ein Echo von Hauch“ ist (G. Kaiser) stellt die unmittelbare Verbindung zum Du, zum Menschen her, und das bedeutet: So wie der kaum spürbare Hauch das Einschlafen der Natur kenntlich macht, so tritt auch beim Ruhigwerden des Menschen im Schlaf ein Nachlassen des Atmens ein; die Analogie ist vollkommen. Im Atmen aber offenbart sich für Goethe gleichnishaft der gesamte Rhythmus des Lebens. Das ‚Divan‘-Gedicht „Talismane“ drückt diese Anschauung folgendermaßen aus:

„Hauch“: Symbolik von Leben und Tod

mit einem Wort verbundene zusätzliche Vorstellung

Im Atemholen sind zweierlei Gnaden:
Die Luft einziehn, sich ihrer entladen.
Jenes bedrängt, dieses erfrischt;
So wunderbar ist das Leben gemischt.
Du danke Gott, wenn er dich preßt,
Und dank' ihm, wenn er dich wieder entläßt.
(Conrady, S. 266)

Der mehrfach erwähnte, für Goethes Weltsicht charakteristische Gedanke der Polarität tritt uns aus diesen Zeilen wieder entgegen. Im zweiten Nachtlied wirkt er unausgesprochen und untergründig mit. Die Stille des Abends, die Bewegungslosigkeit der Bäume, das Schweigen der Waldvögel deuten auf die Ruhe in allen Wesen, die auch im Ich einkehren soll. Aber sie repräsentieren einen Zustand, dem insgeheim auch sein Gegenpol innewohnt: das Wiedererwachen. Denn die Bäume werden wieder rauschen und die Vögel am kommenden Morgen wieder singen. Der Wanderer sieht sich in diesen Wechsel der beiden ‚Gnaden' eingebettet. Wonach er sich sehnt – ganz deutlich vor allem im ersten ‚Nachtlied' –, ist aber das Festhalten dieser vorübergehenden Stille, das Aufheben des rhythmischen Hin und Her von Tätigkeit und Ruhe („Treiben" und „Frieden"), von Wachen und Schlafen usw. Solches Eintreten von endgültiger Ruhe, wie es das Ich in der Nacht präformiert sieht, vollzieht sich letztendlich erst im Tod. Im vorausblickenden Schluß des Gedichts („balde") ist dieser Gedanke an das Ende der Lebenswanderschaft mitenthalten, in ästhetisch schöner, beruhigender Ausprägung als eine andere Form des Schlafs, als der der Tod hier beglückend erscheint. Das Gedicht gelangt damit an eine Grenze, über die es nicht mehr hinaussprechen kann, denn hinter ihr läge das endgültige Verstummen. Die Ruhe, die das große Thema des Liedes ist, realisiert sich auf allen Ebenen: in den Motiven und Bildern, im Sprechtempo und Rhythmus, in der herabfallenden Gesamtbewegung, in der Stimmung und in den Gedanken, die über die Gedichtgrenze weiterwirken in die Rezeption des Lesers hinein.

Methodische Reflexion

Eine methodisch so ausgerichtete Betrachtung vermittelt uns Einsichten in den hohen Kunstcharakter und in tiefere Bedeutungsschichten des Gedichts. Sie folgt dem klassisch-ästhetischen Dichtungsverständnis Goethes, der vom Kunstwerk verlangt, „daß Stoff, Form und Gehalt sich zueinander schicken, sich ineinander fügen, sich einander durchdringen". Die Form, heißt es erläuternd, verlangt die „Besonnenheit des Dichters", „den Stoff gibt ihm die Welt, der Gehalt entspringt freiwillig aus der Fülle seines Innern" (Noten und Abhandlungen zum Divan. Goethes Werke. HA. 2, S. 178). Wir haben diese gelungene

Durchdringung der Elemente in beiden Liedern darzulegen versucht. Doch kann sie uns für die Auseinandersetzung mit dem Werk nicht genügen. Goethe deutet selbst an, daß der „Gehalt“ von den Gesinnungen („Sinnesart“) des Dichters abhängt, mit denen er der Wirklichkeit („Stoff“) begegnet. Beide strömen ins Gedicht ein und müssen in ihm wiederzuerkennen sein: die Erfahrungen mit der Welt ebenso wie die Bewußtseinshaltung, mit der der Künstler sie verarbeitet.

Biographischer Erlebnishintergrund

Wir haben beim ersten ‚Nachtlied‘ gesehen, daß die Beschwörung des inneren Friedens aus einem zutiefst unruhigen Gemüt und einem Leben voll quälender Spannungen entspringt. Ähnlich verhält es sich mit dem Erlebnishintergrund für die poetische Fiktion der Ruhe in „Ein Gleiches“. Aus Goethes Brief an Frau v. Stein vom 6. 9. 1780, dem Tage, an dem das Gedicht entstand, wissen wir Näheres über den biographischen Zusammenhang. Die Last der mühevollen Verwaltungsarbeiten in Weimar, die Bedrückungen angesichts der Armut der Ilmenauer Bergleute, denen Goethe Beschäftigung und Brot verschaffen möchte, die Verwirrung, in die er durch die Liebe zu Charlotte v. Stein und die Marquise Branconi gerät – das sind einige der äußeren Motive, die den Ruhewunsch des Wanderers miterklären helfen.

Gedichtwelt und Wirklichkeit

Das Gedicht selbst spricht nicht von diesen Frustrationen, es entwirft den Traum einer Gegenwelt. Th. W. Adorno hat in der „Rede über Lyrik und Gesellschaft“ das Gegensatzverhältnis zwischen Kunst und Wirklichkeit grundlegend erörtert. Was an den lyrischen Gedichten „bruchlos und harmonisch dünkt“, befindet er, „zeugt vom Gegenteil, vom Leiden am subjektfremden Dasein“. Es hat das „Moment des Bruches in sich“. Entsprechend sei die Schlußwendung des zweiten ‚Nachtliedes‘ als „Gebärde des Trostes [...] nicht zu trennen von dem, was sie verschweigt, die Vorstellung einer Welt, die den Frieden verweigert“ (S. 80). Nun gelingt Goethe hier ein Lied, das die Vorstellung von innigster Nähe zwischen Mensch und Natur hervorruft, in dem das ruhige Einverständnis des Ichs mit allem Sein sich verwirklicht durch das Einordnen in die Natur. Dem innerseelischen und sozialen „Treiben“ kann das Subjekt scheinbar entkommen auf den einsamen Gipfeln und in den stillen Wäldern. Hier sammelt es sich, wird ruhig und schwingt in eine universale Harmonie ein. Aber der „Bruch“ liegt greifbar zutage: In die Ruhe und wirkliche Versöhnung gelangt das lyrische Ich nur im Schlaf oder im Tod – also in einer anderen Wirklichkeit. Das Gedicht spricht dies nicht aus, aber es verschweigt es auch nicht. Adorno registriert in seinem Schluß den „Schatten der Sehnsucht“ und eine „Trauer“, die Zeugnis geben von der eigentlichen

„Wahrheit“ des Liedes. Wäre dies nicht so, fiele es der Täuschung zum Opfer, die den Schein einer trügerischen Harmonie herstellt und diesen für Wirklichkeit ausgibt.

Literatursoziologische Kritik an Goethes Gedicht

Wir sind im Zusammenhang mit Höltys Ode „Das Landleben“ (Kap. III 1) dem Motiv des Rückzugs aus der Gesellschaft in die Naturidylle begegnet und haben dessen Bedenklichkeiten erörtert. Vergleichbare Fragen wären auch an Goethes Lied zu stellen, und sie sind auch gestellt worden. Peter Heller (1976, S. 76 ff.) kritisiert die vom Gedicht erzeugte Illusion, daß man sich den unseligen Zuständen des Lebens durch Flucht in die Einsamkeit entziehen könne. Er sieht darin einen Ausdruck der „Entsagungs- und Resignationsmentalität“, die in der deutschen Klassik häufiger anzutreffen sei. Die Naturauffassung erscheint ihm als eine Art von Naturfrömmigkeit verdächtig, in der eine Beschönigung der realen Verhältnisse innerhalb der Natur am Werk ist. Heller bezieht in seine Überlegungen auch Brechts Parodie auf Goethes Lied in seiner „Liturgie vom Hauch“ mit ein:

1
Einst kam ein altes Weib einher

2
Die hatte kein Brot zum Essen mehr

3
Das Brot, das fraß das Militär

4
Da fiel sie in die Goss', die war kalte

5
Da hatte sie keinen Hunger mehr.

6
Darauf schwiegen die Vöglein im Walde
Über allen Wipfeln ist Ruh
In allen Gipfeln spürest du
Kaum einen Hauch.

7
Da kam einmal ein Totenarzt einher

8
Der sagte: Die Alte besteht auf ihrem Schein

9
Da grub man die hungrige Alte ein

10
So sagte das alte Weib nichts mehr

11
Nur der Arzt lachte noch über die Alte.

12
Auch die Vöglein schwiegen im Walde
Über allen Wipfeln ist Ruh
In allen Gipfeln spürest du
Kaum einen Hauch.

13
Da kam einmal ein einziger Mann einher

14
Der hatte für Ordnung keinen Sinn

15
Der fand in der Sache einen Haken drin

16
Der war eine Art Freund für die Alte

17
Der sagte, ein Mensch müsse essen können, bitte sehr –

18
Darauf schwiegen die Vöglein im Walde
Über allen Wipfeln ist Ruh
In allen Gipfeln spürest du
Kaum einen Hauch.

19
Da kam mit einemmal ein Kommissar einher

20
Der hatte einen Gummiknüppel dabei

21
Und zerklopfte dem Mann seinen Hinterkopf zu Brei

22
Und da sagte auch dieser Mann nichts mehr

23
Doch der Kommissar sagte, daß es schallte:

24
Und jetzt schweigen die Vöglein im Walde
Über allen Wipfeln ist Ruh
In allen Gipfeln spürest du
Kaum einen Hauch.

25
Da kamen einmal drei bärtige Männer einher

26
Die sagten, das sei nicht eines einzigen Mannes Sache allein,

27
Und sie sagten es so lang, bis es knallte

28
Aber dann krochen Maden durch ihr Fleisch in ihr Bein

29
Da sagten die bärtigen Männer nichts mehr.

30
Darauf schwiegen die Vöglein im Walde
Über allen Wipfeln ist Ruh
In allen Gipfeln spürest du
Kaum einen Hauch.

31
Da kamen mit einemmal viele Männer einher

32
Die wollten einmal reden mit dem Militär

33
Doch das Militär redete mit dem Maschinengewehr

34
Und da sagten alle die Männer nichts mehr.

35
Doch sie hatten auf der Stirn noch eine Falte.

36
Darauf schwiegen die Vöglein im Walde
Über allen Wipfeln ist Ruh
In allen Gipfeln spürest du
Kaum einen Hauch.

37
Da kam einmal ein großer roter Bär einher

38
Der wußte nichts von den Bräuchen hier, das brauchte er nicht als Bär.

39
Doch er war nicht von gestern und ging nicht auf jeden Teer

40
Und der fraß die Vöglein im Walde.

41
Da schwiegen die Vöglein nicht mehr
Über allen Wipfeln ist Unruh
In allen Gipfeln spürest du
Jetzt einen Hauch.

Brecht benutzt die Goetheschen Verse in polemischer Absicht. Er deutet sie als eine ‚Billigung‘ von Unrecht und Gewalt, gegen die ein Dichter immer seine Stimme erheben müsse. In ‚Wanderers Nachtlied‘ entzieht sich aber das lyrische Subjekt jeglicher

Stellungnahme zu den sozialen Gegensätzen zwischen Individuum und gesellschaftlicher Macht. (Sie sind auch nicht sein Thema!) Brecht bedient sich nun des Goethe-Lieds als Refrain, um in der Kontrastierung zu seinen Liturgieversen dessen Haltung als völlig unzulängliche Reaktion auf die Unrechtmaßnahmen in der Gesellschaft zu entlarven. Erst als die „Vöglein“ selbst von der Gewalt betroffen werden, beginnen sie sich zu empören. Das Unglück in der Welt hatte sie nicht gerührt; die Zerstörung des eigenen Friedens in ihrer scheinbaren Idylle schreckt sie endlich auf. Zu spät aber, will die Lehre des Brecht-Gedichts sagen, da sie sich von Beginn an zu gleichgültig gegenüber einem Geschehen verhalten haben, das sie nun selbst verschlingt. Eine von der Sache her begründete Auslegung des ‚Wandrer‘-Lieds ist damit von Brecht natürlich nicht intendiert. Es geht ihm aber um eine kritische Polemik gegen die Harmonisierungstendenzen und die Rückzugsideologie der Klassik, die er in diesem Goethe-Text vorzufinden meint. In einer ähnlichen Lage befindet sich Peter Heller, dessen Vorbehalte sich auch auf den Gedichtschluß erstrecken. Die Todesvorstellung des lyrischen Subjekts erinnert ihn an den ästhetischen Reiz der Melancholie, den die empfindsame Lyrik so sehr schätzt. So kommt im angedeuteten Todesgedanken weniger die unausgesprochene Negativseite der Wirklichkeit zum Vorschein (wie Adorno meint), sondern der Tod fügt sich in die gesamte ‚Beruhigungsphilosophie‘ des Gedichts ein.

Diese literatursoziologische Kritik an Goethes „Ein Gleiches“ offenbart einen Aspekt der Rezeption, der, trotz mancher Ungereimtheit, Beachtung verdient. Sie richtet sich gegen einen Text, von dem die traditionelle Literaturgeschichte meint, er sei repräsentativ für die deutsche Lyrik aus klassischem Geist. Wenn man das Gedicht in diesem Sinne nimmt und nicht als das, was es ist – nämlich der poetisch verallgemeinerte Ausdruck einer vorübergehenden Stimmung in einer konkreten Lebenssituation –, dann werden die geschilderten Einwände verständlich. Doch repräsentativ erscheint es nicht einmal für Goethes Dichtung selbst. Seine Lyrik ist so vielfältig und wechselhaft, daß man den Eindruck gewinnt, man stünde „mit jedem Gedicht oder jeder Gruppe von Gedichten vor einem neuen Dichter“ (Fairley, 1963, S. 140). Entsprechend kommt in den lyrischen Werken des ersten Weimarer Jahrzehnts, in denen die Ideen der menschlichen und künstlerischen Selbstbegrenzung und die Suche nach Harmonie ein Übergewicht erhalten, nur *eine* Seite von Goethes Wesen zum Vorschein. Motive des Rückzugs und der Entsagung spielen hier gewiß eine große Rolle. Aber schon im folgenden Kapitel wird uns wieder ein anderer Goethe mit einer anderen Poesie begegnen.

Goethe = vielseitig in der Dichtung

Motivgleiche oder motivverwandte Texte
J. W. v. Goethe: Über den Granit. In: Goethes Werke. Hamburger Ausgabe, Bd. 13. Hamburg 1966, S. 253–256. – Brief an Charlotte von Stein, 6. Sept. 1780. In: Goethes Werke. Hamburger Ausgabe. Briefe, Bd. 1. Hamburg 1968, S. 314 f.

Sekundärliteratur
Wulf Segebrecht: Johann Wolfgang Goethes Gedicht „Über allen Gipfeln ist Ruh“ und seine Folgen. Texte, Materialien, Kommentar. Reihe Hanser Literatur-Kommentare, Bd. 11. München, Wien 1978. – Th. W. Adorno: Rede über Lyrik und Gesellschaft. In: Noten zur Literatur I. Bibliothek Suhrkamp. Frankfurt/M. 1961, S. 73–104 (insbesondere S. 73–90).

V. Klassische Lyrik – Von Goethes italienischer Reise bis Schillers Tod (1786–1805)

1. Italienerlebnis und Antikenrezeption – Goethes „Römische Elegie VII.“

Aus der für ihn zunehmend bedrückender werdenden Weimarer Enge, aus einseitig idealisierender Selbstbegrenzung und der Eingeschränktheit seiner dichterischen Existenz befreit sich Goethe durch ein einschneidendes Ereignis: die Flucht nach Italien. Von September 1786 bis Juni 1788 bereist er die wichtigsten Stätten und hält sich länger vor allem in Rom auf. Diese Zeit „ist eine der großen Epochen des Einatmens in seinem Leben“ (R. Friedenthal). Er selbst nennt sie später gegenüber Eckermann die einzige Phase, in der er wirklich glücklich gewesen sei. Im ‚Mignon-Lied‘ des „Wilhelm Meister“ hatte Goethe die Italiensehnsucht schon vorformuliert („Kennst du das Land“, 1782/83). Nun aber erlebt der Dichter wirklich die Schönheit der Natur und der Kunst. Insbesondere begegnet er der Antike, die als wichtigste Voraussetzung für das Entstehen der deutschen Klassik gilt. Ihr Beginn wird von der Literaturgeschichte mit Goethes Italienaufenthalt datiert.

Charakteristik der klassischen Lyrik

Wodurch aber ist diese in der Folgezeit errungene klassische Haltung im engeren Sinne geprägt? Für die Goethezeit sind die Begriffe ‚klassisch‘ und ‚antik‘ so eng verknüpft, daß sie als synonym gelten können. Goethe fühlte sich in Italien auf „klassischem Boden“ – Schiller erhoffte sich vom Studium der griechischen Literatur eigene „Classizität“. Die Orientierung der deutschen Klassiker an den griechisch-römischen Vorbildern ist ein komplexer Vorgang, in dem die Aneignung der antiken Kunst, ihre Idealisierung und Umdeutung für das Verständnis der eigenen kulturhistorischen Situation einander durchdringen. Wie sich dies auf die Entwicklung der Lyrik Goethes und Schillers auswirkt, wird an den folgenden Gedichtbeispielen deutlich.

Ein zweiter wichtiger Faktor ergibt sich aus den persönlichen künstlerischen Reifeprozessen, die beide Autoren durchlaufen. Beider Denken wurzelt in der Aufklärung – beide erleben in intensiver Teilnahme die befreiende Sturm-und-Drang-Phase – beide lösen sich bewußt von ihr ab, und vor allem Goethe begreift die Stufe des Klassischen als Überwindung der subjektivistischen ‚Genieperiode'.

Im vorhergehenden Kapitel haben wir an Goethes Lyrik die Entfaltung frühklassischer Positionen veranschaulicht. Für H. A. Korff zeichnen sie sich durch einen „erneuten Kultus der Vernunft" und „das Erwachen eines neuen sittlichen Bewußtseins" aus (Geist der Goethezeit, Bd. II, S. 268). Sie sind ausdrücklich gegen das Naturgefühl und den Irrationalismus des Sturm und Drang gerichtet. Demgegenüber bedeutet nun die klassische Stufe im engeren Sinne eine nochmalige Befreiung von der Vorherrschaft der Rationalität und Moralität. Angestrebt wird jetzt eine entschiedene Harmonie zwischen den natürlich-sinnlichen und vernünftig-sittlichen Forderungen im menschlichen Leben. Beispielhaft konkretisiert sich diese Idee des Ausgleichs in den „Römischen Elegien". Die sinnenhafte Seite des Erlebens von Liebe und Natur, die individuellen Glücksansprüche kommen wieder zu ihrem Recht. Sie erfahren aber – im Unterschied zur Sturm-und-Drang-Dichtung – durch die ‚Vergeistigung' im ausgewogenen Kunstwerk eine Erhöhung, die sie über das bloß Naturhafte hinaushebt, das die Stürmer und Dränger so sehr bevorzugen. Deren unreflektierte Naturbegeisterung wird nun von Goethe ebenso zurückgewiesen wie die normative, sinnenfeindliche Selbsteinschränkung der ersten Weimarer Zeit.

„Natur und Kunst"

Damit kommen wir zu einem weiteren Gesichtspunkt. Die Aussöhnung von Natur und Kunst in einem Harmoniezustand gilt Goethe und Schiller als eines der Zentralprobleme der humanen Kultur. Sie erscheint ihnen in der Kunst der Antike wie selbstverständlich gelöst, und darin liegt ein wesentlicher Grund für ihre Bewunderung des Griechentums. Das Thema wird in der Folge zu einem wesentlichen Programmpunkt ihrer Poetologie. Mit den Kategorien der Harmonie und des Schönen in wechselseitiger Bedingtheit werden für die klassische Kunstauffassung entscheidende Kriterien gewonnen, die ebenfalls über die Sturm-und-Drang-Poetik hinausführen. Sie deuten hin auf ein Literaturverständnis, das in der ästhetischen Vollkommenheit des Kunstwerks einen überragenden Eigenwert erkennt. Die Kunst wird daher zeitweilig innerhalb der klassischen Lyrik zum bedeutendsten Gegenstand ihrer selbst. Mit unvergleichlicher Prägnanz hat Goethe einige wichtige Motive der klassischen Theorien im nachfolgenden Sonett zur Sprache gebracht:

Natur und Kunst, sie scheinen sich zu fliehen
Und haben sich, eh' man es denkt, gefunden;
Der Widerwille* ist auch mir verschwunden,
Und beide scheinen gleich mich anzuziehen.

Es gilt wohl nur ein redliches Bemühen!
Und wenn wir erst in abgemeßnen Stunden
Mit Geist und Fleiß uns an die Kunst gebunden,
Mag frei Natur im Herzen wieder glühen.

So ist's mit aller Bildung auch beschaffen:
Vergebens werden ungebundne Geister
Nach der Vollendung reiner Höhe streben.

Wer Großes will, muß sich zusammenraffen;
In der Beschränkung zeigt sich erst der Meister,
Und das Gesetz nur kann uns Freiheit geben.

(Entst. 1800)

* Gegensätzlichkeit

Der fundamentale Gegensatz zwischen den beiden Seinsbereichen, den sowohl die Aufklärung wie auch der Sturm und Drang behaupten, wird in diesem Gedicht aufgehoben. Für Goethe stellt die Natur grundsätzlich nicht das Vernunft- oder Geistfremde dar. Deshalb kann und soll der Mensch sich als Geist- und Naturwesen in beiden Sphären gleichermaßen verwirklichen. Innerhalb der Natur herrscht – mit Goethes Worten – der „schöne Begriff von Macht und Schranken, von Willkür und Gesetz, von Freiheit und Maß, von beweglicher Ordnung“ – „die Muse“ verleiht diesem dualistischen Sein der Natur eine harmonische Gestalt (vgl. „Metamorphose der Tiere“, V. 50 ff.). Ähnlich setzt das Goethe-Sonett eine strukturelle Vergleichbarkeit von Natur und Kunst voraus, weil beide Vollendung nur nach immanenten Gesetzen hervorbringen können. Formalen Ausdruck verleiht Goethe im übrigen dieser Idee durch die Wahl der Sonettform, die ja die strengste aller lyrischen Formen ist. E. Trunz deutet an, daß die Gedankengänge des Gedichts von Schillers Theorien beeinflußt sind (HA., Bd. 1, S. 610). In ihrem Mittelpunkt steht die Idee der Versöhnung aller Gegensätze zwischen Natur und Geist durch die Kunst. Wir werden bei der Interpretation der „Götter Griechenlands“ näher darauf eingehen.

Ein weiteres Charakteristikum für die Lyrik im engeren klassischen Sinne besteht darin, daß Goethes Sonett nicht primär von einem lyrischen Ich und dessen subjektiven Wünschen spricht (wie er das z. B. im „Ganymed“ tut), sondern von den Daseinsgesetzen der Menschheit überhaupt. Damit ist eine verallgemeinernd objektive Ebene in der Poesie anvisiert. Ebenso verfährt Schiller in seinen großen Gedichten. Als ideal-utopisches Ziel, unter das der Mensch sein Leben stellen sollte, fordert das

Idee der Vollendung

Gedicht: „Nach der Vollendung reiner Höhe streben“ (Vers 11). Das bezieht sich zum einen auf die sittlich humane Haltung; zum andern zielt es auf die poetische Vollkommenheitsidee, denn das eigentliche Thema des Gedichts ist ja die Kunst, und hinter dem lyrischen Subjekt verbirgt sich ein fiktives Dichter-Ich. Hier nähern sich Goethes und Schillers ästhetische Auffassungen einander so weit an, daß man von einem gemeinsamen Klassikkonzept sprechen kann. Schiller hat dies in seiner Rezension „Über Bürgers Gedichte“ (1789) ausgeführt – eine Schrift, der Goethe in einen Brief an Körner (März 1791) ausdrücklich seine Zustimmung gab. Es wird davon später noch die Rede sein. Im Zuge dieser Vorüberlegungen zur klassischen Lyrik sei nur angemerkt, daß auch Schiller das „Streben nach der Vollendung reiner Höhe“ als Vorbedingung auf seiten des Künstlers ansieht, denn nur der „reife, vollkommene Geist“ könne das vollkommene Werk schaffen.

Italienreise und „Römische Elegien“

Das Erreichen dieser ‚hochklassischen‘ Positionen vollzieht sich in Stufen, die sich besonders gut bei Goethe verfolgen lassen (Weimarer Frühklassik, Italienaufenthalt, Bund mit Schiller). Die Periode, von der in diesem Kapitel zu sprechen ist, steht ganz im Zeichen der italienischen Reise. Goethe kehrt von ihr unendlich bereichert und völlig verwandelt nach Weimar zurück. Er erscheint innerlich gelockert, weltzugewandter, von neuen Lebensvorstellungen und Kunstidealen erfüllt. Die ‚Seelenfreundin‘ Charlotte von Stein, von der er sich mehr und mehr entfremdet, charakterisiert ihn wohl zutreffend als „sinnlich“ geworden. Das Natürliche verdrängt nun zunächst in der Rangfolge die Ideen des Reinen und der Entsagung. Wenige Wochen nach der Heimkehr beginnt das ganz unstandesgemäße Liebesverhältnis mit der Blumenbinderin Christiane Vulpius, die er zu sich ins Haus nimmt, als sei er nicht Geheimer Rat im provinziellen Weimar, sondern führe noch ein Künstlerdasein in Rom.

Als künstlerisches Resultat des Italienaufenthalts entsteht von Herbst 1788 bis zum Frühjahr 1790 – also in politisch aufregendster Zeit – der Zyklus der „Römischen Elegien“, eine Sammlung von zwanzig Gedichten, in denen die neuen Merkmale der klassischen Lyrik gegenüber den erörterten frühklassischen Texten anschaulich hervortreten. Es handelt sich großenteils um sinnlich nuancierte Liebesgedichte (der Ersttitel lautete „Erotica Romana“), die damals viel Anstoß erregten. Aufgrund der thematischen Ausrichtung unserer Darstellung wählen wir mit der ‚Elegie VII.‘ ein inhaltlich anders akzentuiertes Textbeispiel:

O wie fühl' ich in Rom mich so froh! gedenk' ich der Zeiten,
Da mich ein graulicher Tag hinten im Norden umfing,
Trübe der Himmel und schwer auf meine Scheitel sich senkte,
Farb- und gestaltlos die Welt um den Ermatteten lag,
Und ich über mein Ich, des unbefriedigten Geistes
Düstre Wege zu spähn, still in Betrachtung versank.
Nun umleuchtet der Glanz des helleren Äthers die Stirne;
Phöbus rufet, der Gott, Formen und Farben hervor.
Sternhell glänzet die Nacht, sie klingt von weichen Gesängen.
Und mir leuchtet der Mond heller als nordischer Tag.
Welche Seligkeit ward mir Sterblichem! Träum' ich? Empfänget
Dein ambrosisches Haus, Jupiter Vater, den Gast?
Ach! hier lieg' ich und strecke nach deinen Knieen die Hände
Flehend aus! O vernimm, Jupiter Xenius, mich!
Wie ich hereingekommen, ich kann's nicht sagen: es faßte
Hebe den Wandrer und zog mich in die Hallen heran.
Hast du ihr einen Heroen herauf zu führen geboten?
Irrte die Schöne? Vergib! Laß mir des Irrtums Gewinn!
Deine Tochter Fortuna, sie auch! die herrlichsten Gaben
Teilt als ein Mädchen sie aus, wie es die Laune gebeut.
Bist du der wirtliche Gott? O dann so verstoße den Gastfreund
Nicht von deinem Olymp wieder zur Erde hinab!
„Dichter! wohin versteigest du dich?“ – Vergib mir: der hohe
Kapitolinische Berg ist dir ein zweiter Olymp.
Dulde mich, Jupiter, hier, und Hermes führe mich später
Cestius' Mal vorbei, leise zum Orkus hinab.

2 Norden: Deutschland **8** Phöbus: Beiname Apolls, Licht- und Sonnengott **12** ambrosisch: von Ambrosia, Speise der Götter **14** Xenius: Beschützer der Fremden **16** Hebe: Göttin der Jugend, Tochter u. Mundschenkin des Zeus **17** Heroen: Halbgötter, Helden **19** Fortuna: Schicksalsgöttin **24** Kapitol: römischer Hügel, wo Jupiter verehrt wurde **25** Hermes: Gott, der die Seelen in den Orkus leitet **26** Cestius' Mal: Pyramide des Römers Cestius; Orkus: Unterwelt

Rezeptionsprobleme

Die unvermittelte Textlektüre wird – im Unterschied zu den bisher besprochenen Goethe-Gedichten – Befremden auslösen. Die Hauptschwierigkeiten ergeben sich einerseits aus der altertümlich anmutenden elegischen Versform, deren Kunststil den historischen Abstand zur Klassik ausdrücklich bewußt machen dürfte. Zum andern hat das 20. Jahrhundert die Kenntnis der Mythologie als Mittel der Verständigung verloren. „Mit Hilfe der Mythologie hat man von jeher die Welt begriffen, und die Lyrik hat deshalb für lange Zeit der Mythologie bedurft und sie auf die verschiedenen Weisen benutzt“ (Killy, 1972, S. 68). Goethe tut dies in den „Elegien“ wie selbstverständlich und in großem Umfang. Neben Natur, Liebe und Kunst bildet die mythologische Überlieferung ein zentrales Thema des Zyklus. Sie ist, wie die antike Versform, auffälligstes Merkmal für den kulturhistorischen Rückbezug der Gedichte. Für den heutigen Leser stellen die Mythen ein ‚versunkenes Bildungsgut' dar, das zum Lektüreverständnis erst heraufgeholt werden muß. Aber auch damit wird das Befremdliche solcher Gedichte nicht beseitigt. Man muß es vielmehr bestehen lassen und versuchen, in die Andersartigkeit ihrer Welt- und Kunstanschauung hineinzugelangen.

Elegie: formgeschichtliche Aspekte

Seine stilistische Prägung erhält das Gedicht durch die antikisierende Wortwahl und Syntax, aber vor allem durch die Versgestalt. Goethe knüpft an die Tradition der römischen Elegiendichtung an. Ursprünglich stellt die Elegie eine Gedichtform in Distichen dar. Das Distichon ist ein Zweizeiler, bestehend aus einem Hexameter und einem Pentameter, beides Verse mit sechs daktylischen Versfüßen:

–́ ◡◡ –́ ◡◡ –́ ◡◡ –́ ◡◡ –́ ◡◡ –́ ◡◡ (Hexameter)

–́ ◡◡ –́ ◡◡ –́ | –́ ◡◡ –́ ◡◡ –́ (Pentameter)

In der deutschen Übernahme dieser antiken Verse erscheinen die romanischen Längen als Hebungen, die Kürzen als Senkungen:

x́ x x́ x x x́ x x x́ | x x́ x x x́ x (Hexameter)
O wie fühl' ich...

x́ x x x́ x x x́ | x́ x x x́ x x x́ (Pentameter)
Da mich ein graulicher Tag...

In beiden Fällen handelt es sich um sechshebige Verse mit allerdings unterschiedlicher Füllung. Beim Pentameter fehlen nach der 3. und 6. Hebung die Senkungen; der Vers ist also katalektisch gebaut. Er besitzt nach dem 3. Versfuß eine feste Zäsur und fällt zum Versende deutlich herab. Er tritt fast nie allein auf, sondern zusammen mit dem Hexameter im Distichon oder Epigramm. Im Hexameter kann die Zäsur an verschiedenen Verspositionen stehen, wodurch eine gewisse Flexibilität entsteht. Er ist der Grundvers der griechischen und römischen Epen, vor allem des Homer. Übernommen wird er u. a. von Klopstock im „Messias", von Voß für seine Homer-Übersetzungen und von Goethe in „Hermann und Dorothea". Die Verwendung der Elegie durch Goethe, Schiller und Hölderlin soll in besonderer Weise den Geist der antiken Poesie verlebendigen. Goethe selbst hält sich an das Vorbild der römischen Lyrik, vor allem an Properz (50–15 v. Chr.). Da dessen Dichtungen wiederum am Griechischen geschult sind, stellt sich so auch eine

Beziehung zur Lyrik der Griechen her. Der Begriff der Elegie löst sich dann früh von den rein formalen Bestimmungen ab und definiert sich vom Inhaltlichen her als schwermütiges Klagegedicht voll Liebessehnsucht und Trauer. Goethes „Römische Elegien“ kennen diesen Ton der Wehmut nicht; er wird erst später in der ‚Marienbader Elegie‘ auftreten.

Inhaltsbezogene Textanalyse

Die „Elegie VII.“ gliedert sich entsprechend ihrer Thematik in zwei größere Komplexe: 1) die Reflexionen des lyrischen Ich über seine vergangene und gegenwärtige Lebenssituation; dieser Teil besteht aus einem stilistisch sehr einheitlich organisierten Monolog. 2) Die Vision einer Begegnung des Subjekts mit dem Gott Jupiter (griech. Zeus), die als fiktiver Dialog mit lebhaftem Tonwechsel gestaltet ist.

In der Anfangszeile klingt ein Leitmotiv des ganzen Gedichtzyklus an: das Glückserlebnis des Italienaufenthalts, das über zwei Jahrhunderte größte Faszination auf die deutschen Künstler und Dichter ausgeübt hat. Es gewinnt für das lyrische Ich an emotionaler Intensität besonders durch die Kontrastierung mit der Seinsweise des Menschen im Norden. Goethe faßt diesen Gegensatz in eine Bildreihe, die den Witterungserscheinungen entnommen ist. Die erste Hälfte umschreibt in erinnerndem Imperfekt die Nebelwelt der nördlichen Heimat. Schwer und trübe lastet der Himmel dort auf dem Gemüt der Menschen. Entsprechend freudlos und gelähmt stellt sich seine psychische Verfassung dar: schwunglos („den Ermatteten“) und unzufrieden verfällt es in trübsinnige Gedanken über sein Schicksal (Vers 5/6). Goethe benutzt die Verben „senken“ und „versinken“ in analoger Stellung, um die Korrespondenz zwischen Welt und Ich zu verdeutlichen. Die Unerfülltheit der geistigen Bedürfnisse treibt das lyrische Subjekt – und wir dürfen hier gewiß an Goethe in Weimar denken – in die Einsamkeit („düstre Wege“). Die Reflexion über diesen Zustand als ein unfruchtbares Kreisen des Ich um das Ich potenziert noch die Isolierung und stellt keinen Ausweg dar. Es fällt nicht schwer, die ‚Nachtlieder des Wandrers‘ mit solch deprimierenden Stimmungen in Verbindung zu bringen. Die Bewegungslosigkeit und Stille in „Über allen Gipfeln“ bekommen von der „VII. Elegie“ her eine eher negative Bedeutungsschwere.

Wo die lebendige Wirklichkeit der Dinge verschwindet, wo sich im grauen Nebelschleier alle Konturen auflösen (Vers 4), da geht die Ich-Welt-Beziehung gänzlich verloren. Optisch und akustisch erscheint die Realität des Nordens aus der Sicht des Südens gleichsam wie tot. Ebenso erscheint dem lyrischen Subjekt sein früheres Dasein als lebloses Leben. Das betrifft vor allem den Bereich der Sinne, die bei der gleichförmig tristen

Existenzweise keine Funktion mehr besitzen. Noch Gottfried Benn, der letzte große Dichter des Südkomplexes, hat die Reflexionsmanie und die sinnliche Verarmung des nordischen Menschen klagend besungen und als Symbolfigur Immanuel Kant benannt („Der Garten von Arles"). Über die subjektive Situation des lyrischen Ich hinaus spielt auch Goethes „Elegie" auf die Wesensart an, die generell dem Nordmenschen nachgesagt wird: schwerblütige Geist-Orientierung, Verlust des Sinnlichen und der Heiterkeit.

Dem stellt Goethe in den folgenden vier Versen kontrapunktisch die südliche Seinsweise gegenüber. Zur ‚umleuchteten Stirn' – im Gegensatz zum gesenkten Haupt – gehört der erhobene Blick voller Klarheit auf die Welt. Diese romanische ‚clarté' bezeichnet formelhaft-pauschal einen vermeintlichen Gegenpol zur Dunkelheit nordischen Denkens. Sie geht hervor aus der Lichtfülle der mittelmeerischen Natur, die sich im Gedicht durch Häufung und Wiederholung entsprechender Wortgruppen (Glanz/glänzen – hell – leuchten) realisiert. Der sonnendurchflutete Himmel des Südens wird vom Ich nicht als bloßes Naturschauspiel bewundert, wie vom heutigen Italienreisenden, sondern ursächlich mit dem antiken Mythos vom Sonnengott Apoll in Verbindung gebracht. Dadurch erfolgt eine Anknüpfung an griechische Weltdeutung schon auf der Stufe des Naturerlebens. Aber es tritt sogleich die Sphäre der Kunst hinzu. Denn Apoll ist nicht nur Lichtgott, sondern auch Gott der bildenden Künste, und zwar der maßvoll strengen, heiter vernunftgeordneten Kunst des Apollinischen im Gegensatz zur rauschhaften Ausdruckskunst des Dionysischen, welcher der Sturm und Drang zuneigte. Die „Formen und Farben" (Vers 8), die ganze sinnliche Fülle des Seins, die Apoll hervorbringt, läßt sich also auf die Naturschönheit beziehen, aber ebenso auf die vollendete Schönheit der Kunstgegenstände. Kunst und Natur: sie treten für Goethe in Italien in ein neues Beziehungsverhältnis.

Zur Kunst wie zur geselligen Lebensweise des Südens gehört die Musik, gehören die „weichen Gesänge" (Vers 9), die von der gefühlvollen Mentalität und der ausdrucksbereiten Heiterkeit der Italiener künden und von der melodischen Schönheit ihrer Sprache. Musik belebt die Nacht des Südens. Sie besitzt mehr Glanz und Lebendigkeit als der nördliche Tag. Diese römischen Nächte, von denen Goethe in der „Italienischen Reise" schwärmt, wird der Leser der ‚Elegie' kaum je als Symbol des Todes verstehen wie bei den früheren ‚Nachtliedern'.

Unter solch glücklichen äußeren Umständen, dem idealen Klima für das Schöne, Harmonische, Gesunde in Natur, Kunst und Gesellschaft – so interpretieren Herder und Winckelmann den griechischen Mittelmeerraum (Korff, 1977, II. Teil, S. 292) – erwacht das lyrische Ich aus der Lähmung des Geistes und der Sinne zur „Seligkeit“ eines phantastischen Erlebnisses. Die Sprache belebt sich. Kurze Ausrufe- und Fragesätze, Interjektionen verändern den Stil; die Rede wird zur Anrede mit emotionalen und rhetorischen Gehalten. Alles zeugt von innerer Erregung, und der Vorgang selbst, der wie ein Traum erscheint, ist gewiß aufregend genug.

Bedeutung der antiken Mythologie

Das lyrische Ich befindet sich auf unerklärbare Weise im ‚Hause‘ des Gottes Jupiter. Als äußerer Anknüpfungspunkt mag die Tatsache dienen, daß auf dem römischen Kapitol ein Tempel Jupiters stand (Vers 21), in dem er als höchster Gott Roms verehrt wurde. Überdies befand sich auf dem Kapitol die erste öffentlich zugängliche Antikensammlung. Das lyrische Ich bezeichnet nun den Hügel zweimal als „Olymp“, die allen Sterblichen entzogene Wohnstätte der griechischen Götter. Dadurch wird offenkundig, daß die Begegnung mit der römischen Welt, worauf schon die formgeschichtlichen Zusammenhänge der Elegie hinwiesen, in erster Linie eine Vermittlung des Griechischen bedeutet. „Rom war ihnen [Goethe und seinen Mitstreitern] wichtig nur, soweit es Athen in sich aufgenommen, griechische Bildung bewahrt und an das Abendland weitergegeben hatte“, schreibt W. Rehm (1968, S. 21). Entsprechend verlebendigt sich durch den Anblick der römischen Tempelruinen die homerisch-mythische Götterwelt. Daneben erscheinen dem lyrischen Subjekt die unsterblichen Götter in menschlicher Gestalt als griechische Statuen von erhabener Schönheit. Goethe selbst erwirbt in Rom verschiedene Gipsabgüsse von Götterstatuen. Sie stellen für ihn mit ihrer natürlichen Körperlichkeit und der geistigen Durchdringung – während der italienischen Zeit – die höchste ästhetische Vollendung der Kunst dar. Ganz im Sinne des antiken Geistes hebt Goethe dadurch die Distanz zwischen Menschen und Gott auf, wie er sie in „Prometheus“ und schärfer noch in „Grenzen der Menschheit“ behauptet. Dort findet sich das Sinnbild des unterwürfigen Menschen – dem Knienden in der ‚Elegie‘ vergleichbar (Vers 13) –, der mit einer Demutsgeste die Unerreichbarkeit der Götter anerkennt. Im römischen Gedicht erfolgt das genaue Gegenteil. Hebe, die schöne Göttin der Jugend, verschafft dem lyrischen Ich Eintritt in die heiligen Räume. Dort führt das Ich einen durchaus selbstbewußten Dialog mit dem Gott, voller Respekt, aber keineswegs unterwürfig wie in der christlichen Gebetshaltung. Mit der Anrede „Xenius“ appelliert es an die Gastlichkeit Jupiters, auf die es auch mit der herausfordernden Frage „Bist du der wirtliche Gott?“ (Vers 21) anspielt. Indem es sich selbst einen „Gastfreund“ nennt, unterstellt es vorwegnehmend die Bereitschaft des Gottes, den nordischen Fremden freundlich zu empfangen. Sein Eindringen in das Heiligtum erklärt das Dichter-Ich mit ironischer Rhetorik. Der mögliche Irrtum Hebes, sie könnte den „Wandrer" (es sei an diese Selbstbezeichnung Goethes erinnert) für einen „Heroen" gehalten haben, impliziert doch, daß das Ich sich entsprechende Eigenschaften zuerkennt, die eine solche Verwechslung erst erlauben. Wie Goethe eine brüderliche Verwandtschaft zu Homer empfindet (vgl. Rehm, 1968, S. 175), so fühlt sich das lyrische Ich den antiken Helden gleich. Der gesellige Umgang zwischen ihnen und den Göttern prägt auch den Geist der „Elegie". So fordert das Ich Jupiter auf, nach dem Glücksprinzip seiner launischen Tochter Fortuna zu handeln und ihm die Gunst der Aufnahme zu gewähren, für die es sonst keine plausiblen Gründe gäbe. Menschliche Schwächen (Irrtum, Launenhaftigkeit etc.) werden nicht nur den Göttinnen, sondern dem Göttervater selbst unterstellt. Dem korrespondiert auch der vertrauliche Ton. Es bedarf nicht mehr der ekstatischen Beschwörungsgestik des „Ganymed", um der Götterbegegnung teilhaftig zu werden; alles vollzieht sich in der „Römischen Elegie" in durchaus irdischen Formen.

‚Realistische' und visionäre Ebene

Jedoch bleibt der Zielpunkt der Vision sekundär vermittelt. Während das Dichter-Ich sich auf dem Olymp wähnt, mahnt der Gott offenbar in mehrdeutigem Sinn an die römische Realität (Vers 23), die mit der griechischen Idealwelt nicht verwechselt werden soll. Aber das Ich ist sich dessen bewußt; es hatte lediglich eine ‚Interpretation' des Kapitols als Götterhügel vorgenommen, wo es sich wie auf dem Olymp fühlt. So vermischt sich die realgeschichtliche Welt Roms übergangslos mit der mythischen Epoche Griechenlands. Das gilt insbesondere auch für den Schluß. Hier bittet das lyrische Ich um die Gnade, später von Hermes in die Unterwelt geleitet zu werden. Der Weg in diesen Orkus der Sage führt ganz ‚realistisch' an der Cestius-Pyramide, dem Grabmal eines Römers, vorbei. In der Nähe lag Roms protestantischer Friedhof, auf dem Goethe sich sein Grab vorstellte und auf dem sein Sohn August ruht. Wieder gehen die Ebenen des Gegenwärtigen und Vergangenen ineinander über, als wären sie gleichzeitig vorhanden. Und im Bewußtsein des lyrischen Ich, in dem die Antike wieder zum Leben erwacht, ist dies tatsächlich so. Seine Vorstellungskraft reicht durch die Vorwegnahme des eigenen Todes in die Zeitschicht der Zukunft hinein, die wiederum tief in die Vorzeit einmündet (eben in den mythischen Orkus). Durch die spielerische Aufhebung aller Zeit- und Raumunterschiede wie auch der Grenzen zwischen Göttern und Menschen schafft das Gedicht die Illusion, daß der griechische Geist für die eigene Realität noch einmal wirksam und lebendig werden könne. Es stellt zugleich auch die gelungene Erfüllung („Seligkeit“) für das Ich her. Sogar das Ende erscheint in friedlichem Licht. Nach dieser Fülle des erlebten Schönen kann der Mensch beruhigt sterben. Die auffällige Parallelstellung in den Versen 22 und 26 („zur Erde hinab“ – „zum Orkus hinab“) legt eine gedankliche Gleichsetzung nahe: Das Wiederverlassen des kapitolinisch-olympischen Reichs wird geradezu mit dem Tode identisch. Auch hierin liegt Selbsterlebtes des Dichters verschlüsselt. ‚Italien‘, das bedeutet für Goethe eine Erneuerung der natürlich-sinnlichen und geistig-moralischen Lebenskräfte, womit sich ein göttergleiches Hochgefühl einstellt. Ursächlich vermittelt wird dies vor allem durch das Erlebnis der Kunst und ein völlig neues Kunstverständnis. In einem Bericht aus Rom nach Weimar (6. 9. 1787) kleidet Goethe das in ein Bild, das den Abschied mit einbezieht: „Die Türe hab’ ich offen und stehe auf der Schwelle und werde leider mich von da aus nur im Tempel umsehen können und wieder scheiden“ (Goethes Werke. HA., Bd. 11, S. 395). Der Gedanke liegt nahe, den in der „Elegie VII.“ inszenierten Götterbesuch des lyrischen Ich als Gleichnis für den Aufenthalt in den ‚Tempeln‘ der klassischen Kunst zu verstehen – wie Goethe selbst höchste Beglückung aus der Betrachtung und dem Studium der Kunstwerke gewinnt. Im Fortgang des Goetheschen Briefes findet der Schlußgedanke des Gedichts dann seine genaueste Entsprechung: „Leider ist die Anzahl der Kunstwerke der ersten Klasse gar zu klein. Wenn man aber auch diese sieht, so hat man nichts zu wünschen, als sie recht zu erkennen und dann in Friede hinzufahren“ (Goethes Werke, HA., Bd. 11, S. 395).

Kunsterlebnis als Gedichtmotiv

So bestätigt sich die Antikenbegeisterung Goethes in erster Linie als eine ästhetische Erfahrung. Aber sie besitzt unausgesprochen, jedoch stets vorhanden, auch eine religiöse Komponente, die sich schon im Göttermotiv zu erkennen gibt. Kunstauffassung und Glaubensanschauung greifen eng ineinander. Die großen Kunstwerke, das sind nämlich die antiken, das ist Homer. In ihnen ist, wie Goethe schreibt (a. a. O.) „höchste Natur“ und auch „die Notwendigkeit, da ist Gott“. Aber die Götter in diesen Werken sind eben die griechischen. Für das Christentum, „von der Kunstseite“ her besehen, kann sich Goethe nicht erwärmen; „da wirds auch recht erbärmlich“, schreibt er an Herder (4. 9. 1788 – HA. Briefe 2, S. 99). Insbesondere die katholische Orthodoxie ist ihm in der römischen Zeit höchst unsympathisch. Generell geht mit der Wende der deutschen Klassik zur Antike eine Ablehnung christlicher Glaubensinhalte einher. „Heidnischen Geist“ beobachtet man an Winckelmann, dem „Stifter der

Religiöse Problematik

unheilig-gegenchristlichen Welt- und Kunstsicht"; als ‚Heide' bezeichnet sich auch Goethe, und Texte wie seine „Braut von Korinth" oder Schillers „Götter Griechenlandes" stehen für den Vorrang des antiken Glaubens. (Vgl. Rehm, 1968, S. 282 f.) Hier verläuft – wie wir später noch sehen werden – eine der deutlichsten Grenzlinien zwischen der Klassik und der mittelalterlich-katholisch orientierten Romantik.

Möglichkeiten der Textvermittlung

Die textbezogene Erörterung kann die Bedeutung des Gedichts in vielerlei Hinsicht klären helfen, für die anfangs erwähnten Rezeptionsschwierigkeiten läßt sie manche Fragen offen. Ein erfahrungs- und sozialpsychologischer Kontext, in den die „Elegie" sich einordnen läßt, ist das Eintauchen des Menschen in eine fremde Kultur. Damit verbunden ist stets ein Akt der Identitätssuche: das Sich-Erkennen und Sich-selbst-Finden im Wahrnehmen des Fremden. Diese Kultur ist hier der Süden, dessen sehnsuchtsvolle Glorifizierung, abgeschwächt zwar, bis heute bei uns weiterlebt. Er wird noch immer als Antithese zum nördlichen Kulturkreis erlebt, und in der Konfrontation mit ihm kann man daher die eigene Mentalität, zumindest seine Andersheit erkennen. So führen uns die Spontaneität und Fröhlichkeit der Süditaliener stets aufs neue nordische Verkrampftheiten vor Augen. Solche Erfahrungen, die das Gedicht mit emotionaler Aufladung beschreibt, lassen sich auch vom heutigen Leser machen – ebenso wie die Empfindung des Glücks und der Leichtigkeit, die von der Schönheit der Mittelmeerwelt ausgelöst wird. Soweit könnten die Entstehungsbedingungen der ‚VII. Elegie' zu Momenten ihrer Rezeption werden. Wir haben aber gesehen, daß der Bedeutungskern des Gedichts in der römisch-griechischen Antike und ihrer Kunst liegt. Deren Geist auf affektiver Ebene zu vermitteln, ist so gut wie unmöglich. Selbst wenn die antiken Kunstwerke noch immer auf ein großes Interesse stoßen und man sich mit den Mythen der griechischen Götterwelt leicht vertraut machen kann, ihre poetisch-fiktionale ‚Revivikation' (Novalis) bleibt uns befremdlich. Wir können bestenfalls die Vision des lyrischen Ich als heitere Inszenierung eines tiefsinnigen Spiels auffassen, das ästhetisches Vergnügen bereitet. Und das wäre schon sehr viel. Es käme dem Geist der griechischen Göttersagen nahe und entspräche ganz der ‚römischen Stimmung' Goethes. Allerdings handelt es sich dabei für uns um ein Spiel in antikem Sprachgewand und mit antiken Figuren, die Goethe für seine eigene Dichtung fruchtbar zu machen sucht. In welchem Maße das gelungen ist und der Dichter an fremder Kunst zur dichterischen Identität gefunden hat, zeigt sich an der Literatur, die aus der Begegnung mit dem idealisierten Griechenland hervorgegangen ist, etwa an „Iphigenie“ (in Versgestalt) und „Faust II“ und – als Brückenschlag zwischen Antike und Moderne – an den Epen „Reineke Fuchs“ oder „Hermann und Dorothea“. Die „Römische Elegie“ erläutert gleichsam dazu die Vorbedingungen, die diese Entwicklung mit ermöglicht haben.

Sonderstellung des lyrischen Ich

Zur inhaltlichen Grundstruktur der ‚Elegie VII.‘ gehört die Tatsache, daß das lyrische Ich als fiktionale Dichterfigur auftritt. Dadurch entsteht eine Distanz zum Leser, die eine Identifikation mit dem Ich als Rezeptionsmuster ausschließt. Im Gegenteil gelingt die fiktive Begegnung mit den Göttern offenbar nur aufgrund der Sonderstellung des Dichters und seiner visionären Phantasie. Allein dem Künstler schließt sich die untergegangene Welt der Antike noch einmal so auf, daß er sie in poetischer Weise zum Idealbild seiner eigenen Kunst umdichten kann. Während in Goethes „Elegie“ diese Verherrlichung des Dichters mit ironischer Brechung erfolgt, hat Schiller denselben Vorgang in seiner motivverwandten „Dithyrambe“ mit pathetischem Ernst durchgeführt.

Schillers „Dithyrambe“

Dieses Gedicht, das die Formen des altgriechischen Kult- und Dramenliedes nachbildet, gehört in den Kontext der Adaption des Antiken durch die Begegnung eines lyrischen Ich (Dichter) mit den alten Göttern. Es führt in seiner gedanklichen Intention noch über die „Elegie VII.“ hinaus, insofern Schillers Dichterfigur von Jupiter die Unsterblichkeit erbittet. Wiederum Hebe reicht dem lyrischen Subjekt den himmlischen Trank, und der Göttervater gewährt ihm die Gnade, sich als einen der Ihren zu fühlen. Von Abschied und Rückkehr in die Realität ist hier nicht mehr die Rede. Schillers Text kann mithin – zur Erweiterung der Rezeptionsbasis für das Goethe-Gedicht – als dessen idealische Version von der Gottähnlichkeit des Dichters gelesen werden. Bei Klopstock und in der „Prometheus“-Interpretation ist sie uns schon einmal begegnet. Die Fragen, die sich hier stellen und denen wir in den folgenden Kapiteln noch nachgehen werden, kreisen also um das Selbstverständnis des Künstlers aus der Sicht der klassischen Autoren und um unsere heutige Auffassung von diesem anspruchsvollen Gedankenmodell.

Motivgleiche oder motivverwandte Texte

J. W. v. Goethe: Metamorphose der Tiere. In: Goethes Werke. Hamburger Ausgabe, Bd. 1. München 1974, S. 201–203. – Ders.: Mignons Lied („Kennst du das Land“). In: Conrady, S. 254. – Ders.: Römische Elegie V. In: Conrady, S. 255. – F. Schiller: Dithyrambe. In: Conrady, S. 205 f.

Poetologische und lyriktheoretische Texte

F. Schiller: Rezension ‚Über Bürgers Gedichte‘. In: Sämtliche Werke, Bd. 5. München 1960, S. 970–985.

2. Im Konflikt zwischen antiker Humanität und moderner Verstandeskultur – Schillers „Die Götter Griechenlands"

Schillers Griechenbegeisterung

Wie für Goethe, so wird auch für Schiller die Begegnung mit der Antike zum Ausgangspunkt einer tiefgreifenden künstlerischen Selbstklärung und Erneuerung. Im Jahre 1785 berichtet er enthusiastisch vom Besuch des Mannheimer Antikensaals, wo er erstmals – wie zuvor Goethe und Lessing – die griechische Plastik kennenlernt. Von 1787 an widmet er sich intensiver dem Studium der antiken Tragödien, und zur selben Zeit verstärkt sich unter dem Einfluß Wielands, der die „Göttergespräche" des Lukian übersetzt, das Interesse am Griechischen. Goethes „Iphigenie" erscheint 1787 als klassisches Gegenstück zum antiken Drama. Schiller schreibt darüber 1788 eine Rezension voller Bewunderung für „die imponierende große *Ruhe*, die jede Antike so unerreichbar macht, die Würde, den schönen Ernst, auch in den Ausbrüchen der Leidenschaft". Die allseits herrschende Griechenbegeisterung erfaßt auch ihn. Während Goethe 1788 mit der Arbeit an den „Römischen Elegien" beginnt, erscheinen Schillers erste philosophische Gedichte im antiken Geiste: „Die Götter Griechenlandes" und „Die Künstler". Zusammen mit der ab 1795 entstehenden, großen Gedankenlyrik gehören diese Gedichte zum herausragenden Bestand der klassischen deutschen Dichtung. Eine Auseinandersetzung mit ihnen führt den Leser unmittelbar zu wichtigen Fragen des Kunst- und Weltverständnisses der Klassik. Der Glaube an die zentrale Bedeutung der Dichtung für die Verwirklichung menschlicherer Lebensformen steht im Mittelpunkt des Schillerschen Gesamtwerks. Und er teilt diese Überzeugung mit den großen Zeitgenossen seiner Epoche. Wie ein humaneres Dasein beschaffen sein sollte und wie es mit Hilfe der Kunst zu erreichen sei, das beschäftigt Schiller von 1788 bis 1795 in zahlreichen philosophisch-ästhetischen Schriften ebenso wie in seiner lyrischen Dichtung. Das Gedicht „Die Götter Griechenlands", dem wir uns besonders zuwenden wollen, steht am Anfang der klassischen Entwicklungsstufe. Hier kommen die Grundmotive noch relativ ‚unreflektiert' und einseitig zur Sprache – zumindest in der ersten Textfassung von 1788, die Schiller 1793 umarbeitet. Wir gehen von dieser letzten, um neun Strophen gekürzten Textversion aus, werden aber gelegentlich auf die frühere Fassung zurückgreifen.

Die Götter Griechenlands

Da ihr noch die schöne Welt regieret,
An der Freude leichtem Gängelband
Selige Geschlechter noch geführet,
Schöne Wesen aus dem Fabelland!
Ach, da euer Wonnedienst noch glänzte,
Wie ganz anders, anders war es da!
Da man deine Tempel noch bekränzte,
Venus Amathusia!

Da der Dichtung zauberische Hülle
Sich noch lieblich um die Wahrheit wand –
Durch die Schöpfung floß da Lebensfülle,
Und was nie empfinden wird, empfand.
An der Liebe Busen sie zu drücken,
Gab man höhern Adel der Natur,
Alles wies den eingeweihten Blicken,
Alles eines Gottes Spur.

Wo jetzt nur, wie unsre Weisen sagen,
Seelenlos ein Feuerball sich dreht,
Lenkte damals seinen goldnen Wagen
Helios in stiller Majestät.
Diese Höhen füllten Oreaden,
Eine Dryas lebt' in jenem Baum,
Aus den Urnen lieblicher Najaden
Sprang der Ströme Silberschaum.

Jener Lorbeer wand sich einst um Hilfe,
Tantals Tochter schweigt in diesem Stein,
Syrinx' Klage tönt' aus jenem Schilfe,
Philomelas Schmerz aus diesem Hain.
Jener Bach empfing Demeters Zähre,
Die sie um Persephonen geweint,
Und von diesem Hügel rief Cythere,
Ach umsonst! dem schönen Freund.

Zu Deukalions Geschlechte stiegen
Damals noch die Himmlischen herab,
Pyrrhas schöne Töchter zu besiegen,
Nahm der Leto Sohn den Hirtenstab.
Zwischen Menschen, Göttern und Heroen
Knüpfte Amor einen schönen Bund,
Sterbliche mit Göttern und Heroen
Huldigten in Amathunt.

Finstrer Ernst und trauriges Entsagen
War aus eurem heitern Dienst verbannt,
Glücklich sollten alle Herzen schlagen,
Denn euch war der Glückliche verwandt.

Damals war nichts heilig als das Schöne,
Keiner Freude schämte sich der Gott,
Wo die keusch errötende Kamöne,
Wo die Grazie gebot.

Eure Tempel lachten gleich Palästen,
Euch verherrlichte das Heldenspiel
An des Isthmus kronenreichen Festen,
Und die Wagen donnerten zum Ziel.
Schön geschlungne seelenvolle Tänze
Kreisten um den prangenden Altar,
Eure Schläfe schmückten Siegeskränze,
Kronen euer duftend Haar.

Das Evoë muntrer Thyrsusschwinger
Und der Panther prächtiges Gespann
Meldeten den großen Freudebringer,
Faun und Satyr taumeln ihm voran,
Um ihn springen rasende Mänaden,
Ihre Tänze loben seinen Wein,
Und des Wirtes braune Wangen laden
Lustig zu dem Becher ein.

Damals trat kein gräßliches Gerippe
Vor das Bett des Sterbenden. Ein Kuß
Nahm das letzte Leben von der Lippe,
Seine Fackel senkt' ein Genius.
Selbst des Orkus strenge Richterwaage
Hielt der Enkel einer Sterblichen,
Und des Thrakers seelenvolle Klage
Rührte die Erinnyen.

Seine Freuden traf der frohe Schatten
In Elysiens Hainen wieder an,
Treue Liebe fand den treuen Gatten
Und der Wagenlenker seine Bahn,
Linus' Spiel tönt die gewohnten Lieder,
In Alcestens Arme sinkt Admet,
Seinen Freund erkennt Orestes wieder,
Seine Pfeile Philoktet.

Höhre Preise stärkten da den Ringer
Auf der Tugend arbeitvoller Bahn,
Großer Taten herrliche Vollbringer
Klimmten zu den Seligen hinan.
Vor dem Wiederfoderer der Toten
Neigte sich der Götter stille Schar;
Durch die Fluten leuchtet dem Piloten
Vom Olymp das Zwillingspaar.

Schöne Welt, wo bist du? Kehre wieder,
Holdes Blütenalter der Natur!
Ach, nur in dem Feenland der Lieder
Lebt noch deine fabelhafte Spur.
Ausgestorben trauert das Gefilde,
Keine Gottheit zeigt sich meinem Blick,
Ach, von jenem lebenswarmen Bilde
Blieb der Schatten nur zurück.

Alle jene Blüten sind gefallen
Von des Nordes schauerlichem Wehn,
Einen zu bereichern unter allen,
Müßte diese Götterwelt vergehn.
Traurig such ich an dem Sternenbogen,
Dich, Selene, find ich dort nicht mehr,
Durch die Wälder ruf ich, durch die Wogen,
Ach, sie widerhallen leer!

Unbewußt der Freuden, die sie schenket,
Nie entzückt von ihrer Herrlichkeit,
Nie gewahr des Geistes, der sie lenket,
Selger nie durch meine Seligkeit,
Fühllos selbst für ihres Künstlers Ehre,
Gleich dem toten Schlag der Pendeluhr,
Dient sie knechtisch dem Gesetz der Schwere
Die entgötterte Natur.

Morgen wieder neu sich zu entbinden,
Wühlt sie heute sich ihr eignes Grab,
Und an ewig gleicher Spindel winden
Sich von selbst die Monde auf und ab.
Müßig kehrten zu dem Dichterlande
Heim die Götter, unnütz einer Welt,
Die, entwachsen ihrem Gängelbande,
Sich durch eignes Schweben hält.

Ja, sie kehrten heim, und alles Schöne,
Alles Hohe nahmen sie mit fort,
Alle Farben, alle Lebenstöne,
Und uns blieb nur das entseelte Wort.
Aus der Zeitflut weggerissen, schweben
Sie gerettet auf des Pindus Höhn,
Was unsterblich im Gesang soll leben,
Muß im Leben untergehn.

8 Name der Liebesgöttin nach ihrer Kultstätte in der zyprischen Stadt Amathus **20** Sonnengott **21** Bergnymphen **22** Wald- und Baumgöttin **23** Quell- und Flußgottheiten **25** Die Nymphe Daphne, der Apollon nachstellte, wurde auf ihre Bitte von Zeus in einen Lorbeerbaum verwandelt **26** Niobe, die Tochter des

Tantalos, hatte sich wegen ihrer vierzehn Kinder mit der Göttin Leto gleichgestellt; Leto ließ daraufhin Niobes Kinder töten, wonach diese sich von Zeus die Verwandlung in einen Stein erbat **27** Die Nymphe Syrinx wurde auf ihrer Flucht vor dem begehrlichen Waldgott Pan in ein Schilfrohr verwandelt **28** Philomela wurde auf der Flucht vor ihrem Schwager Tereus, der sie vergewaltigt und verstümmelt hatte, in eine Nachtigall verwandelt **29** Demeter beweinte ihre Tochter Persephone, als diese vom Gott der Unterwelt in sein Reich entführt wurde **31** Beiname der Liebesgöttin Aphrodite (Kultstätte auf Kythera); sie klagt um ihren Freund Adonis, den ein Eber tödlich verwundete **33** Deukalion, der Sohn des Prometheus, rettete sich und seine Frau Pyrrha mit einer Arche vor einer großen Sintflut; mit Hilfe von Zeus und Themis begründeten sie ein neues Menschengeschlecht (vgl. V. 35) **36** Apollon, Sohn der Titanin Leto, mußte zur Strafe für eine Auflehnung gegen Zeus dem König Admetos ein Jahr als Ziegenhirt dienen (er nahm nicht, wie Schiller es darstellt, den „Hirtenstab“ freiwillig) **40** vgl. 8 **47** Muse der griech. Mythologie **48** Göttin der Anmut **50–52** Sportliche und musische Wettspiele, auch Wagenrennen auf dem Isthmos v. Korinth **57–61** Bei den Bacchusfesten wurde der Wagen des Gottes von Panthern gezogen und unter Evoërufen von Bacchanten und Bacchantinnen begleitet (Mänaden), die den von Wein- und Efeureben umwundenen Thyrsusstab schwangen **65** Der Tod als Skelett **68** Genius hier: jedem Menschen zugeordneter Schutzgeist **69–70** Am Eingang der Unterwelt saßen drei Richter, die über das Schicksal der Toten urteilten; sie entstammten der Verbindung von Göttern und Menschen **71** Klage des Orpheus um seine Gattin Eurydike, welche die Rachegöttinnen rührt **74** Ort der Seligen in der Unterwelt, wo die vom Tod Getrennten wieder zusammenfinden **77** Sohn des Apollon, ein großer thebanischer Sänger **78** Alkestis war für ihren Gatten Admetos freiwillig in den Tod gegangen, um dessen Lebensfrist zu verlängern; im Orkus finden sie sich wieder **79** Orest und Pylades gelten als Musterfall treuer Freundschaft **80** Philoktet hatte einen immer treffenden Bogen und Pfeile von Herakles bekommen **85** Gemeint ist Orpheus **87–88** Die Zwillinge Kastor und Pollux als Beschützer der Seefahrer helfen dem Steuermann in Not **102** Mondgöttin **116** Monate **126** Gebirgszug in Griechenland; einer der Musensitze

Probleme des Textzugangs

Ähnlich wie Goethes „Römische Elegien" ist Schillers Gedicht mit Elementen der griechischen Mythologie überfrachtet, und dies erschwert den Textzugang erheblich. Denn zunächst müssen die vielen mythologischen Anspielungen, über deren Kenntnis der heutige Leser nicht mehr verfügt, faktisch geklärt und dann ihre Funktionen für das Textganze erörtert werden. Auch nach dieser Mühe bleibt ein Befremdliches erhalten, das nicht einfach zu vermitteln ist. In Goethes „Elegien" erleichtert ein erlebendes Ich mit seinen Gefühlsbekundungen („O wie fühl' ich in Rom") die Annäherung an den Text, wobei es zudem eine noch erfahrbare Wirklichkeit mit ins Spiel bringt. Schillers Gedicht-Ich ‚erlebt' dagegen eine literarisch überlieferte, mythische Welt, die vollkommen vergangen ist oder vielmehr im historischen Sinne nie Wirklichkeit war. So entwickelt sich das Gedicht nicht aus dem Kristallisationskeim eines stimmungshaften Erlebnisses, sondern es entfaltet in weiter gedanklicher Dimension Grundprobleme der abendländischen Kulturgeschichte. Demzufolge erschließt es sich nicht auf der Ebene des emotionalen Mitvollzugs. Es verlangt als philosophisches Gedicht vor allem die Anstrengung der Reflexion, das Verstehen der unterschiedlichen Weltsicht in ihrer kunstvoll herbeigeführten Entgegensetzung. Diese verläuft allerdings nicht ohne Gefühlsbeteiligung des lyrischen Ich, denn es erfährt die Verschiedenheit der antiken und modernen Welt besonders unter dem Aspekt des historischen Verlusts.

Makrostruktur des Textes: Antithese

Dem Gedankengang entsprechend ist das Gedicht deutlich zweigeteilt. Im ersten Abschnitt (Str. 1–11) preist das lyrische Ich voll hymnischer Begeisterung die mythische Daseinsweise der Antike. Es bedient sich dabei – mit einigen Ausnahmen – der Tempusform des Imperfekts, denn die „schöne Welt" (Vers 1) von einst ist verschwunden. Man kann sie nur vergebens herbeisehnen („Schöne Welt, wo bist du? Kehre wieder", Vers 89), nicht aber – wie bei Goethe – als mögliche Erlebnisgegenwart ins Gedicht zurückholen. Folgerichtig stellt sich im zweiten Teil (Str. 12–15) das Gefühl der Trauer ein. Es trauert die Natur (Vers 93) ebenso wie das lyrische Ich (Vers 101). Der Götterhymnus wandelt sich zur elegischen Klage über das Verlorene und die Unzulänglichkeiten der Gegenwart. Diese Antithese bildet die formale und thematische Grundstruktur des Textes und mithin den Leitfaden für seine interpretatorische Erschließung insgesamt.

Thematisch orientierte Textinterpretation

Erste wichtige Signale setzt der Gedichttitel „Die Götter Griechenlands". Er ruft die vorhistorische Ferne der Thematik ins Bewußtsein und verweist auf die Bedeutung religiöser Motive; auch deutet er voraus auf die Gewichtung, die der Text vornimmt (11 von 16 Strophen sind den Göttern vorbehalten). Außerdem benennt er die Kommunikationsadressaten der großen Rede des lyrischen Ich im ersten Teil. Gleich von Beginn an werden die Götter direkt angesprochen. Dadurch entsteht der Eindruck, als seien sie in der Gegenwart des Sprechers tatsächlich anwesend, aber durch die Verwendung des Imperfekts (in der Erstfassung heißt es zu Anfang noch eindeutiger „regiertet" und „führtet") und die Häufung des temporalen „noch" (Verse 1, 3, 7, 10, 34) entsteht eine Spannung zwischen dem Bewußtsein ihrer Vergangenheit und ihrer sprachlichen Vergegenwärtigung. Trotzdem schafft die persönliche Du-Anrede eine fiktive Nähe der Götter zum Ich, die beim Gebrauch der 3. Personalform fehlt. Immanent klingt mit der Beschwörung der Götterwelt schon in der 1. Zeile der Gegensatz zur realen Zeitsituation des Sprecher-Ich an, denn das „Da (damals als) ihr noch" evoziert sogleich ein „heute nicht mehr". Jene vormalige Wirklichkeit, die von überirdischen Wesen mit heiterer Gelassenheit gelenkt wurde, erscheint durch zahlreiche Epitheta mit positiven Gefühlswerten in freundlichstem Lichte geschildert: „schön, selig, lieblich, heiter, glücklich". Das sind gehäuft verwendete Begriffe im ersten Teil des Gedichts, die dem Leben in mythischer Zeit eine unvorstellbare Fülle an Glück zuschreiben. Aus seiner eigenen Gegenwartsperspektive zurückblickend, trifft das lyrische Ich die Feststellung: „Wie ganz anders, anders war es da!" Das heißt: Um wieviel schöner und besser waren die Daseinsbedingungen in der Antike, wobei Schiller als historisch Denkender gewiß nicht die geschichtliche Realität meinen kann. Vielmehr vollzieht das Gedicht eine rhetorische Verherrlichung des Griechentums. Der Leser muß sie in dialektischer Weise als stets mitschwingende Negation der gegenwärtigen Zeit verstehen, so daß Schillers Text von der ersten Zeile an radikal zeitkritisch ist.

Antike und christliche Religiosität

Die folgenden Strophen müssen die apodiktische Behauptung des *„ganz anders"* im einzelnen belegen und erläutern. Dabei tritt zunächst das religiöse Thema in den Vordergrund, denn die vormalige Anwesenheit der Götter auf der Erde bildet den Ausgangspunkt des Gedichts. Ihre ‚Herrschaft' ließ sich freudig und leicht ertragen; der sie verehrende Gottesdienst wurde zur Quelle höchsten Entzückens, zum „Wonnedienst" (Vers 5). Bemerkenswert ist die ausdrückliche Hervorhebung der Venus, weil der Name der Göttin etymologisch und semantisch an ‚Wonne' anknüpft; das lat. Substantiv ‚venus' (Schönheit, Liebe etc.) ist mit dem deutschen ‚Wonne' wurzelverwandt. Die sinnliche Liebesfreude spielt eine dominierende Rolle in der griechischen Mythologie und insbesondere auch im Verhältnis zwischen den Göttern und den Menschen. Zweimal erwähnt das Gedicht die Venus-Verehrung (Vers 7/8 u. 39/40), und es hebt zudem die wichtige Funktion des Liebesgottes Amor hervor (Vers 38). Schon die rokokohafte Metapher von der „Freude leichtem Gängelband“ verweist auf die weltzugewandte Sinnenfreudigkeit in der antiken Götterlehre. Wie weit dies alles von der Sinnenfeindlichkeit der christlichen Orthodoxie entfernt ist, bedarf keiner weiteren Ausführung. Schiller formuliert es umfassend in Vers 41: „Finstrer Ernst und trauriges Entsagen“ kennzeichnen die moderne Religion. Dagegen findet die Heiterkeit des antiken Götterdienstes ihren Ausdruck in den prachtvollen Bauten („Eure Tempel lachten“), in den den Göttern geweihten Kampfspielen, in den Tänzen am Altar, im Schmuck der Götterstatuen und anderen ‚heidnischen‘ Kulthandlungen, in denen sich religiöse Verehrung durchs Ästhetisch-Sinnliche bekundet. Schiller zögert sogar nicht, die Dionysos-Mysterien mit ihren bacchantischen Ausschweifungen hier in durchaus positivem Sinne einzuordnen. Das Anderssein des griechischen Götterglaubens gegenüber dem Christentum zeigt sich vor allem in dieser vorbehaltlosen Diesseitsbejahung mit dem Recht auf unbegrenzte Lebensfreude.

Ein zweiter, sehr wichtiger Gedanke betrifft die wahrnehmbare Präsenz der Götter im Irdischen. Die gesamte Schöpfung ist durchzogen von ihren Spuren. Die Natur wird dadurch dem Göttlichen verwandt („geadelt“) und mit Empfindungsvermögen ausgestattet. Vergleichbare Vorstellungen treten in der frühen Aufklärungslyrik auf (vgl. Brockes' „Die Traubenhyazinthe“, Kap. I1). Aber sie haben dort einen anderen Sinn. Der Aufklärer nennt die Natur ‚göttlich‘, weil in ihr die vernünftigen Ordnungsgesetze Gottes herrschen. Gerade darin liegt für Schiller – wie sich im Schlußteil des Gedichts zeigt – die Verarmung der modernen Naturauffassung. Schon in der 3. Strophe demonstriert er die unterschiedliche Sichtweise am Beispiel der Lichterscheinung der Sonne, die nach mythologischer Vorstellung dadurch zustande kommt, daß der Sonnengott Helios mit einem goldenen Wagen über den Himmel zieht. Aufgeklärtes astronomisches Wissen hat solche phantasievollen Mythologeme längst entzaubert. Dagegen ‚erlebt‘ der antike Mensch die Natur als von zahllosen Gottheiten und Nymphen belebt und beseelt (Vers 13–16). Stein und Schilf, Bach und Hain sind zum Mitgefühl mit den Leidenden befähigt; die Verwandlungsmythen in der 4. Strophe dienen als gleichnishafte Beweise für die emotionale Beziehung zwischen allem Seienden. Die Götter selbst greifen helfend oder strafend in das Leben der Menschen ein (Vers 33–36), ja sie verhalten sich ihrerseits ganz wie die Sterblichen. Sie bilden eine der menschlichen Gesellschaft vergleichbare Götterfamilie, was ihre Vielzahl (Polytheismus) voraussetzt. Ihr Umgang untereinander und mit den Menschen und Titanen wird von Schiller als „schöner Bund“ (Vers 38) bezeichnet; auch darin liegt eine Idealisierung, denn die mythologische Überlieferung zeigt ein keineswegs so friedliches Verhältnis.

„Ganz anders“ stellt sich in dem Gedicht das Gottesbild des monotheistischen Christentums dar. Die neue Lehre, die Schiller dem „Norden“ zuordnet, zerstörte gewaltsam (mit „schauerlichem Wehn“) die Göttervielfalt und setzte an ihre Stelle den „Einen“ allmächtigen Gott (Vers 98–100). In der Erstfassung beklagt das lyrische Ich dessen trostlos einsame Existenz:

> Freundlos, ohne Bruder, ohne Gleichen,
> Keiner Göttin, keiner Irdschen Sohn,
> [...]
> Sieht er in dem langen Strom der Zeiten
> Ewig nur – sein eignes Bild.

Dieser ungesellige Gott hat sich, nachdem in seinem Namen die alten Götter vertrieben wurden, ganz aus der Welt zurückgezogen („Keine Gottheit zeigt sich meinem Blick“). So ist der vormals innige Zusammenhang allen Seins zerrissen und in einen irdischen und einen transzendenten Bereich zerfallen. Zwischen dem unerreichbar fernen göttlichen Wesen und der Schöpfung kann Kommunikation nicht mehr stattfinden. Im Gedicht spiegelt sich das unter anderem darin, daß es eine persönliche Anrede des neuen Gottes durch das lyrische Ich nicht gibt. Aber die Störungen reichen noch weiter. Nachdem die als heidnisch verdammten ‚Fabelwesen‘ verschwunden sind, ist die gesamte Natur wie tot („Ausgestorben trauert das Gefilde“). Das Zwiegespräch mit ihr bleibt dem Menschen versagt (Vers 101–104). Insgesamt stellt das Gedicht die unterschiedliche Gottesauffassung und Naturdeutung der antiken und modernen Epoche unter den Gegensatz von Leben und Tod. Von dem „lebenswarmen Bilde“, mit dem die Griechen – besonders in ihren geschmückten Statuen – die Götter in die irdische Wirklichkeit hereinholten, bleibt nach dem Bilderverbot der Bibel in der neuen Religion nur ein „Schatten“, d. h. der leblose Abdruck einer unsichtbaren Gestalt. In der früheren Fassung nennt Schiller es noch negativer: „ein Gerippe“. Beide Metaphern bringen den Gott mit dem Totenreich in Verbindung. Vor allem das „Gerippe“ als christlich-mittelalterliche Bildfigur des Todes verweist auf die Schreckensvorstellungen vom Sterben und der ewigen Verdammnis. Kaum zwei Verse widmet das

Gedicht diesem freudlosen Aspekt der christlichen Lehre (Vers 65/66). Es kontrastiert ihn sogleich ausgiebig (in 22 Versen) mit dem ‚ganz anderen' Todesverständnis der Mythologie. Das Sterben ist wie ein zärtlicher Abschied vom Diesseits, erfüllt von der Freude auf das Wiederzusammentreffen mit den schon Verstorbenen und der Fortsetzung des irdischen Lebens im Elysium der Unterwelt. Über dem Dasein der Toten liegt eine ähnliche Heiterkeit wie über dem der Lebenden. Bewußt verschweigt Schiller, daß es im griechischen Orkus auch die Straffelder des Tartaros gibt, auf denen die Verurteilten verweilen müssen.

Antiker und moderner Naturbegriff

Neben den gegensätzlichen ‚Götterlehren' bildet vor allem die Naturauffassung ein zentrales Thema im Gedicht. Schiller stellt dem naiven Glauben an eine gefühlsbegabte, lebende Gesamtnatur die wissenschaftlich-analytische Betrachtungsweise der Aufklärung entgegen. Galilei, Kepler, Newton – das sind einige der „Weisen" (Vers 17), auf die das lyrische Ich anspielt. In den beiden vorletzten Strophen erläutert Schiller das neuzeitliche Naturbild ausführlicher, wobei die immanente Gegenposition der Antike immer mitzudenken ist. Da die Natur nicht mehr als Lebewesen gesehen wird, besitzt sie weder ein Bewußtsein (Vers 105 u. 107) noch ein Empfindungsvermögen (Vers 106 u. 108). Sie kann – was Gellert oder Klopstock ihr noch zugestanden (Kap. II1) – nicht einmal die Großartigkeit ihres Schöpfers wahrnehmen. Sie läßt sich im Sinne der rationalistischen Aufklärung nur als seelen- und geistloser Mechanismus begreifen, wie eine „Pendeluhr" – in Schillers rhetorisch gesteigerter Bildsprache noch weniger sogar: wie der „tote Schlag der Pendeluhr" (Vers 110).

Die Naturerscheinungen sind die blinden Folgen des naturgesetzlichen Automatismus (Vers 111: Newtons Gravitationsgesetz). So etwa wird der Zeitablauf mit seinem Rhythmus von Tagen und Monaten, der in der Mythologie unter der Aufsicht von sieben Titanen entsprechend den sieben Planeten stand, nun durch die astronomische Eigenbewegung von Erde und Mond, ohne Hilfe der Götter, geregelt (Str. 15). Seit Descartes (1596–1650) und Newton (1643–1727) ist die Auffassung von der Welt als einer Maschine zum Paradigma des neuzeitlichen Denkens geworden. Insbesondere Descartes hat dann auch die Analogie zwischen dem menschlichen Körper und einem Automaten mehrfach ausgesprochen („Gliedermaschine"). Seine Idee von einem gesunden Menschen erscheint ihm identisch mit der Idee einer gut gemachten Uhr. (Vgl. zu dem Gesamtkomplex Fritjof Capra: Wendezeit, 1986, S. 51 ff.) Dieser Triumph der rein physikalisch-mathematischen Naturdeutung wird in Schillers Gedicht mit kritischer Absicht beklagt und in einen engen Zusammenhang mit der Vertreibung der alten Götter gestellt.

„Das Problem des Gedichtes", stellt B. v. Wiese (1956, Bd. 1, S. 331) fest, „liegt in jener merkwürdigen Verschmelzung von Christentum und Aufklärung zu einem gemeinsamen Gegner. Der monotheistische Gott des Christentums verwandelt sich in den abstrakten Gott des aufgeklärten Denkens." Klarer noch geht dies aus den Formulierungen der Erstfassung hervor, in deren Schlußstrophe Schiller den christlichen Gott als „Werk und Schöpfer des Verstandes" bezeichnet. Er entspricht dem reinen Geist, als den moderne Theologie ihn deutet. So fern allen wirklichen Lebens wie dieser Gott sind seine Gesetze und die nach ihnen ablaufenden Naturvorgänge; er gleicht – um an Schillers Bild anzuknüpfen – einem unbekannten, überflüssig gewordenen Uhrmacher. Denn nicht nur die alten Götter sind aus der Natur verschwunden (Vers 112), auch vom neuen findet sich keine Spur (Vers 94). Aber der Weltmechanismus läuft ohne sie unaufhörlich weiter.

Kunst als Thema des Gedichts: ästhetische Theorie

Welche Bedeutung hat dieser Rückzug des Göttlichen aus der Welt? Wohin sind die Götter entschwunden? Diese Fragen führen auf die ästhetisch-poetologische Motivschicht des Textes. Schiller verwendet in der vorletzten Strophe das Bild von der „Heimkehr" der alten Götter ins „Dichterland" (Vers 117). Offenbar ist die Poesie der Ursprungsort der Götter, aus dem sie in die ‚Wirklichkeit' eingetreten sind und an den sie zurückkehren. Demzufolge verdanken sie ihre Existenz der dichterischen Phantasie, mit deren Hilfe die Antike – anstelle der modernen Wissenschaften – die Welt deutete. An mehreren Stellen macht uns das Gedicht darauf aufmerksam, daß es von einer poetischen und nicht von einer realen Götterwirklichkeit spricht. In Strophe 1 hören wir von dem „Fabelland" (Vers 4), dem die „schönen Wesen" entstammen. Auch in Strophe 2 bedient sich Schiller dieser Vorstellung. Die „fabelhafte Spur" der „schönen Welt" (dem korrespondiert: „eines Gottes Spur") existiert jetzt nur noch in der Dichtung („Feenland der Lieder", Vers 16). Wenn das Gedicht durchgehend behauptet, damals sei dies alles „ganz anders" gewesen, dann kann es nur meinen: Damals waren Wirklichkeit und Dichtung nicht getrennte Sphären, sondern sie durchdrangen einander, Poesie schuf die Realität mit.

Nachdem nun die Götter sich ganz aus der ‚realen' Wirklichkeit in die Dichtung zurückgezogen haben, ist auch das Schöne aus der Welt verschwunden (Vers 121). Für Schiller ist also der lebendige Glaube an die alten Götter eng mit dem Ästhetischen verknüpft. Er verwendet den Begriff des Schönen in auffälliger Häufung (achtmal) ausschließlich im Kontext mit der antiken

Welt, niemals bei der Schilderung der Moderne. In pathetischer Steigerung rückt er die „Schönheit“ sogar an die Stelle des Heiligen (Vers 45). Trotzdem wird man nicht von einer einseitigen Verherrlichung des Ästhetischen sprechen können. Die Poesie stand nämlich einst mit der „Wahrheit“ (Philosophie) im Bunde und verlieh ihr zur Vernunftstrenge die sinnliche Schönheit („zauberische Hülle“, Vers 9). Auch dieser beglückende Zusammenhang der Bereiche ist auseinandergefallen. Das Schöne hat gegenüber der Wahrheit seine Bedeutung verloren und ist, wie die überflüssigen Götter, aus der Wirklichkeit verschwunden. Infolgedessen hat das gesamte Leben seine optisch-akustische Realitätsfülle eingebüßt (Vers 123). Geblieben ist das einseitige Ideal der wissenschaftlichen Wahrheit, das sich nicht in schönen Bildern, sondern in abstrakten Formeln und Verstandesbegriffen artikuliert („das entseelte Wort“, Vers 124).

In der Schlußstrophe der ersten Textfassung steht die Bitte des lyrischen Subjekts an den neuen Gott, er möge „die ernste, strenge Göttin“ (Wahrheit/Gerechtigkeit) wieder zu sich nehmen und „ihre sanftre Schwester“ (Schönheit) herabsenden. Unter diesem Dualismus sieht Schiller die Geschichte der abendländischen Kultur als eine Geschichte der einseitigen Verarmung. An die Stelle der freundlichen Harmonie zwischen allen Wesen und Kräften traten Disharmonie und Entfremdung. Der Mensch ist ein mit sich zerfallenes Doppelwesen aus Natur und Geist, das unter die Herrschaft des Verstandes geriet; uneins ist er mit der Naturhaftigkeit, von der er sich als moralisch-geistiges Wesen distanzieren soll; entfremdet ist er dem fernen Gott, dessen Gesetze er fürchten soll. Diese beklagenswerte Dissonanz rückgängig zu machen, darin besteht der Schlußgedanke der früheren Textversion.

In der zweiten Fassung ändert Schiller zwar nicht sein negatives historisches Urteil, aber er erblickt nun in der Dichtkunst ein Rettungsmittel, um Harmonie und Schönheit zu bewahren. Er formuliert den Gedanken in rhetorisch pointierter Antithetik: Der Untergang des Schönen in der Realität wird zur Vorbedingung für sein Überdauern in der Poesie (Vers 127 f.). Alles Seiende, so läßt sich folgern, steht unter dem Gesetz des historischen Vergehens („Zeitflut“); nur die Kunst ist dem Zugriff der Geschichte entzogen, und die in ihr gestalteten Wirklichkeitsmomente werden unvergänglich. Den Beweis hierfür liefert Schillers Gedicht paradoxerweise aus sich selbst heraus. Es demonstriert einerseits, wie die mythische Vorzeit in der klassischen griechischen Dichtung unsterblich wurde, so daß Schiller und seine Zeitgenossen das längst Vergangene noch lebendig vorfinden (bei Homer vor allem). Und mit seinem eigenen Gedicht verleiht er den überlieferten Mythen zusätzliche Dauer. Insgesamt wird der Kunst damit ein Rang zugesprochen, der die Wissenschaften und die Religion, ja sogar das Leben selbst weit überragt. In mancherlei Hinsicht klingt die moderne, von Nietzsche und Benn geäußerte Überzeugung von der Kunst als der letzten metaphysischen Tätigkeit hier schon an. Aber dadurch, daß Schiller die Kunst wiederum in den Dienst des gesellschaftlichen Lebens stellt, unterscheidet er sich von den Ästhetikern der Moderne.

Zeitgenössische Schiller-Kritik

Schillers Gedicht – vor allem in der Erstfassung – übte auf die Zeitgenossen eine provozierende Wirkung aus und entfachte eine heftige Kontroverse. Die schärfsten Einwände formulierte F. L. von Stolberg (1750–1819) in einer Rezension vom August 1788. Aus christkatholischer Perspektive empört ihn der Lobgesang auf die heidnischen Götter ebensosehr wie die Vorwürfe gegen das christliche Gottesbild. Die antike Mythologie vereinigte, laut Stolberg, in „ihrer Götterlehre die gröbste Abgötterei mit dem traurigsten Atheismus", denn diese Götter waren „nicht Urheber der Dinge, nicht ewig", sie waren „Sklaven des blinden Schicksals" und „niedriger Leidenschaften". Indem Schiller die sittenlose Weltsicht der Griechen verherrliche, mißbrauche er zugleich die Poesie zur Verächtlichmachung der Tugend. Der Genuß der schönen Sinnlichkeit kann dem frommen Kritiker nur unmoralisch erscheinen. Der „abenteuerlichste Wunsch", man möge den lasterhaften Vergnügungen des Bacchus und der Venus wieder stattgeben – so versteht er Schiller –, stellt für ihn eine Lästerung dar. Vor allem die Klage des lyrischen Ich über den Monotheismus („Einen zu bereichern") nennt er blasphemisch. Der im Gedicht verherrlichte Seinszusammenhang zwischen den Göttern und der Natur trägt Schiller den Vorwurf ein, er sei ein „Naturalist" (Zitate nach: Fambach, 1957, S. 47).

In einer ausführlichen Widerlegung verteidigt J. G. Forster (1754–1794) das Recht jedes Dichters auf seine eigene Vorstellung von der Religion gegenüber dogmatischen Glaubensvorschriften. Er wirft Stolberg vor, daß er „ein Meisterstück der Fiktion – nicht auch als Fiktion behandelte" (Fambach 1957, S. 66). Hier liegt ein zentrales Problem für die Rezeption, auf das auch Schiller selbst in einem Rechtfertigungsbrief an Chr. G. Körner vom 25. 12. 1788 eingeht, indem er seine dichterische Vorgehensweise in eine „allgemeine Regel" faßt: „[...] der Dichter behandelt niemals das *Wirkliche*, sondern immer nur das *Idealische* oder das kunstmäßig Ausgewählte aus einem wirklichen Gegenstand. Zum Beispiel er behandelt nie die Moral, nie die Religion, sondern nur diejenigen Eigenschaften von einer jeden, die er sich zusammen denken will." Schiller spricht bei diesem Verfahren von „einer gewaltsamen Operation“, von „Absonderung und neuer Zusammenfügung“ bestimmter Teile des Gegenstandes, wodurch dann etwas von der Wirklichkeit Verschiedenes entstehe. „Der Gott, den ich in den ‚Göttern Griechenlands‘ in Schatten stelle, ist nicht der Gott der Philosophen oder auch nur das wohltätige Traumbild des großen Haufens, sondern es ist eine aus vielen gebrechlichen schiefen Vorstellungsarten zusammengeflossene Mißgeburt – Die Götter der Griechen, die ich ins Licht stelle, sind nur die lieblichen Eigenschaften der griechischen Mythologie in *eine* Vorstellungsart zusammengefaßt.“ (Klett: Editionen Klassik, Lyrik, S. 109 f.). Es geht Schiller grundsätzlich nicht um eine ‚realistische‘ Dichtungsweise, die wirkliche Verhältnisse möglichst prägnant erfaßt, sondern er will mit dem Mittel, das er ‚Idealisierung‘ nennt, eine bestimmte Idee („Vorstellungsart“) in ästhetischer Gestaltung hervorheben.

Kritisch-provokativer Textsinn

Hier bleibt aber nun die dringliche Frage bestehen, weshalb er gewisse Grundzüge der antiken und modernen Kultur gerade so auswählt, daß im Gedicht diese provokative Antithese entsteht. Das mag primär künstlerische Gründe haben, wie W. Frühwald (1969, S. 259) darlegt, aber sie allein bieten keine hinreichende Erklärung. Stolberg hat gegenüber Schiller wohl Recht, wenn er meint, daß „das poetische Verdienst dieses Gedichtes“, das er durchaus erkenne, nicht „der wahren Poesie letzter Zweck“ sein könne (Fambach, 1957, S. 47). Er empfindet das Werk nicht ohne Grund als einen Angriff auf das christliche Weltbild, das ihm teuer ist. Natürlich stellt Schiller weder den christlichen Gott noch die mythologischen Götterfiguren der Antike in abwägender Neutralität dar; der Historiker wird ihm zahllose sachliche ‚Fehler‘ nachweisen. Er vereinseitigt und überspitzt gewisse Züge nach eigener Willkür, was sein gutes Recht ist. Aber seine Verteidigung gegen Stolbergs Angriff übersieht nach Meinung von Melitta Gerhard (1950, S. 13 f.), daß die von ihm so negativ „beurteilte zusammengesetzte Gottesidee“ (die „Mißgeburt“) „das allgemeine religiöse Weltbild der Epoche ausmacht“ und daß darin das „Ungenügen des religiösen Weltgefühls seiner Zeit“ zum Ausdruck kommt. Ähnliche Tendenzen haben wir in Goethes „Prometheus“ (Kap. III4) und „Grenzen der Menschheit“ (Kap. IV1) beobachten können. Benno v. Wiese erklärt das Zustandekommen des verzerrten Gottesbegriffs bei Schiller damit, daß er den christlichen Gott nicht als einen Gott der Liebe, sondern der abstrakten Vernunft und Moralität interpretiere. Diese „Mißgeburt“ ist sicher keine „bösartige Erfindung des Dichters“, sondern eine bewußte Verschärfung der im christlichen Glauben angelegten rationalen Sichtweise, die uns in der

Lyrik der Frühaufklärung schon begegnet ist. Schiller, der selbst auf dem Boden der Aufklärung steht – seine Bewunderung für Kant ist unverkennbar –, pointiert den rationalistischen Aspekt der Religion so sehr, daß er ihn nur noch kritisch verneinen kann. Folgerichtig muß auch ein reiner Geist-Gott zur religiösen Entfremdung führen. Oder der Mensch muß sich selbst als bloßes Geistwesen begreifen und in die Selbstentfremdung geraten. Davon vor allem handeln „Die Götter Griechenlands".
Stolbergs Kritik an dem Gedicht hatte die theologischen Motive übermäßig betont, so daß er den umfassenden Textsinn aus dem Blick verlor. Denn mit der ‚unrealistischen' Überzeichnung der antiken und modernen Weltsicht verfolgt Schiller weiterreichende Absichten. Er sucht „durch die schroffe Kontrastierung von Vergangenheit und Gegenwart die Weltzeitalter des Lichtes und des Schattens zu gestalten, um die Sehnsucht nach der neuen, alles Erfahrene übersteigenden Goldenen Zeit [...] zu erwecken" (Frühwald, 1969, S. 261). Was heißt dies konkret? Schiller erlebt sein Jahrhundert als ein „philosophierendes Zeitalter", in dem die Poesie, die für ihn gleichbedeutend mit dem Schönen ist, zu verfallen droht. In seiner Rezension „Über Bürgers Gedichte" (1789) erörtert er diesen beklagenswerten Kulturzustand und seine Veränderung. Die Vormacht der Philosophie – vertreten durch Kant und Fichte – führt zwangsläufig zur „Vereinzelung und getrennten Wirksamkeit unsrer Geisteskräfte". Sie begünstigt die einseitige Überbewertung des Verstandesvermögens und birgt damit eine große Gefahr: daß nämlich der forschende Geist in der „abgezogenen Vernunftwelt" für die „Freuden der wirklichen" blind werde. Dagegen „ist es die Dichtkunst beinahe allein, welche die getrennten Kräfte der Seele wieder in Vereinigung bringt, welche Kopf und Herz, Scharfsinn und Witz, Vernunft und Einbildungskraft in harmonischem Bunde beschäftigt, welche gleichsam den *ganzen Menschen* in uns wieder herstellt (Werke, Bd. 5, S. 971). Die hier skizzierte ganzheitliche Verfassung des Menschen, die Schiller in seinen theoretischen Schriften zu fordern nicht müde wird, deckt sich mit dem Idealbegriff der klassischen Humanität. Er steht als gedankliche Intention letztlich hinter Schillers Gedicht. Denn die griechische Antike – wie sie hier vorgestellt wird – liefert das Vorbild für die allseitige Entwicklung der natürlich-sinnlichen und geistig-religiösen Fähigkeiten des Menschen zu einem mit sich und der Welt in harmonischem Bunde lebenden Wesen. Nur in einer solchen Daseinsform findet sich Schönheit. Die moderne Kultur reduziert den Menschen nach Schillers Urteil auf sein Vernunftvermögen; sie unterwirft die Natur dem Geist und zerstört die Idee des Humanen, die Totalität voraussetzt. Im

4. Brief über „Ästhetische Erziehung" kennzeichnet der Dichter diesen einseitigen Zustand als „barbarisch".

Die in dem Gedicht durchgeführte antithetische Konfrontation der beiden ‚Lebensmodelle' stellt keine Situationsbeschreibung dar; sie ist vielmehr immanente Kritik und Herausforderung seiner Zeit. Schillers Briefe „Über die ästhetische Erziehung des Menschen" verraten ein tiefes Unbehagen an der kulturellen und sozialen Lage des Jahrhunderts. Diese läßt sich nicht – woran der Stürmer und Dränger noch glaubte – durch einen gewaltsamen Umsturz erneuern, sondern nur durch eine ‚Revolution der Denkungsart', die den Menschen in einen Zustand der Harmonie führt. Das Verhalten ändert sich aber nicht aufgrund verstandesmäßiger Überzeugungen, wie die Aufklärer meinen. Schiller stellt sich vor, daß man leichter auf die emotionale Sphäre („Empfindungsart") als auf die Vernunft einwirken kann. Und darin sieht er die praktische, pädagogische Intention der Kunst. Im „Feenland der Lieder" sind die Momente der schönen Harmonie und der Totalität aufbewahrt. Ihre Wahrnehmung soll beim Rezipierenden einen ästhetischen Zustand hervorrufen, der zur Vorstufe eines wahrhaft Humanen werden kann. So sollte das Schöne auf dem Weg über das Gefühl eine Bewußtseinsveränderung in Gang setzen, die dann auch die Realität verändert. Dabei denkt Schiller keineswegs, wie Stolberg ihm unterstellt, an eine Wiederherstellung antik-mythischer Verhältnisse. Das Griechenbild in seinem Gedicht dient lediglich als poetische, also fiktive Illustration, wie solche harmonische Daseinsweise beschaffen sein könnte. Nicht eine Rückkehr, sondern eine Neubegründung des Humanen auf höherer kultureller Stufe hat Schiller im Blick.

‚Ästhetische Erziehung'

Das bestätigt sich ausdrücklich im Gedicht „Die Künstler" (1789), einem Gegenstück zu „Die Götter Griechenlands". Hier blickt das lyrische Subjekt nicht mehr sehnsüchtig zurück in die Antike, sondern es ist stolz auf den erreichten vernünftig-sittlichen Zustand der Moderne, der aber vor allem der Kunst zu verdanken ist. Sie nämlich hat den entscheidenden Zusammenhang zwischen Wahrheit und Schönheit hergestellt, und sie allein kann ihn bewahren.

Aktualität des Textes

Weniger die ‚utopischen' Hoffnungen, die Schiller an die Wirkung der Kunst knüpft, als vielmehr die kritischen Herausforderungen des „Götter"-Gedichts sind bis zum heutigen Tage unvermindert gültig. Der mythologische Apparat und die pathetische Sprachform mögen uns befremden, aber die gedanklichen Kernaussagen treffen noch die heutige Lage: Die einseitig rationale Zweckbestimmung des Menschen, die eine Verkümmerung der Lebensvielfalt bewirkt, und der Wunsch nach umfassender Entfaltung der Daseinsmöglichkeiten sind nach wie vor fundamentale Erfahrungen. Auch in der gegenwärtigen Literatur wird das Bewußtsein dieses Zustands wachgehalten. Die Idee der Klassiker, daß die Kunst ihn wirklich zu bessern vermöchte, hat indessen nach zweihundert Jahren schrecklicher europäischer Geschichte an Überzeugungskraft verloren. Trotzdem liegt in der Begegnung des individuellen Lesers mit solchen Texten ein unerschöpfliches Potential zur Selbstfindung und zur Klärung seines Weltverhältnisses bereit. Und überdies: die ‚Utopie' einer wahrhaft humanen Gesellschaftsverfassung, die Schillers Dichtungen durchzieht, bleibt auch für die Gegenwart ebenso unverzichtbar wie unerreichbar.

Motivgleiche oder motivverwandte Texte
F. Schiller: Die Götter Griechenlandes (1. Fassung der Elegie). In: Conrady, S. 292 ff. – Die Künstler. In: Werke in drei Bänden, Bd. II. München 1966, S. 676 ff.

Sekundärliteratur
B. v. Wiese: „Die Götter Griechenlandes". In: Die deutsche Lyrik. Formen und Geschichte. Bd. 1. Hg. v. B. v. Wiese. Düsseldorf 1962, S. 214–226.

3. Poesie als erinnernde Bewahrung des Schönen – Schillers Elegie „Nänie"

Götterstatus des Künstlers und das Problem der Vergänglichkeit

In der „elementaren Todesbegegnung" erblickt Gerhard Kaiser (1967, S. 7 f.) eines der wichtigen einheitsstiftenden Motive von Schillers gesamter Dichtung. Der Tod erscheint darin als „der große Riß der Welt, in dem alle ihre Fragwürdigkeit offenbar wird". Dem stellt Kaiser den zweiten Zentralgedanken Schillers gegenüber, daß nämlich „Gottgleichheit die Bestimmung des Menschen" sei. Aus beidem entspringt notwendig die schärfste Antithese: „Wie kann der Mensch Gott gleich sein, wo doch der Tod eine letzte Realität ist?" Unter anderen Aspekten hat uns diese Thematik bereits beschäftigt, denn auch Goethe stellt in „Prometheus" und „Grenzen der Menschheit", aber auch in „Das Göttliche" die Frage nach der menschlichen Gottähnlichkeit (vgl. Kap. III4, IV1). Goethe gibt darauf, wie wir gesehen haben, verschiedene Antworten. Im Zusammenhang mit Schiller interessiert insbesondere die Schlußfolgerung des Prometheus, daß das Künstlergenie eine Götter-Rolle beanspruchen könne. Hier berührt sich Goethes Einschätzung der Kunst mit der hohen

Bedeutung, die Schiller ihr in den „Göttern Griechenlands“ zuweist. Die Dichtung gilt ihm als die ewige Heimat des Schönen und der Götter (Vers 117 f.); andererseits wird der göttliche Schöpfer der Welt ausdrücklich „Künstler“ genannt (Vers 109). Bemerkenswert ist auch, daß der einzige, der die Rachegöttinnen rührt und vor dem sich alle Götter verneigen, Orpheus, der Sänger und Dichter, ist (Vers 71 u. 85). In Goethes ‚Römischer Elegie VII.‘ wird dem lyrischen Ich in seiner besonderen Eigenschaft als Dichter eine Begegnung mit dem Göttervater Jupiter gewährt (vgl. Kap. V1). Die Parallelen für den Gebrauch des Motivs ‚Götterstatus der Künstlerrolle‘ ließen sich bei beiden Dichtern beliebig vermehren. Unterschiedlich ausgeprägt ist seine Verknüpfung mit der Thematik von Vergänglichkeit und Tod. Während sie Schillers Werk in fast barocker Bedrängnis durchzieht, erscheint sie bei Goethe nur gelegentlich und – wie der Schluß der ‚Elegie VII.‘ zeigt – in harmonischer Gestalt. Eines der bedeutendsten Gedichte mit diesem skizzierten Motivzusammenhang ist Schillers Elegie „Nänie“ (1800). In ihr greift Schiller Gedankengänge der „Götter Griechenlands“ auf, aber er entfaltet sie nicht zu breiter Darstellung, sondern verdichtet sie in einem lyrisch komprimierten Gebilde.

Nänie

Auch das Schöne muß sterben! Das Menschen und Götter bezwinget
 Nicht die eherne Brust rührt es des stygischen Zeus.
Einmal nur erweichte die Liebe den Schattenbeherrscher,
 Und an der Schwelle noch, streng, rief er zurück sein Geschenk.
Nicht stillt Aphrodite dem schönen Knaben die Wunde,
 Die in den zierlichen Leib grausam der Eber geritzt.
Nicht errettet den göttlichen Held die unsterbliche Mutter,
 Wann er, am skäischen Tor fallend, sein Schicksal erfüllt.
Aber sie steigt aus dem Meer mit allen Töchtern des Nereus,
 Und die Klage hebt an um den verherrlichten Sohn.
Siehe! Da weinen die Götter, es weinen die Göttinnen alle,
 Daß das Schöne vergeht, daß das Vollkommene stirbt.
Auch ein Klaglied zu sein im Mund der Geliebten, ist herrlich,
 Denn das Gemeine geht klanglos zum Orkus hinab.

2 Hades, Bruder des Zeus und Gott der Unterwelt, die vom Fluß Styx (daher „stygisch“) neunfach umflossen wird **3/4** die Liebe des Orpheus zu Eurydike rührte Hades so, daß er ihr das Leben schenken wollte; Orpheus durfte sie zurückführen unter der Bedingung, sich nicht vor Erreichen der Oberwelt umzublicken; Orpheus erfüllte die Bedingung nicht und verlor sie endgültig

5/6 der schöne Jüngling Adonis, Geliebter der Aphrodite, dem Ares (in Ebergestalt) aus Eifersucht eine tödliche Wunde beibrachte **7/8** Achilleus, der für unverwundbar gehalten wurde, fiel – wie geweissagt – in der Schlacht um Troja am Westtor (skäisches Tor); seine Mutter Thetis, eine der Meergöttinnen, versuchte vergeblich, ihn vor diesem Schicksal zu bewahren **9/10** Thetis und die andern Töchter des Meergottes Nereus (Nereiden) trauern 17 Tage lang um Achill

Ästhetische Textstruktur

Thematisch handelt es sich bei diesem Gedicht, wie der lateinische Titel (nenia = Leichengesang) ankündigt, um eine Totenklage. Sie ist formal ausgeführt als streng gebaute Elegie von je sieben reimlosen Distichen. ‚Streng gebaut' heißt: Jedes Zeilenpaar aus Hexameter und Pentameter bildet eine syntaktische Einheit, die mit einem Punkt schließt. Die aufsteigende Klanglinie des ersten Verses und die fallende des zweiten fügen sich so zusammen, daß jeder Doppelvers eine eigene melodisch-rhythmische Figur bildet. Unterstützt wird diese Gliederung durch die stark betonten Auftaktworte der einzelnen Distichen. „Auch" heißt es im ersten und letzten Verspaar, was auf eine spiegelsymmetrische Rahmenform hindeutet; sie wird inhaltlich bestätigt durch die antithetische Gegenüberstellung von „das Schöne" (Vers 1) und „das Gemeine" (Vers 14) als den beiden extremen Polen des menschlichen Daseins.

Der 2. Vers beginnt mit dem Negationsadverb „Nicht", das vom 3. und 4. Distichon als Gliederungselement anaphorisch aufgenommen wird. Die dadurch ausgedrückte Parallelität der Inhalte kehrt auch in der Satzstruktur wieder. Die Anfangsstellung des „Nicht" rückt einerseits die Vergeblichkeit allen Widerstands gegen das Schicksal sofort in den Blick; andererseits verbindet sie sich in allen drei Versen mit einer ‚unnatürlich' wirkenden Wortfolge, die das Disharmonische des Geschehens in der Sprachgestalt zum Ausdruck bringt. Dem dreifachen „Nicht" stellt Schiller zu Beginn des zweiten Distichons scheinbar eine Ausnahme gegenüber; das Auftaktwort lautet dort „Einmal" (Vers 3). Doch belehrt uns der Text, daß die einmalige Gnade des Totengottes den Verlust der Geliebten nicht verhinderte. So darf der Leser eine wirkliche Wende des Gedichts erst in dem Verspaar erwarten, das von der adversativen Konjunktion „Aber" eingeleitet wird (Vers 9). Tatsächlich erfolgt hier ein inhaltlicher Einschnitt. Der raumsymbolischen Abwärtsbewegung des Sterbens („fallend", Vers 8) tritt das Aufsteigen der klagenden Göttinnen und ihres Gesangs (Vers 9/10) kontrastierend gegenüber. Die Sprachgestalt wandelt sich zur harmonischeren Form. Wo zuvor das Todeserleben Widerspruch und Aufbegehren hervorrief, erklingen jetzt ‚einstimmig' die Klagelieder: zunächst die der göttlichen Mutter und der Nereiden, darin einfallend die aller Götter und Göttinnen. Die parallele Anordnung der beiden Hälften von Vers 11 mit der intensivierenden Verbwiederholung („weinen") macht den Gleichklang der Trauer in der Struktur sinnfällig. Der Imperativ „Siehe!", mit dem dieses letzte Distichon beginnt, fordert den Leser gleichsam zur Teilnahme am Klagegeschehen auf. Der Vers ist „der vollständigste, der vielleicht getragenste und damit betonteste des ganzen Gedichts" (N. Oellers, 1984, S. 192). Seine harmonische Ausgewogenheit besteht unter anderem darin, daß die Mittelzäsur zwei inhaltlich und sprachlich gleichwertige Teile trennt und zugleich in der Balance hält. Das außerhalb dieser Einheit stehende „Siehe!" markiert die Position dessen, der die Schönheit des Ganzen wahrnehmen soll. Die vollendete Doppelbewegung des 11. Verses setzt sich im nachfolgenden fort:

Daß das Schöne vergeht, daß das Vollkommene stirbt.

In zweimaliger Fügung werden uns die Trauernden vor Augen gestellt; in zweimaliger Fügung wird uns der Grund ihrer Trauer mitgeteilt. Und zweimal hebt auch in diesem vorletzten Pentameter die Sprachmelodie aufsteigend an, um jedesmal wieder herabzufallen. Die Klage selbst wird so dem Rhythmus der Verse mitgeteilt. Das erschütternde Klagebild (die weinenden Götter) und die niederdrückende Einsicht (das Vergehen des Schönen) sind eingeformt in eines der schönsten Distichen, das die deutsche Lyrik kennt. Das mag wie ein Widerspruch erscheinen, aber die Bändigung der aufwühlenden Leidenschaft durch die ästhetisch ausgewogene Formgebung in der Kunst bildet ein Kernstück des Klassik-Programms. Schiller hatte gerade dies an Goethes „Iphigenie" bewundert. Winckelmanns Deutung der griechischen Plastik mit den Kategorien der „edlen Einfalt und stillen Größe" bildete das Fundament der Theorie, in der er davon ausgeht, „daß die Figuren der Griechen bei allen Leidenschaften eine große und gesetzte Seele zeigen" (vgl. darüber: W. Segebrecht, 1983, S. 205 f.). Die maßvolle, klassisch-ideale Gestalt – das soll die Formbetrachtung des Gedichts verdeutlichen – hat auch Schiller mit seiner Totenklage gefunden. Die Trauer um die Vergänglichkeit des Schönen ist selbst zu einem Schönen geworden.

Welchen inhaltlichen Sinn aber gibt Schiller dem Schönen, und welche Aufgabe fällt der Kunst in diesem Zusammenhang zu?

Interpretation des Schönheitsbegriffs

Die beiden Einleitungsverse treffen in apodiktisch behauptender Form eine Feststellung über das Wesen des Schönen: Es ist, obwohl es Götter und Menschen fasziniert, vergänglich, weil seine Macht – wie Schiller es sinnbildhaft darstellt – den seelenlosen Tod („eherne Brust“) nicht ergreift. Danach gibt der Text in gesteigerter Anordnung an drei antiken Mustern Beweise für die Sterblichkeit des Schönen: der Tod der Eurydike, des Adonis und des Achilleus. Im ersten Beispiel ist es die Schönheit der menschlichen Liebe und Treue, die Schönheit von Orpheus' Gesang, die am Tod scheitern; das zweite handelt vom Untergang der göttlich-schönen Gestalt, der sogar eine Göttin (Aphrodite) verfällt; am dritten Fall wird das Ende des vollkommensten aller Helden, Sohn einer Göttin, demonstriert. Der Tod besitzt eine solche Macht, daß auch die helfend eingreifenden Göttinnen, die mit ihrer Liebe zur Gesamtvorstellung des Schönen hinzugehören, das Verhängnis nicht abwenden können. Die von Schiller benutzten Beispiele veranschaulichen einerseits, daß das Schöne zwar in irdisch vollkommener Gestalt erscheinen kann – und nicht zufällig geschieht dies im Rahmen der griechischen Mythologie –, andererseits unterliegt es aber dann dem Gesetz der Vergänglichkeit. In seiner eigenen Dichtung hatte Schiller diese tragische, eigentlich antike Konstellation in Theklas Totenklage über den Verlust des herrlichen Geliebten Max Piccolomini („Wallensteins Tod“, IV/12) schon einmal poetisch formuliert:

> – Da kommt das Schicksal – Roh und kalt
> Faßt es des Freundes zärtliche Gestalt
> Und wirft ihn unter den Hufschlag seiner Pferde –
> – Das ist das Los des Schönen auf der Erde!

Es liegt nahe, sich für die Analyse der Schillerschen Musterbeispiele der begrifflichen Klarheit des platonisch-kantischen Denkens zu bedienen. Schiller spricht in seinem Gedicht (und auch im „Wallenstein“-Vers) von dem Schönen und gibt Exempel für einzelne schöne Erscheinungen: die schöne Gestalt, das schöne Lied, das schöne Gefühl etc. Er spricht aber nicht von der Schönheit als einer absoluten Größe. Die philosophische Terminologie, die Schiller bestens kennt, bringt hier vermittels der Sprache einen fundamentalen Seinsunterschied zum Ausdruck. Die ‚Schönheit‘ als allgemeine, abstrakte Idee ist unvergänglich; sie wird sterblich erst, wenn sie als real ‚Schönes‘ in die Wirklichkeit eintritt und dadurch Leben gewinnt. Soll dies aber unsterblich sein – so lautet die Umkehrung in den Schlußzeilen der „Götter Griechenlands“ –, dann muß es sterben („im Leben untergehn“). Das heißt: Die Schönheit muß sich aus ihrer Gebundenheit an die schöne Erscheinung befreien, die selber dadurch verlischt. Die Schönheit ihrerseits erreicht dann wieder den Status der rein geistigen Idee und ist in der Wirklichkeit nicht mehr wahrnehmbar.

Bewahrungsfunktionen der Kunst

An diesem Punkt setzt die bewahrende Rolle der Kunst ein, etwa als Totenklage. Der bewunderte Held Achill wird durch seinen Tod zum Gegenstand der Klage und in dieser „verherrlicht“ (Vers 10). Im Gesang verwandelt sich sein vormals irdisches Schönsein in ein ästhetisches und erhält damit eine andere Qualität. Das am individuellen Leben des Achill zufällige, subjektive und vergängliche Schöne des Körpers und auch der Gesinnungen wird zum zeitlosen Symbol für Schönheit überhaupt, zu einer im poetischen Bild der Klagelieder ‚anschaubaren‘ Idee von Schönheit. Ebenso scheint im Sterben dieses Schönen gleichnishaft die umfassendste Wahrheit des irdischen Daseins überhaupt auf, nämlich seine Vergänglichkeit. Um diese versinnbildlichten allgemeinen Ideen geht es dem Dichter der „Nänie“ und nicht um die einzelnen schönen Erscheinungen, die Geschichte oder Mythologie überliefern. In der Abhandlung „Über naive und sentimentalische Dichtung“ (1795) schreibt Schiller zum Problem des Inhalts der dichterischen Klage, daß sich in ihr „die Erfahrungen eines bestimmten Verlustes zur Idee der allgemeinen Vergänglichkeit erweitert“ haben müssen, und nur diese Idee solle Gegenstand des Dichters sein (Werke, Bd. 5, S. 729 f.). Alle drei von Schiller in der „Nänie“ benutzten Beispiele schließen sich zu diesem allgemeinen Aussagegehalt zusammen. Es wird an dieser Stelle auch erkennbar, in welchem Sinne Schiller als ‚idealistischer‘ Dichter zu gelten hat. Nicht das einzelne Menschenleben mit seinen je eigenen realen Bedingungen, sondern die darin zu erkennenden Wesenszüge des Menschseins überhaupt sind höchster Gegenstand seiner Dichtung – nicht der Mensch, sondern die Menschheit.

Der Wesenszug, der in „Nänie“ in besonderer Weise zur Erscheinung kommt, ist die Vergänglichkeit. Das Gedicht stellt sie als ein tragisches Sterbenmüssen dar, das dem Menschen nirgends so schmerzlich zum Bewußtsein kommt wie beim Untergang des Schönen und Vollkommenen. Der außerordentliche Mensch, der sein Dasein zu ungewöhnlicher Höhe steigert, nähert sich nach Schillers Auffassung dem Göttlichen. Sein Tod ist daher im Grunde unbegreiflich. Er allein verdient die trauernde Klage. Das „Gemeine“ dagegen, das hier im ursprünglichen Wortsinn als das „Allgemeine, Gewöhnliche“ – und nicht moralisch wertend – gemeint ist, hat keinen Anspruch auf Verherrlichung durch den Dichter. Es darf in seiner durchschnittlichen Existenz dem Vergessen preisgegeben werden. Das klingt wohl ‚elitär‘, fügt sich aber zur klassisch-humanistischen Idee vom Menschen, dessen wesentliche Aufgabe darin besteht, am Vorbild der Götter der Vollkommenheit zuzustreben (Goethe: „Das Göttliche"). Daß Schillers Elegie nicht primär eine sittliche Selbstvervollkommnung thematisiert, geht schon aus den antiken Beispielfiguren hervor. Dennoch schwingt in der Gleichsetzung des Schönen mit dem Vollkommenen (Vers 12) unausgesprochen die Vorstellung mit, daß zum Bild des schönen Menschen auch das Gute gehöre. Würde aber die Kunst nicht die Erinnerungen an einmal gelungenes Schönes bewahren und verherrlichen und dadurch für den Leser verlockend machen, dann wäre es längst vergessen.

Man hat diese ästhetische Rettung des Schönen ins Kunstwerk als „letzten geistigen Triumph über den Tod" gedeutet (B. v. Wiese, 1963, S. 594). ‚Triumph' ist in diesem Zusammenhang ein sehr sieghafter Begriff und erinnert eher an den christlichen Erlösungsglauben, der die Überwindung des Todes als Gewißheit voraussetzt. Tatsächlich aber bleibt das ‚Weiterleben' des Schönen im Gedicht an die Existenzbedingungen der Dichtung gebunden. Nur solange das Kunstwerk überdauert, indem es Anziehungskraft auf die Menschen ausübt, bleibt das Schöne im Gedächtnis. Dies läßt sich ganz konkret an den Zusammenhängen zeigen, in denen das Schiller-Gedicht steht. Während die antiken Götter und Helden längst untergegangen sind, ‚leben' sie in der Dichtung noch fort, weil an ihnen etwas wahrzunehmen ist, das über ihr historisch begrenztes Dasein hinausgeht. Schiller dichtet ja ein Lied über das Wesen der Schönheit und nicht eigentlich über die schönen Toten der griechischen Mythologie. Solche Lieder findet er vielmehr schon vor bei Homer, im letzten Buch der „Odyssee" (Achills Tod), und in Ovids „Metamorphosen" (Orpheus-Eurydike-Mythos und Adonis Tod). Was Schiller also mit „Nänie" hervorbringt, ist auch ein Lied über den Sinn der Klagelieder, ein Gedicht über die Funktion von Gedichten gegen die Vergänglichkeit des Schönen. Zu diesem Reich des Schönen gehört aber auch die Dichtung selbst; wir haben dies an der „Nänie" ausdrücklich gezeigt. Und so überleben die schönen Gesänge gleichfalls nur im Gesang. Die Elegie wird zum Gegenstand ihrer selbst, so daß „Nänie" im Titel zu Recht den Namen einer lyrischen Gattung trägt, und zwar einer solchen der Antike. Schillers Intention besteht demzufolge auch darin, die schönen antiken Dichtungen dem Vergessen zu entreißen, weil sie für die Klassik ein Vollkommenes repräsentieren, das sonst verloren gehen könnte. Dies wirkt bis in die praktische Rezeption seines Klagelieds hinein, denn der Leser der „Nänie" muß zu ihrem Verständnis auf die antike Überlieferung der Mythen zurückgreifen. Die Aufhebung der Vergänglichkeit des Schönen durch die Kunst vollzieht sich demzufolge auf zwei

Ebenen. Diejenige, auf der Schillers Gedicht angesiedelt ist und die wir als eine Meta-Ebene betrachten können, führt in den ästhetischen Innenraum der Kunst, dessen Verbindungslinien zur äußeren Wirklichkeit kaum mehr wahrzunehmen sind.

Goethes Klagelied „Euphrosyne"

Anregungen zum Zentralmotiv der „Nänie" könnte Schiller unter anderem durch Goethes Elegie „Euphrosyne" erhalten haben. Sie entstand 1797/98 anläßlich des Todes der jungen Weimarer Schauspielerin Christiane Neumann, zu der Goethe eine väterliche Zuneigung empfunden hatte. Der biographische Anlaß und die Durchführung des umfangreichen Gedichts verraten eine gänzlich andere Intention als die Schillersche Totenklage. Individuelle Charakterzüge und konkrete Situationen des künstlerischen Lebens der Verstorbenen werden dichterisch ausgestaltet. Sie ergreift in dialogischer Rede als lyrische Figur selbst das Wort, während Schillers „Nänie" ein hervortretendes Sprecher-Ich nicht besitzt. Allerdings stilisiert auch Goethe die realen Momente – ohne sie auszulöschen – dadurch, daß er sie nach klassischer Manier mit dem Mythologischen verbindet. Das beginnt mit der Namengebung („Euphrosyne" ist eine der drei Göttinnen der Anmut) und setzt sich fort im Gebrauch der antiken Vorstellungen vom Totenreich, in das die Abgeschiedene eingehen wird. Durch diese Verwendung des Mythos hebt Goethe den individuellen Tod und die subjektive Klage auf die Ebene des Allgemeinen.
Die im Hinblick auf Schillers „Nänie" bedeutsame Textpassage findet sich gegen Ende von Euphrosynes Gespräch mit der fiktiven Dichtergestalt, hinter deren Rolle sich Goethe verbirgt (Vers 121–126). Sie richtet an ihn die Bitte:

> Laß nicht ungerühmt mich zu den Schatten hinabgehn!
> Nur die Muse gewährt einiges Leben dem Tod.
> Denn gestaltlos schweben umher in Persephoneias
> Reiche, massenweis, Schatten vom Namen getrennt;
> Wen der Dichter aber gerühmt, der wandelt, gestaltet,
> Einzeln, gesellet dem Chor aller Heroen sich zu.

Die Aufhebung der Vergänglichkeit durch die Kunst, das ist auch hier der leitende Gedanke. Der Tod raubt dem Menschen seine Individualität. Er verliert die Gestalt und den Namen und wird zum Schattenwesen. Es gibt diese Namenlosen „massenweis", wie das Gedicht sagt, anonym und konturlos. Sie entsprechen dem, was Schiller in „Nänie" als „das Gemeine" bezeichnet, dessen Dasein dem Vergessen preisgegeben ist. Das Klagelied, das zugleich immer Züge des rühmenden Preislieds besitzt, kann dieses Versinken in die Wesenlosigkeit aufhalten. Im Kunstwerk bewahrt nämlich die Besungene mit ihrem Namen und der Gestalt eine Individualität („gestaltet, Einzeln"), die es ihr ermöglicht, als Person in den Kreis der Unvergessenen („Heroen") einzutreten. So stellt sich Euphrosyne vor, daß beispielsweise Antigone ihr in der Unterwelt als Schwester begegnen wird – ein Gedanke, der die Erinnerungsfunktion der Dichtung veranschaulicht. Darin vollzieht sich kein bleibender Triumph über den Tod. Goethe formuliert hier noch eher bescheiden: Die Kunst „gewährt einiges Leben". Das heißt, daß sie das endgültige Vergessenwerden eigentlich nur hinauszögert, denn auch die dichterischen Werke, so müssen wir folgern, besitzen keine ewige Dauer.

Motivgleiche oder motivverwandte Texte
J. W. v. Goethe: Euphrosyne. In: Goethes Werke. Hamburger Ausgabe, Bd. 1. München 1974, S. 190 f.

Poetologische und lyriktheoretische Texte
F. Schiller: Über naive und sentimentalische Dichtung (Abschnitte über die Elegie in engerer Bedeutung). In: Sämtliche Werke, Bd. 5. München 1960, S. 728–730.

4. Von der Unvergänglichkeit der Kunst im vergänglichen Leben – Goethes „Dauer im Wechsel"

Sehr viel entschiedener spricht Goethe in einem späteren Gedicht („Dauer im Wechsel", 1803) von der zeitüberwindenden Macht der Kunst im Gegensatz zur Vergänglichkeit alles Seins. Er formuliert diese Überzeugung so, daß der Text auch einen Begründungszusammenhang eröffnet, der in enger Verbindung zu Schillers poetischer Theorie steht und Gemeinsamkeiten in der Ästhetik beider Autoren sichtbar werden läßt. Unterschiedlich ist allerdings der thematische Kontext, in dem die Gedichte ihre poetologischen Motive entwickeln. Während in Schillers Texten die stoffliche Grundlage der literarischen Überlieferung entstammt (antike Dichtung), nimmt Goethe sie – wie wir schon bei der „Römischen Elegie" beobachten – aus der Erfahrungswirklichkeit, in diesem Falle aus der erlebbaren Natur.

Dauer im Wechsel

Hielte diesen frühen Segen,
Ach, nur eine Stunde fest!
Aber vollen Blütenregen
Schüttelt schon der laue West.
Soll ich mich des Grünen freuen,
Dem ich Schatten erst verdankt?
Bald wird Sturm auch das zerstreuen,
Wenn es falb im Herbst geschwankt.

Willst du nach den Früchten greifen,
Eilig nimm dein Teil davon!
Diese fangen an zu reifen,
Und die andern keimen schon;
Gleich mit jedem Regengusse
Ändert sich dein holdes Tal,
Ach, und in demselben Flusse
Schwimmst du nicht zum zweitenmal.

Du nun selbst! Was felsenfeste
Sich von dir hervorgetan,
Mauern siehst du, siehst Paläste
Stets mit andern Augen an.
Weggeschwunden ist die Lippe,
Die im Kusse sonst genas,
Jener Fuß, der an der Klippe
Sich mit Gemsenfreche maß.

Jene Hand, die gern und milde
Sich bewegte wohlzutun,
Das gegliederte Gebilde,
Alles ist ein andres nun.
Und was sich an jener Stelle
Nun mit deinem Namen nennt,
Kam herbei wie eine Welle,
Und so eilt's zum Element.

Laß den Anfang mit dem Ende
Sich in *eins* zusammenziehn!
Schneller als die Gegenstände
Selber dich vorüberfliehn.
Danke, daß die Gunst der Musen
Unvergängliches verheißt,
Den Gehalt in deinem Busen
Und die Form in deinem Geist.

Motive und Symbole der Zeitlichkeit in der Natur

Die Strophen 1–4 thematisieren das rasche Vergehen aller irdischen Erscheinungen unter dem Gesetz der Zeitlichkeit. Goethe benutzt zu dessen Veranschaulichung in den ersten beiden Strophen Naturbilder, die den Jahreszyklus wie in einem Zeitraffer ablaufen lassen. Der Einsatz des Gedichts erfolgt mit einem irrealen Wunschsatz, der sogleich die Stimmung des Bedauerns herstellt, die über allen vier Strophen liegt. Sie artikuliert sich besonders eindringlich in den klagenden „Ach"-Interjektionen (Vers 2, 15). Der Frühling ist kaum angebrochen, da fallen schon die Blüten herab; die Blätter der Bäume, die dem lyrischen Ich gerade noch Schutz vor der Sommerhitze gewähren, mahnen gleichzeitig daran, daß sie im Nu herbstlich vergilben und von den Winterstürmen verweht sein werden. Diese Unbeständigkeit wohnt den Naturdingen wesenhaft inne, sie verstärkt sich aber noch durch die äußerlich anschaubaren Bewegungen. Wind und Sturm verursachen, was sich in den Aktionsverben ‚schütteln, schwanken, zerstreuen' kundtut. So verändert sich der Zustand der Bäume unaufhörlich. Das Unheimliche dieser Wirklichkeitserfahrung liegt darin, daß – temporal gesehen – jede Gegenwart sofort in ihre Vergangenheit umschlägt und auch das Zukünftige bereits als Vergehendes oder gar Vergangenes erlebt wird, in dem sich Künftiges schon wieder anbahnt. Dies vollzieht sich mit unerhörter Geschwindigkeit, so daß es entfaltete Gegenwart gar nicht gibt. Moderne Teilchenphysik und Relativitätstheorie haben wissenschaftlich bestätigt, was Goethe hier in poetischen Bildern umschreibt: Kein Zustand gleicht dem andern. Der Wechsel der Zeiten erfolgt für das lyrische Ich in der Weise, daß die Abschnitte des Jahres sich zu einem simultanen Geschehen vereinen. Der Herbst hat noch kaum die Früchte zur Reife gebracht, da keimen aus ihnen neue Pflanzen heran, und es ist Frühling (Vers 11/12). Goethe versucht dies auch in der Struktur zum Ausdruck zu bringen, indem er die Phasen des Reifens und Keimens in eine einzige syntaktische Einheit mit paralleler Anordnung zusammenzieht. Die Zeitadverben „schon, bald, gleich" signalisieren das rasche Tempo der Abläufe.

Aussagestarke Bildelemente für die Veränderlichkeit in der Natur liefern vor allem die wechselnden Wettererscheinungen. War es in der Anfangsstrophe der Wind, so ist es in der 2. Strophe der Regenschauer, der der scheinbar vertrauten Welt ein stets anderes Aussehen verleiht. Goethe benutzt hier ausdrücklich die Wendung „*dein* holdes Tal" (Vers 14), um die Auffassung zu widerlegen, daß sich der Wechsel des Blühens und Reifens in einem Naturraum vollziehe, der einen festen Besitz darstelle. Dies täuscht ebenso wie der unveränderliche Anblick des Flusses, der doch niemals derselbe ist. Goethe hat dieses griechische Ur-Symbol des Wandels (Heraklit) unter anderem auch in „Grenzen der Menschheit" (vgl. Kap. IV1) als Sinnbild der Zeitlichkeit verwendet.

Die Wassersymbolik leitet in kunstvoller Weise zum zweiten Teil des Gedichts hinüber. Indem das lyrische Ich den Menschen aus der sich unablässig verändernden Natur heraushebt – was sich in dem isolierten Ausruf „Du nun selbst!“ sprachlich spiegelt –, stellt es anscheinend eine Gegenposition her. Dem flüchtigen Element des Stroms kontrastiert es das „felsenfeste“ der Bauwerke als Sinnbild des Beharrenden.

Wechselhaftigkeit des menschlichen Seins

Daran erfährt das Subjekt nun seine eigene Wechselhaftigkeit. Während die angeschaute Realität unverändert bleibt – man könnte hier auch an die Betrachtung von Plastiken oder Gemälden denken –, ändern sich die Gefühlseindrücke, die sie beim Ich hervorrufen, aufgrund seiner wechselnden geistig-psychischen Verfassung fortlaufend in den verschiedenen Lebenssituationen. Die Verse 21–28 schildern die ‚Verwandlungen‘ des Individuums in seinem sinnlichen Erlebnisvermögen, im Verlust seiner jugendlichen Unbefangenheit, im Wechsel des körperlichen Erscheinungsbildes und der Handlungsweisen. Für das Leben des Menschen und die unreflektiert vorausgesetzte Identität des Subjekts mit sich selbst gilt, was die gesamte Natur beherrscht: Unbeständigkeit und schneller Wechsel. Beharrlich ist zwar der Name, aber er spiegelt dem Menschen eine durchgehende Einheit seines Seins nur vor. In Wahrheit ist der Genannte heute nicht mehr, wie er gestern war und morgen sein wird. Goethe nimmt das Bild des Fließens, in dem er am Schluß der 2. Strophe die Zeitlichkeit der Natur zusammenfaßt, auch zur Charakteristik des Menschenlebens am Ende der 4. Strophe (also an genau analoger Textposition) wieder auf. Sein Dasein gleicht einer Welle im Strom, die im Meer verschwinden wird. So besteht keinerlei Wesensunterschied zwischen dem Menschen und der übrigen Natur. Rückblickend auf die 1. Strophe können wir jetzt sagen, daß im „Schütteln“ und „Zerstreuen“ der Blätter – wie auch in allen andern Naturbildern – symbolische Verweise auf die menschliche Existenz enthalten sind. „Schicksal des Menschen, Wie gleichst du dem Wind!“ heißt es mit vergleichbarer Bedeutung im „Gesang der Geister über den Wassern“ (1779).

Goethe hatte mit dem Sinnbild von Welle und Fluß schon zwei Jahrzehnte zuvor („Grenzen der Menschheit“) die Vergänglichkeit des einzelnen Menschen veranschaulicht und ihr das Ewige der Götter gegenübergestellt. Damals widersetzte sich das lyrische Subjekt dem Gedanken von der vernichtenden Macht der Zeit durch die Vorstellung des Lebens als einer unendlichen Kette, in der das Individuum als Glied eine gewisse Dauer erhält (vgl. Kap. IV1). In der Hymne „Das Göttliche“ findet sich das Symbol des Kreises, in dem Goethe den zyklischen Verlauf des

Menschenlebens im Sinne einer Vollendung abbildet. Die Schlußstrophe von „Dauer im Wechsel" gibt eine ebenfalls ambivalente Antwort auf diese Grundfrage. Nachdem die Strophen 1–4 das unerbittlich rasche Vergehen aller Erscheinungen dargelegt haben, kann die dialektische Folgerung daraus nur heißen: Alles verändert sich, das einzig Bleibende ist dieses Sich-Verändern. Der Gedichttitel lautet ja nicht „Dauer *und* Wechsel", sondern „Dauer *im* Wechsel", meint also: beständig ist nur der beständige Wechsel. Dessen möglicher Sinn könnte in einer unaufhörlichen Kreisbewegung abgebildet werden.

Das lyrische Ich zieht aber einen etwas anderen, konsequenten Schluß, den es in Form einer imperativischen Anweisung ausspricht. Die Zeit beschleunigt alle Vorgänge in einem solchen Tempo, daß der Zeitraum zwischen ihrem Beginn und ihrem Ende in einen Punkt („in eins") zusammenfällt. Die Vergänglichkeit des Lebens mündet hier nicht ohne weiteres in eine zyklische Bewegungsvorstellung. Vielmehr führt das Lebensgesetz der Zeitlichkeit dazu, daß der Mensch beim Anfang eines Geschehens immer schon dessen Ende miteinbeziehen muß. Er soll sogar den Gedanken akzeptieren, daß er selbst noch schneller vergehen wird als die anderen Dinge (Vers 35/36). Diese Deutung des menschlichen Lebens ist als lyrisches Generalthema nicht neu. Es erfährt seine breiteste Entfaltung im Barock, insbesondere in den ‚Vanitas'-Dichtungen des Andreas Gryphius. Der Mensch ist nur ein „Spiel der Zeit", heißt es bei ihm. Metaphern wie „Der schnelle Tag ist hin" oder „Das Leben ist wie eine Renne=Bahn" verweisen auf die Kürze des irdischen Daseins, den schnellen Verfall und die Notwendigkeit, nach einem dauernden Halt zu suchen, den das Barock im christlichen Glauben findet. Ob Goethes „Dauer im Wechsel" unter dem Aspekt der Vergänglichkeit interpretiert werden kann, ist nicht unumstritten. Emil Staiger (1939, S. 110 f.) hat das Thema der Zeitlichkeit in diesem Gedicht so verstanden.

Zyklischer Zeitverlauf

Dagegen betont Gerhard Kaiser (1988, Bd. 2, S. 339) die Idee der zyklischen Wiederkehr, und er deutet die Verse 33/34 mit dem Symbol der Kreisfigur: „[...] der Kreislauf der Tageszeiten, Jahreszeiten, des Wassers, der Vegetation – geben ja nicht nur Bilder des Wechsels, sondern auch der Dauer. Alle Zyklik ist ‚Dauer im Wechsel und Wechsel in der Dauer'." Kaiser verweist auch auf Goethes berühmte Formel der „Wechseldauer" (Faust II/1, Vers 4722), mit der er die polaren Gegensätze in einem Begriff zusammennimmt. Vieles spricht für solch ein dialektisches Verständnis des Daseins bei Goethe, für das unter anderem auch die Zwillingsformel des „Stirb und werde" („Selige Sehnsucht") steht. Doch läßt sich die andere Textinterpretation nicht ganz abweisen. Symbolbilder wie die vom Sturm zerstreuten Blätter oder die ins Meer fließende Welle – wir erinnern an die Verse „Uns hebt die Welle, Verschlingt die Welle, Und wir versinken“ – enthalten immerhin die Vorstellung vom Vergehen ohne Wiederkehr. Richtig bleibt allerdings auch, daß Goethes Gedicht vom unaufhörlichen Wechsel und nicht ausdrücklich von der Vergänglichkeit spricht. Daß Goethe vor ihrer Unerbittlichkeit eher zurückweicht, gibt ja bereits die Schlußwendung von „Grenzen der Menschheit“ zu verstehen. Insofern kommt die Idee des Zyklischen dem Goetheschen Denken wohl näher. Die entscheidende Grundannahme aller Interpretationen des Gedichts bildet aber die Unbeständigkeit und die schnelle Veränderung des Daseins.

Das Moment der Zeitlosigkeit in der Kunst

Dem stellt der Text in den letzten vier Versen die Überzeugung vom Unvergänglichen der Kunst entgegen. Mit größerer Gewißheit als in „Euphrosyne“ bringt das lyrische Ich die Zeitenthobenheit der Kunstwerke zur Sprache. Das einleitende „Danke“, das einen schroffen Kontrast zum gesamten vorhergehenden Gedichtteil bildet, setzt das empfangene Geschenk der Musen als festen Besitz voraus. Der klagende Nebenton ist aus der Sprache verschwunden. Hörbar verstärkt der klar akzentuierte Rhythmus der beiden Schlußverse die Entschiedenheit ihrer Aussage. Goethe begründet die Dauerhaftigkeit der Kunst gegenüber der Wechselhaftigkeit des Lebens durch die Begriffe „Gehalt“ und „Form“, über die der Mensch, insbesondere der Künstler, verfügt. Mit ihrer Thematisierung nimmt das Gedicht eine poetologische Wendung, deren Sinn abschließend zu erläutern ist.

Die „Form“ benennt Ordnungsprinzipien, wie sie sich etwa in der Symmetrie, im Begriff des Ebenmaßes, in der Zeit, in metrischen Gesetzen, in Grundstrukturen der drei Gattungen etc. präzisieren lassen (vgl. Staiger, 1939, S. 143 f.). Auch im „gegliederten Gebilde“ der Hand (Vers 27) wird „Form“ sichtbar; sie herrscht als Gesetz auch innerhalb der Natur. Diese allgemeinen Kategorien stellen einen ursprünglichen Besitz der Vernunft dar, mit deren Hilfe sie (im kantischen Sinne à priori) die Wirklichkeit erkennend ordnet. „Form“ benennt also rein geistige Prinzipien, die zeitlos und unvergänglich sind. Man darf sich keinesfalls vorstellen, daß sie dem Stoff nachträglich angeheftet würde, damit er künstlerische Gestalt gewönne. Vielmehr gehen Goethe und Schiller davon aus, daß die Formgesetze selbst darüber mitentscheiden, welche Stoffe auf welche Art in eine bestimmte Gestaltung eingehen.

Was Goethe in seinem Gedicht als „Gehalt“ bezeichnet, haben wir annäherungsweise schon in Schillers ‚poetischer Regel‘ kennengelernt: daß der Dichter nämlich „immer nur das Idealische“

an einem realen Gegenstand zu seinem Thema mache und nicht die empirische Wirklichkeit selbst (vgl. Kap. V2). Goethe nennt dies Ideelle auch „Fundament der Erscheinungen, Wesen, Gesetz, Typus" im Gegensatz zum bloß äußerlich Seienden. Die empirischen Gegenstände interessieren ihn nur insofern, als sie einzelne Erscheinungsformen eines allgemeinen Typus sind. Goethe hatte diese Vorstellung konkret an der Ur-Pflanze entwickelt, dessen wahre Existenz – Schiller nannte es „Idee" – in jeder realen Pflanze sinnlich-geistig anschaubar sein sollte. Eigentlicher Gegenstand der Kunst muß demzufolge das unvergängliche ‚Wesen' einer Sache, eines Geschehens etc. sein und nicht sein flüchtiges Erscheinen in dieser oder jener Gestalt. Auf unser Gedicht bezogen, heißt dies: Sein Thema (Gehalt) ist das Gesetz der unaufhörlichen Veränderung alles Seienden. Die einzelnen Aussagen, Bilder, Vorgänge dienen allein der Demonstration dieses ewigen Gesetzes. Am Grünen, Blühen, Verwelken der Bäume interessiert den Dichter nicht das flüchtige Naturgeschehen selbst, sondern daß in ihm die Zeitlichkeit als Prinzip des Lebens angeschaut werden kann. Goethe nennt diese verallgemeinernde Erkenntnisleistung der Poesie: Symbolik. Sie ‚erblickt' in den Naturerscheinungen die allgemeinen Ideen, verwandelt diese Ideen in poetische Bilder, so daß in ihnen die Ideen faßbar werden – allerdings nur im eingeschränkten Sinne, weil die Ideen niemals in Bildern erschöpfend darzustellen sind. Aber es gilt nach diesem ‚symbolischen Verfahren', was der Schlußchor des „Faust" ausspricht:

Prinzip des Symbolischen

> Alles Vergängliche
> Ist nur ein Gleichnis.

Jedes einzelne Stück Lebenswirklichkeit, so unbeständig es auch sei, weist aus sich heraus auf eine unendliche Idee, wenn es ins Kunstwerk eingeht. Nach diesem ‚klassischen' Verständnis ist im Grunde alle Poesie symbolisch. Wie jede reale Pflanze die Ur-Pflanze gleichnishaft vertritt, so ist auch die Dichtung – etwa Goethes „Hermann und Dorothea" – als Ganzes ein Symbol der Menschheit (Staiger, 1939, S. 137).

Idealität und Wirklichkeitsferne der Kunst

Der ideelle Gehalt liegt – wie das Gedicht aussagt – im Menschen selbst, in seiner Brust als Gefühl, Begriff und Anschauung in eins. Nur weil er über die Ideen immer schon verfügt, kann er sie in der Kunst oder in der wissenschaftlichen Erkenntnis mit den Gegenständen der Wirklichkeit verbinden. Da die „Gehalte" wie die „Formen" zeitlos gültige Größen darstellen, garantieren sie nach Goethes Überzeugung die ewige Dauer des Kunstwerks. Darin liegt für das Kunstverständnis der Klassik eine weitreichende Konsequenz. Zum einen gewinnen Begriffe wie ‚Form, Maß, Harmonie‘ einen sehr hohen Stellenwert. Anders als im Sturm und Drang, dem das Individuelle und Realistische wichtiger war und der die Formgesetze zu durchbrechen suchte (z. B. in den Freien Rhythmen), gelten der klassischen Dichtung – nach antikem Vorbild – die ästhetischen Ordnungsprinzipien als unerläßliche Bedingungen der Kunst. Wenn andererseits die Erscheinungswirklichkeit in der Kunst zum symbolischen Zeichen für die ‚höheren‘ Ideen wird, dann erhalten die realen Geschehnisse gegenüber dem Ideellen nur noch sekundäre Bedeutung. Goethe hat während des Italienaufenthalts diese ‚Tendenz‘ an sich selbst wahrgenommen. Er berichtet aus Rom an seine Weimarer Freunde (28. 8. 1787):

> So entfernt bin ich jetzt von der Welt und allen weltlichen Dingen, es kommt mir recht wunderbar vor, wenn ich eine Zeitung lese. Die Gestalt dieser Welt vergeht, ich möchte mich nur mit dem beschäftigen, was bleibende Verhältnisse sind, und so nach der Lehre des *** meinem Geiste erst die Ewigkeit verschaffen. (Goethes Werke, HA., Bd. 11, S. 388 f.).

Die „bleibenden Verhältnisse“ umschreiben mit andern Worten, was Begriffe wie ‚Wesen, Idee, Gesetz‘ etc. ausdrücken. Nur ihnen soll der Künstler seine produktiven Kräfte widmen. Eine sehr ähnliche Bemerkung finden wir auch bei Schiller. Anläßlich seiner Arbeit an einer Idylle („Die Vermählung des Herkules mit der Hebe“), an der er letztlich scheitert, schreibt er an Wilhelm v. Humboldt (29. 11. 1795):

> „Denken Sie sich aber den Genuß, lieber Freund, in einer poetischen Darstellung alles Sterbliche ausgelöscht, lauter Licht, lauter Freyheit [...] Eine Scene im Olymp darzustellen, welcher höchste aller Genüsse! Ich verzweifle nicht ganz daran, wenn mein Gemüth nur erst ganz frey und von allem Unrath der Wirklichkeit recht rein gewaschen ist.“ (Schiller, Briefe, NA. Bd. 28, S. 120).

Die beiden Äußerungen markieren einen jener höchsten Punkte, den die klassische Dichtung sich zum Ziel setzt: die Gestaltung unvergänglicher Wahrheiten und Ideen im ästhetischen Kunstgebilde, wodurch dieses selbst am Unvergänglichen teilhätte. „Was bleibet aber, stiften die Dichter“, heißt es auch bei Hölderlin („Andenken“, 1803).

Goethe und Schiller zögern nicht, in der gemeinsam erarbeiteten Ankündigung für die Monatsschrift „Die Horen“ (1794) die praktischen Folgerungen aus ihrem poetologischen Programm zu ziehen. Der Dichter muß demzufolge die aktuellen politischen Themen des Tages (französische Revolution und Krieg) in seiner Kunst mit Stillschweigen übergehen und „durch ein allgemeines und höheres Interesse an dem, was *rein menschlich* und über allen Einfluß der Zeiten erhaben ist", zur „wahren Verbesserung des gesellschaftlichen Zustandes" beitragen. Dies erfordert den „stillen Bau beßrer Begriffe, reinerer Grundsätze und edlerer Sitten" (Schiller, Werke, Bd. 5, S. 870 f.). Um sie zu finden, muß sich der Dichter aus dem Alltagsgetriebe zurückziehen und statt dessen Philosophie, Historie und Wissenschaften zu Rate ziehen, die ja gleichfalls nach ewig gültigen Gesetzen suchen.

Wirkungsästhetische Aspekte der Klassik

Die leitenden Menschheitsideen werden im Umgang mit der Kunst nicht einfach an den Leser von außen herangetragen, sondern sie gehören – wie die Schlußzeilen von „Dauer im Wechsel" bekräftigen – vorab zum Bestand unseres Bewußtseins. Sie mögen vom Druck der Wirklichkeit verdrängt oder verschüttet sein, aber sie existieren nirgendwo sonst als im Menschen selbst. Schiller stellt in seinem Gedicht „Die Worte des Wahns" (1803) über das Schöne und Wahre die Behauptung auf:

> Es ist nicht draußen, da sucht es der Tor,
> Es ist in dir, du bringst es ewig hervor.

Die Aufgabe der Kunst bestünde dann darin, die Voraussetzungen zu schaffen, unter denen wir uns der ideellen Gehalte wieder bewußt werden. Nur sie allein ist dazu in der Lage, weil sie – nach Schiller – einen Zustand der ästhetischen Freiheit erzeugt, in dem eine Konzentration auf das Wesentliche des menschlichen Daseins einsetzen kann. Dazu muß der Rezipient der klassischen Literatur allerdings eine ähnliche Haltung einnehmen wie der Autor. Er muß sich im Kunsterleben aus den äußeren Zwängen seiner gesellschaftlichen Realität herauslösen, um für Augenblicke die Möglichkeiten eines anderen Lebensentwurfs wahrzunehmen. So gelangt er aus der entfremdeten Seinsweise wieder zu sich selbst. Mit rhetorischem Pathos fordert Schiller in „Der Antritt des neuen Jahrhunderts" (1802) dazu auf:

> In des Herzens heilig stille Räume
> Mußt du fliehen aus des Lebens Drang.

Die Bedenken und Einwände gegen ein solches Kunstverständnis, das mit Begriffen wie Rückzugs- oder Innerlichkeitspoesie, Wirklichkeitsflucht, Ästhetizismus etc. kritisch umschrieben wird, liegen auf der Hand. Unsere Auffassung von Kunst hat sich ebenso gewandelt, wie das Vertrauen in die großen Ideale

verschwunden ist. Insofern trauen wir der Kunst auch nicht mehr jene große Veränderungskraft zu, die ihr von den Klassikern zeitweilig zugeschrieben wurde.
Manche Motive in dieser ästhetischen Theorie besitzen eine merkliche Verwandtschaft mit der Aufklärung. Auch sie geht davon aus, daß die Dichtung Aufklärungs-, Erkenntnis- und Erziehungsfunktionen übernehmen solle. Die optimistisch erscheinende Annahme, Bildung des Geistes befördere den sozialen und moralischen Fortschritt der Menschheit, knüpft an aufklärerische Ideen an. Andererseits teilen die Klassiker, zumal Schiller, nicht mehr den unbefangenen Glauben an die vollkommene Beschaffenheit der Welt (Leibniz). Und mit ihrer Idee, daß nur die Entwicklung des ästhetischen Bewußtseins den Menschen bessern könne, verneinen sie auch den einseitigen Vernunftoptimismus der Aufklärer. Abstrakte Erkenntnisse ergreifen den Menschen nicht in seinem ganzen Wesen und verändern nicht sein praktisches Verhalten. Es bleibt allein der Kunst vorbehalten, dem Menschen die Wahrheit in sinnlich schöner Gestalt zu vermitteln und dadurch *alle* seine Kräfte in Bewegung zu setzen und die Sehnsucht nach dem Schönen, das Verlangen nach Wahrheit und das Streben nach dem moralisch Guten wachzuhalten. Diese drei Bereiche bilden nach klassischer Vorstellung die höchsten Gehalte der Kunst.

Motivgleiche oder motivverwandte Texte
F. Schiller: Worte des Wahns. In: Conrady, S. 316. – Der Antritt des neuen Jahrhunderts. In: Klett-Editionen Klassik: Lyrik. S. 74.

Poetologische und lyriktheoretische Texte
F. Schiller: Ankündigung der Horen. In: Klett-Editionen Klassik: Lyrik S. 103 ff. – J. W. v. Goethe: Literarischer Sansculottismus (Zur Problematik des ‚klassischen Nationalautors'). In: Klett-Editionen Klassik: Lyrik. S. 101 f.

Sekundärliteratur
K. O. Conrady: Anmerkungen zum Konzept der Klassik. (Ausschnitt: Der Autonomieanspruch der deutschen Klassik) In: Klett-Editionen Klassik: Kunst- und Dichtungstheorien. S. 82–84.

Quellenverzeichnis

Anthologien

Die Gedichte und Gedichtauszüge sind, wenn möglich, nach folgenden leicht zugänglichen Anthologien zitiert:

Editionen für den Literaturunterricht. Hg. v. D. Steinbach. Sturm und Drang: Lyrik; mit Materialien. Ernst Klett Verlag Stuttgart 1979 (Editionen Sturm und Drang).

Editionen für den Literaturunterricht. Hg. v. D. Steinbach. Klassik: Lyrik; mit Materialien. Ernst Klett Verlag Stuttgart 1984 (Editionen Klassik).

Karl Otto Conrady (Hrsg.), Das große deutsche Gedichtbuch. Athenäum Verlag Königstein/Ts. 1985 (Conrady)

Weitere hilfreiche Texte und Materialien

Editionen für den Literaturunterricht. Hg. v. D. Steinbach. Aufklärung, Sturm und Drang: Kunst- und Dichtungstheorien; mit Materialien. Ernst Klett Verlag Stuttgart. (Editionen Aufklärung – Sturm und Drang).

Editionen für den Literaturunterricht. Hg. v. D. Steinbach. Klassik: Kunst- und Dichtungstheorien; mit Materialien. Ernst Klett Verlag Stuttgart.

Einzelnachweise der im Text zitierten Gedichte

Brecht, Bertolt: Liturgie vom Hauch. In: Gesammelte Werke, Bd. 8. Suhrkamp Verlag Frankfurt 1967, S. 181–186.

Brockes, Barthold Heinrich: Die Traubenhyazinthe. Conrady, S. 159.

Ders.: Fertigkeit zu lesen in dem Buche der Natur. In: Die deutsche Literatur. Texte und Zeugnisse, Bd. IV,1. Hg. v. W. Killy. München 1983, S. 372.

Bürger, Gottfried August: Der Bauer. Editionen Sturm und Drang, S. 58.

Gellert, Christian Fürchtegott: Preis des Schöpfers. Conrady, S. 172.

Gleim, Johann Wilhelm Ludwig: Bacchus und Cythere. In: Versuch in Scherzhaften Liedern. Hg. v. A. Anger. Tübingen 1964. (Text v. Verf. normalisiert).

Goethe, Johann Wolfgang von: Maifest. Editionen Sturm und Drang, S. 22.

Ders.: Willkommen und Abschied. Editionen Sturm und Drang, S. 31 f.

Ders.: Prometheus. Editionen Sturm und Drang, S. 95.

Ders.: Ganymed. Editionen Sturm und Drang, S. 97.

Ders.: Grenzen der Menschheit. Editionen Klassik, S. 28.

Ders.: Wandrers Nachtlied – Ein Gleiches. Editionen Klassik, S. 13.

Ders.: Natur und Kunst. Editionen Klassik, S. 38.

Ders.: Römische Elegie VII. Editionen Klassik, S. 31.

Ders.: Dauer im Wechsel. Editionen Klassik, S. 39.

Götz, Johann Nikolaus: An seine Reime. In: Gedichte von Johann Nikolaus Götz. Hg. v. C. Schüddekopf (Deutsche Literaturdenkmale des 18. und 19. Jahrhunderts). Verlag Göschen Stuttgart 1893.

Hagedorn, Friedrich von: An die Dichtkunst. Conrady, S. 165.
Haller, Albrecht von: Gedanken bei einer Begebenheit. Conrady, S. 163.
Ders.: Die Alpen. In: Die deutsche Literatur. Texte und Zeugnisse, Bd. IV,1. Hg. v. W. Killy. München 1983, S. 591 ff.
Herder, Johann Gottfried: [Der poetische Geist der Natur]. In: Ein deutsches Lesebuch. Teil I. Hg. v. W. Killy. S. Fischer Verlag Frankfurt/M. 1962, S. 199–201.
Hölty, Ludwig Christoph Heinrich: Das Landleben. Editionen Sturm und Drang, S. 19.

Klopstock, Friedrich Gottlieb: Dem Unendlichen. Conrady, S. 184.
Ders.: Ode über die ernsthaften Vergnügungen des Landlebens. Später: Die Frühlingsfeier. Editionen Sturm und Drang, S. 15.
Ders.: Die frühen Gräber. Conrady, S. 184.

Schiller, Friedrich: Die Götter Griechenlands. Editionen Klassik, S. 52.
Ders.: Nänie. Editionen Klassik, S. 39.
Schubart, Christian Friedrich Daniel: Die Fürstengruft. Editionen Sturm und Drang, S. 60.
Ders.: Der Gefangene. Editionen Sturm und Drang, S. 63.
Ders.: Der Bettelsoldat. Conrady, S. 203.

Außerdem wurden folgende Werkausgaben verwendet:

Goethes Werke. Hg. v. E. Trunz. (Hamburger Ausgabe). München 1974 ff.
Goethes Briefe. Hg. v. K. R. Mandelkow. (Hamburger Ausgabe). Hamburg 1965 ff.

Klopstock, Friedrich Gottlieb: Ausgewählte Werke. Carl Hanser Verlag München 1962.

Schiller, Friedrich: Sämtliche Werke, Bd. 5. Hg. v. G. Fricke u. H. G. Göpfert. Carl Hanser Verlag München 1960.
Schillers Werke. Nationalausgabe, Bd. 28. Schillers Briefe. Hg. v. N. Oellers. Weimar 1969.

Literaturverzeichnis

Adorno, Theodor W.: Rede über Lyrik und Gesellschaft. In: Ders., Noten zur Literatur I. Frankfurt 1961, S. 73–104.

Binneberg, Kurt: Liebeslyrik. Gattungs- und epochenspezifische Aspekte. Stuttgart 1988.

Borchmeyer, Dieter: Kritik der Aufklärung im Geiste der Aufklärung: Friedrich Schiller. In: Schmidt, S. 361–376.

Breuer, Dieter: Deutsche Metrik und Versgeschichte (UTB 745). München 1981.

Bruford, Walter H.: Die gesellschaftlichen Grundlagen der Goethezeit (Ullstein-Buch 3142). Frankfurt/M. 1975.

Curtius, Ernst Robert: Europäische Literatur und lateinisches Mittelalter. Bern 1973.

Domin, Hilde: Wozu Lyrik heute (Serie Piper 65). München 1975.

Domin, Hilde: Das Gedicht als ein Augenblick der Freiheit (Serie Piper 991). München 1988.

Elschenbroich, Adalbert, Ludwig Christoph Heinrich Hölty: In: Benno v. Wiese (Hrsg.): Deutsche Dichter des 18. Jahrhunderts. Ihr Leben und Werk. Berlin 1977, S. 619–640.

Fairley, Barker: Goethe, dargestellt in seiner Dichtung. Frankfurt/M. 1963.

Fambach, Oscar (Hrsg.): Schiller und sein Kreis in der Kritik seiner Zeit. Ein Jahrhundert deutscher Literaturkritik, Bd. 2. Berlin 1957.

Frühwald, Wolfgang: Die Auseinandersetzung um Schillers Gedicht „Die Götter Griechenlandes". In: Jahrbuch d. dt. Schillergesellschaft 13 (1969), S. 251–271.

Gerhard, Melitta: Schiller. Bern 1950.

Günther, Vincent J.: Johann Wolfgang von Goethe. In: B. v. Wiese (Hrsg.): Deutsche Dichter des 18. Jahrhunderts. Ihr Leben und Werk. Berlin 1977, S. 658–725.

Hansers Sozialgeschichte der deutschen Literatur, Bd. 3. Deutsche Aufklärung bis zur französischen Revolution 1680–1789. Hg. v. Rolf Grimminger (dtv 4345). München 1980.

Heller, Peter: Gedanken zu einem Gedicht von Goethe. In: Versuche zu Goethe. Festschrift für Erich Heller. Heidelberg 1976, S. 76–120.

Hermes, Eberhard: Abiturwissen Lyrik. Stuttgart 1986.

Huyssen, Andreas: Sturm und Drang. In: W. Hinderer (Hrsg.): Geschichte der deutschen Lyrik. Vom Mittelalter bis zur Gegenwart. Stuttgart 1983, S. 177–201.

Kaiser, Gerhard: Geschichte der deutschen Literatur, Bd. 3. Aufklärung, Empfindsamkeit, Sturm und Drang (UTB 484). München 1979.

Kaiser, Gerhard: Geschichte der deutschen Lyrik von Goethe bis Heine (suhrkamp taschenbuch 2087). Frankfurt/M. 1988.
Kaiser, Gerhard: Vergötterung und Tod. Die thematische Einheit von Schillers Werk. Stuttgart 1967.
Kayser, Wolfgang: Kleine deutsche Versschule (Dalp Taschenbücher 306). Bern 1958.
Kayser, Wolfgang: Geschichte des deutschen Verses (UTB 4). München 1971.
Killy, Walther: Elemente der Lyrik. München 1972.
Killy, Walther: Wandlungen des lyrischen Bildes (Kleine Vandenhoeck-Reihe 22/23). Göttingen 1961.
Korff, Hermann August: Geist der Goethezeit. Teil I–III. Darmstadt 1977.

Ludwig, Hans-Werner: Arbeitsbuch Lyrikanalyse. Tübingen 1981.

Meyer, Heinrich: Goethe. Das Leben im Werk. Stuttgart 1967.

Oellers, Norbert: Das verlorene Schöne in bewahrender Klage. In: Gedichte und Interpretationen, Bd. 3. Klassik und Romantik. Hg. v. Wulf Segebrecht (Reclams Universal-Bibliothek 7892). Stuttgart 1984, S. 182–195.

Promies, Wolfgang: Lyrik in der zweiten Hälfte des 18. Jahrhunderts. In: Hansers Sozialgeschichte, Bd. 3/2, S. 569–604.

Reed, Terence J.: Die Geburt der Klassik aus dem Geist der Mündigkeit. In: Jahrbuch d. dt. Schillergesellschaft 32 (1988), S. 367–374.
Rehm, Walter: Griechentum und Goethezeit. Geschichte eines Glaubens. Bern u. München 1968.

Schmidt, Jochen (Hrsg.): Aufklärung und Gegenaufklärung in der europäischen Literatur, Philosophie und Politik von der Antike bis zur Gegenwart. Darmstadt 1989.
Segebrecht, Ursula: Besonnene Bestandsaufnahme. Zu Goethes ‚Grenzen der Menschheit'. In: Gedichte und Interpretationen, Bd. 3. Klassik und Romantik. Hg. v. W. Segebrecht (Reclams Universalbibliothek 7892). Stuttgart 1984, S. 25–32.
Segebrecht, Wulf: Klassik. In: W. Hinderer (Hrsg.): Geschichte der deutschen Lyrik. Vom Mittelalter bis zur Gegenwart. Stuttgart 1983, S. 202–227.
Staiger, Emil: Die Zeit als Einbildungskraft des Dichters. Untersuchungen zu Gedichten von Brentano, Goethe und Keller. Zürich 1939.
Staiger, Emil: Grundbegriffe der Poetik. Zürich, 1965.
Staiger, Emil: Goethe. 3 Bde. Zürich 1964.
Stephan, Günter: Naturlyrik. Gattungs- und epochenspezifische Aspekte. Stuttgart 1989.
Stöcklein, Paul: Literatur als Vergnügen und Erkenntnis. Heidelberg 1974.
v. Stolberg, Friedrich Ludwig: Gedanken über Herrn Schillers Gedicht ‚Die Götter Griechenlandes' (1788). In: Oscar Fambach (Hrsg.): Schiller und sein Kreis in der Kritik seiner Zeit. Ein Jahrhundert deutscher Literaturkritik, Bd. 2. Berlin 1957, S. 44–49.

Wapnewski, Peter: Der Naturrhythmus ein Grabgesang. In: Frankfurter Anthologie 1. Gedichte und Interpretationen. Frankfurt 1976, S. 24–26.
Wapnewski, Peter: Zumutungen. (dtv 10010). München 1982.
Wellek, René und Austin Warren: Theorie der Literatur. (Ullstein-Buch 420/21). Berlin 1963.
v. Wiese, Benno: Die Götter Griechenlandes. In: Die deutsche Lyrik. Formen und Geschichte, Bd. 1. Hg. v. B. v. Wiese. Düsseldorf 1962, S. 214–226.
Wilkinson, E. M. und L. A. Willoughby: Goethe. Dichter und Denker. Kronberg/Ts. 1974.

Zeman, Herbert: Die deutsche anakreontische Dichtung. Stuttgart 1972.